에듀윌과 함께 시작하면,
당신도 합격할 수 있습니다!

KB158120

대학 진학 후 진로를 고민하다 1년 만에
서울시 행정직 9급, 7급에 모두 합격한 대학생

다니던 직장을 그만두고
어릴 적 꿈이었던 경찰공무원에 합격한 30세 퇴직자

용기를 내 계리직공무원에 도전해
4개월 만에 합격한 40대 주부

직장생활과 병행하며 7개월간 공부해
국가공무원 세무직에 당당히 합격한 51세 직장인까지

누구나 합격할 수 있습니다.
시작하겠다는 '다짐' 하나면 충분합니다.

마지막 페이지를 덮으면,

에듀윌과 함께
공무원 합격이 시작됩니다.

누적판매량 255만 부 돌파!
63개월 베스트셀러 1위 공무원 교재

7·9급공무원 교재

기본서
(국어/영어/한국사)

기본서
(행정학/행정법총론)

단원별 기출&예상 문제집
(국어/영어/한국사)

단원별 기출&예상 문제집
(행정학/행정법총론)

9급공무원 교재

기출문제집
(국어/영어/한국사)

기출문제집
(행정학/행정법총론/사회복지학개론)

기출PACK
공통과목(국어+영어+한국사)

실전동형 모의고사
(국어/영어/한국사)

7급공무원 교재

민경채 PSAT 기출문제집

7급 PSAT 기출문제집

국어 집중 교재

매일 기출한자(빈출순)

국어 문법 단권화 요약노트

영어 집중 교재

빈출 VOCA

매일 3문 독해(4주 완성)

빈출 문법(4주 완성)

한국사 집중 교재

한국사 흐름노트

계리직공무원 교재

기본서
(우편일반/예금일반/보험일반)

기본서
(컴퓨터일반·기초영어)

단원별 기출&예상 문제집
(우편일반/예금일반/보험일반)

단원별 기출&예상 문제집
(컴퓨터일반·기초영어)

군무원 교재

기출문제집
(국어/행정법/행정학)

파이널 적중 모의고사
(국어+행정법+행정학)

* 에듀윌 공무원 교재 누적판매량 합산 기준(2012년 5월 14일~2024년 1월 31일)
* YES24 수험서 자격증 공무원 베스트셀러 1위 (2017년 3월, 2018년 4월~6월, 8월, 2019년 4월, 6월~12월, 2020년 1월~12월, 2021년 1월~12월, 2022년 1월 ~12월, 2023년 1월~12월, 2024년 1월~2월 월별 베스트, 매월 1위 교재는 다름)

더 많은
공무원 교재

1초 합격예측
모바일 성적분석표

1초 안에 '클릭' 한 번으로 성적을 확인하실 수 있습니다!

활용 GUIDE

실시간 성적분석 방법!

STEP 1 QR 코드 스캔 ▶ STEP 2 모바일 OMR 입력 ▶ STEP 3 자동채점 & 성적분석표 확인

STEP 1

QR 코드 스캔

- 교재의 QR 코드를 모바일로 스캔 후 에듀윌 회원 로그인
- QR 코드 하단의 바로가기 주소로도 접속 가능

STEP 2

모바일 OMR 입력

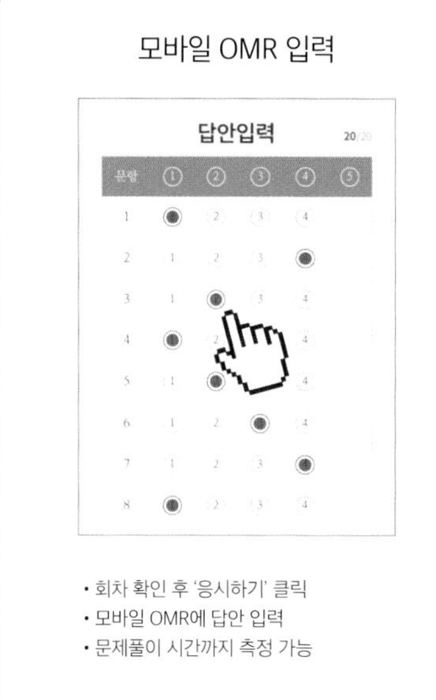

- 회차 확인 후 '응시하기' 클릭
- 모바일 OMR에 답안 입력
- 문제풀이 시간까지 측정 가능

STEP 3

자동채점 & 성적분석표 확인

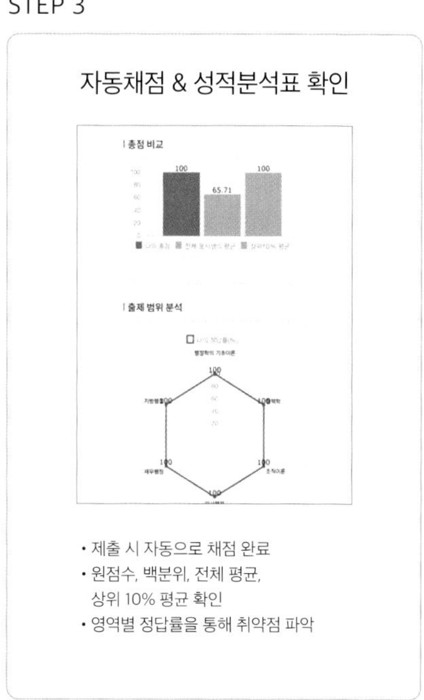

- 제출 시 자동으로 채점 완료
- 원점수, 백분위, 전체 평균, 상위 10% 평균 확인
- 영역별 정답률을 통해 취약점 파악

※ 본 서비스는 에듀윌 공무원 교재(연도별, 회차별 문항이 수록된 교재)를 구입하는 분에게 제공됨.

계리직공무원,
에듀윌을 선택해야 하는 이유

합격자 수 수직 상승

2,100%

명품 강의 만족도

99%

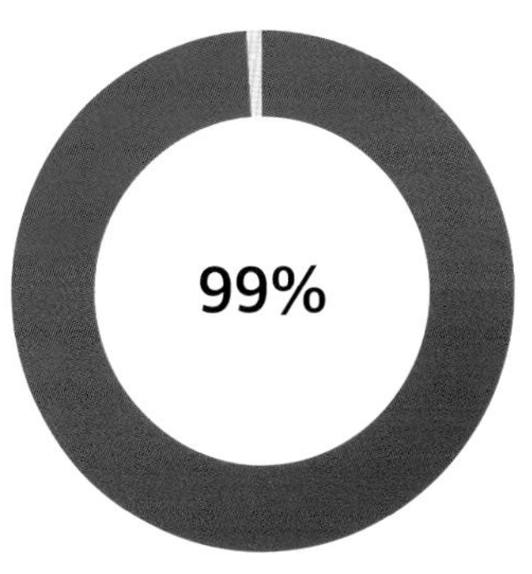

계리직 공무원

베스트셀러 1위

63개월(5년 3개월)

5년 연속 계리직공무원 교육

1위

* 2017/2022 에듀윌 공무원 과정 최종 환급자 수 기준 * 계리직공무원 교수진 2023년 9월 강의 만족도 평균
* YES24 수험서 자격증 공무원 베스트셀러 1위 (2017년 3월, 2018년 4월~6월, 8월, 2019년 4월, 6월~12월, 2020년 1월~12월, 2021년 1월~12월, 2022년 1월~12월, 2023년 1월~12월, 2024년 1월~2월 월별 베스트, 매월 1위 교재는 다름)
* 2023, 2022, 2021 대한민국 브랜드만족도 계리직공무원 교육 1위 (한경비즈니스) / 2020, 2019 한국브랜드만족지수 계리직공무원 교육 1위 (주간동아, G밸리뉴스)

1위 에듀윌만의 체계적인 합격 커리큘럼

원하는 시간과 장소에서

온라인 강의

① 초보 수험 가이드 무료 제공
② 기출문제 해설강의 무료 제공
③ 전 과목 기초 특강과 합격필독서 무료 제공

쉽고 빠른 합격의 첫걸음 합격필독서 무료 신청

최고의 학습 환경과 빈틈 없는 학습 관리

직영 학원

① 현장 강의와 온라인 강의를 한번에
② 확실한 합격관리 시스템, 아케르
③ 완벽 몰입이 가능한 프리미엄 학습 공간

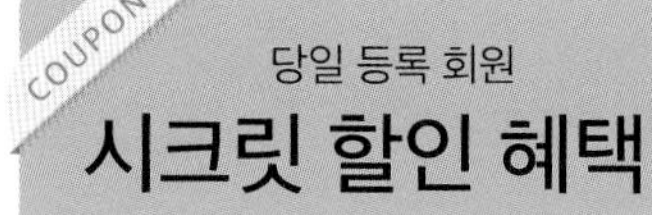

합격전략 설명회 신청 시 당일 등록 수강 할인권 제공

친구 추천 이벤트

“친구 추천하고 한 달 만에 920만원 받았어요”

친구 1명 추천할 때마다 현금 10만원 제공
추천 참여 횟수 무제한 반복 가능

※ *a*o*h**** 회원의 2021년 2월 실제 리워드 금액 기준
※ 해당 이벤트는 예고 없이 변경되거나 종료될 수 있습니다.

친구 추천 이벤트
바로가기

* 2023 대한민국 브랜드만족도 계리직공무원 교육 1위 (한경비즈니스)

계리직 단원별 기출&예상 문제집 플래너

PART	CHAPTER	1회독			2회독			3회독		
Ⅰ. 국내우편	국내우편 총론	☐	월	일	☐	월	일	☐	월	일
	우편서비스 종류와 이용조건	☐	월	일	☐	월	일	☐	월	일
	우편물의 접수	☐	월	일	☐	월	일	☐	월	일
	국내우편물의 부가서비스	☐	월	일	☐	월	일	☐	월	일
	그 밖의 우편서비스	☐	월	일	☐	월	일	☐	월	일
	우편에 관한 요금	☐	월	일	☐	월	일	☐	월	일
	손해배상 및 손실보상	☐	월	일	☐	월	일	☐	월	일
	그 밖의 청구와 계약	☐	월	일	☐	월	일	☐	월	일
Ⅱ. 우편물류	발착 및 운송작업	☐	월	일	☐	월	일	☐	월	일
	우편물 수집 및 배달	☐	월	일	☐	월	일	☐	월	일
Ⅲ. 국제우편	국제우편 총설	☐	월	일	☐	월	일	☐	월	일
	국제우편물 종별 접수요령	☐	월	일	☐	월	일	☐	월	일
	국제우편요금	☐	월	일	☐	월	일	☐	월	일
	부가서비스 및 제도	☐	월	일	☐	월	일	☐	월	일
	EMS 프리미엄서비스	☐	월	일	☐	월	일	☐	월	일
	각종 청구제도	☐	월	일	☐	월	일	☐	월	일
	국제우편물 및 국제우편요금의 반환	☐	월	일	☐	월	일	☐	월	일
	국제우편 수수료 및 우편요금 고시	☐	월	일	☐	월	일	☐	월	일
실전동형 모의고사	제1회 실전동형 모의고사	☐	월	일	☐	월	일	☐	월	일
	제2회 실전동형 모의고사	☐	월	일	☐	월	일	☐	월	일
	제3회 실전동형 모의고사	☐	월	일	☐	월	일	☐	월	일

플래너 활용TIP

1. 문제풀이 전 플래너에 학습 계획을 세워보세요.
2. 계획한 날짜에 맞춰 단원별 기출&예상 문제집을 회독했다면, 해당 날짜에 ☑ 표시하세요.

계리직 단원별 기출&예상 문제집 약점체크표

에듀윌 계리직 기본서에서 개념 확인!

PART	CHAPTER	복습이 필요한 문항 번호	연계학습
Ⅰ. 국내우편	국내우편 총론		16~20p
	우편서비스 종류와 이용조건		21~30p
	우편물의 접수		31~33p
	국내우편물의 부가서비스		34~48p
	그 밖의 우편서비스		49~59p
	우편에 관한 요금		60~78p
	손해배상 및 손실보상		79~83p
	그 밖의 청구와 계약		84~88p
Ⅱ. 우편물류	발착 및 운송작업		114~129p
	우편물 수집 및 배달		130~144p
Ⅲ. 국제우편	국제우편 총설		158~179p
	국제우편물 종별 접수요령		180~196p
	국제우편요금		197~206p
	부가서비스 및 제도		207~217p
	EMS 프리미엄서비스		218~221p
	각종 청구제도		222~230p
	국제우편물 및 국제우편요금의 반환		231~235p
	국제우편 수수료 및 우편요금 고시		236~259p
실전동형 모의고사	제1회 실전동형 모의고사		-
	제2회 실전동형 모의고사		-
	제3회 실전동형 모의고사		-

약점체크표 활용TIP

1. 문제풀이 후 복습이 필요한 문항 번호를 기록하고, 반복회독을 통해 복습 문항의 수를 줄여보세요.
2. 기본서 연계학습을 위해 제시된 에듀윌 계리직 기본서 페이지를 참고하여 부족한 개념을 보충하세요.

처음에는 당신이 원하는 곳으로
갈 수는 없겠지만,
당신이 지금 있는 곳에서
출발할 수는 있을 것이다.

– 작자 미상

설문조사에 참여하고 스타벅스 아메리카노를 받아가세요!

에듀윌 계리직공무원 단원별 기출&예상 문제집을 선택한 이유는 무엇인가요?

소중한 의견을 주신 여러분들에게 더욱더 완성도 높은 교재로 보답하겠습니다.

참여 방법 QR 코드 스캔 ▶ 설문조사 참여(1분만 투자하세요!)

이벤트 기간 2024년 3월 15일~2024년 11월 30일

추첨 방법 매월 1명 추첨 후 당첨자 개별 연락

경품 스타벅스 아메리카노(tall size)

에듀윌 계리직공무원
단원별 기출&예상 문제집

우편일반

머리말

INTRO

우리의 목표는 '합격'입니다.

'합격'이라는 목표 달성을 위해서는 효율적인 학습방법이 가장 중요합니다.

과목 개편 등 급격히 변해가는 수험시장에서 계리직공무원을 준비하는 수험생들의 고민이 많을 것으로 생각됩니다. 이러한 상황에서는 자신의 목표를 명확히 설정하고 효율적으로 공부하는 것이 무엇보다 중요합니다. 여러분의 효율적인 학습을 돕기 위해 다음 내용을 고려하여 집필하였습니다.

첫째, 최신 학습자료(2023년 12월 28일)에 대한 분석과 반영

우정사업본부에서 제공하는 학습자료는 해마다 증가되고 체계화되고 있습니다. 이에 따라 최신 학습자료를 분석하여 반영한 문제를 통해 시험에 대비해야 합니다. 아울러 최신 학습자료를 반영한 기본서 학습을 병행한다면 계리직공무원 시험에서 합격이라는 목표를 충분히 달성할 수 있으리라 생각합니다. 단원별로 문제를 풀기 전, 기본서로 해당 단원의 이론을 정리한다면 더욱 효과적으로 학습할 수 있을 것입니다.

둘째, 과년도 기출문제에 대한 완벽한 분석

모든 시험은 기출문제를 기반으로 준비해야 합니다. 이에 따라 2024년 시험부터 우편일반으로 과목명이 바뀌는 우편상식의 기출문제 중 반드시 풀어봐야 할 문제만을 엄선하고 최신 학습자료에 맞게 변형하여 수록하였습니다.

셋째, 예상문제와 모의고사를 통한 실전 연습

기출문제와 최신 학습자료 분석을 바탕으로 앞으로 출제 가능성이 있는 다양한 예상문제를 단원별로 수록하였습니다. 또한 3회분의 실전동형 모의고사를 통해 실전에 대비할 수 있도록 하였습니다.

이 교재가 '합격'이라는 목표 달성에 하나의 이정표가 되길 염원합니다.
합격의 그날까지 함께 하겠습니다.
감사합니다.

저자 정인영

구성과 특징

STRUCTURE

문제편

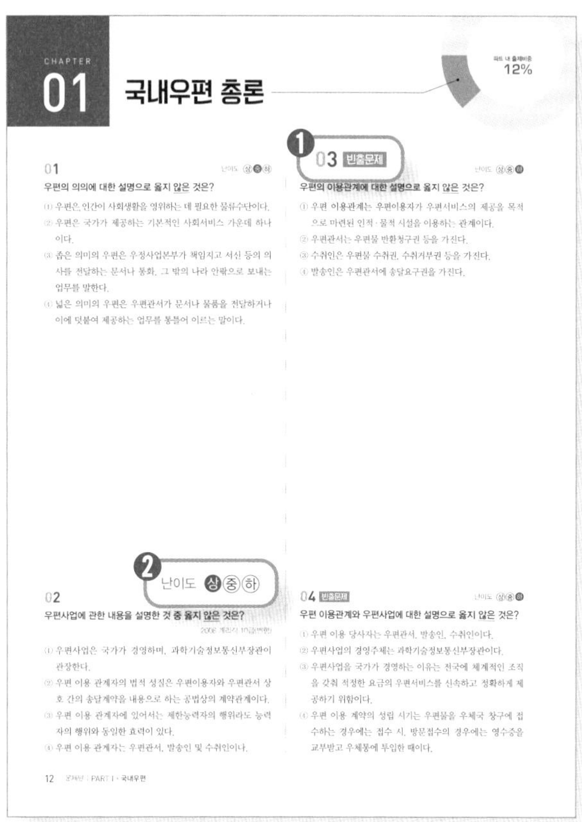

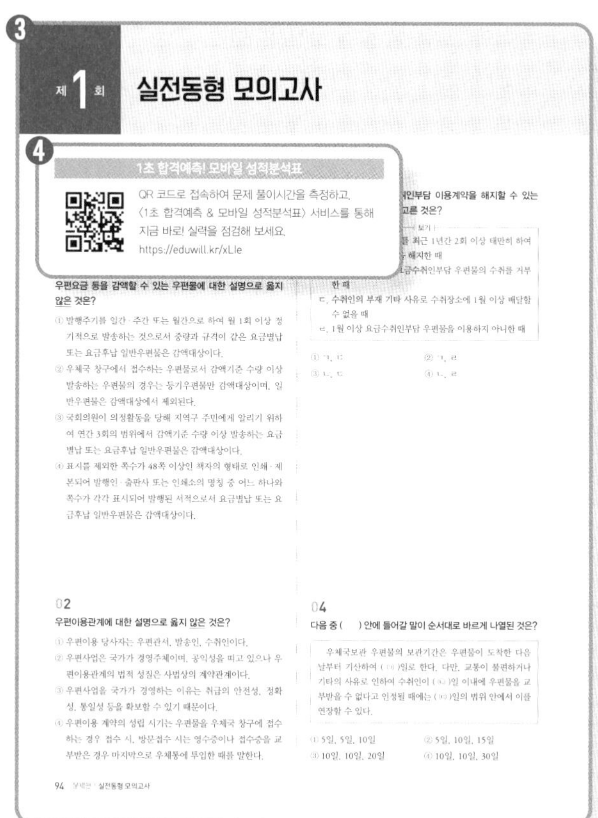

❶ 빈출문제
시험 전 꼭 풀어봐야 하는 빈출개념 체크

❷ 난이도
출제 문제의 난이도에 따라 기초~심화 단계별 학습 가능

❸ 실전동형 모의고사 3회분
최신 출제경향을 반영한 실전 문항으로 구성

❹ 1초 합격예측 서비스
모의고사 회차별 QR 코드를 스캔한 후,
모바일 OMR을 이용하여 실전처럼 풀이 가능

무료 합격팩 최신기출 3회차 해설특강

- 우편일반 2024~2022 최신기출 3회차 해설특강 제공
  *2024년 해설특강은 24. 7. 20. 시험 이후 업로드될 예정
- 에듀윌 도서몰(book.eduwill.net) → 동영상강의실 → 공무원 → '계리직공무원' 검색 → 수강
  (또는 아래 QR 코드를 통해 바로 접속)

해설편

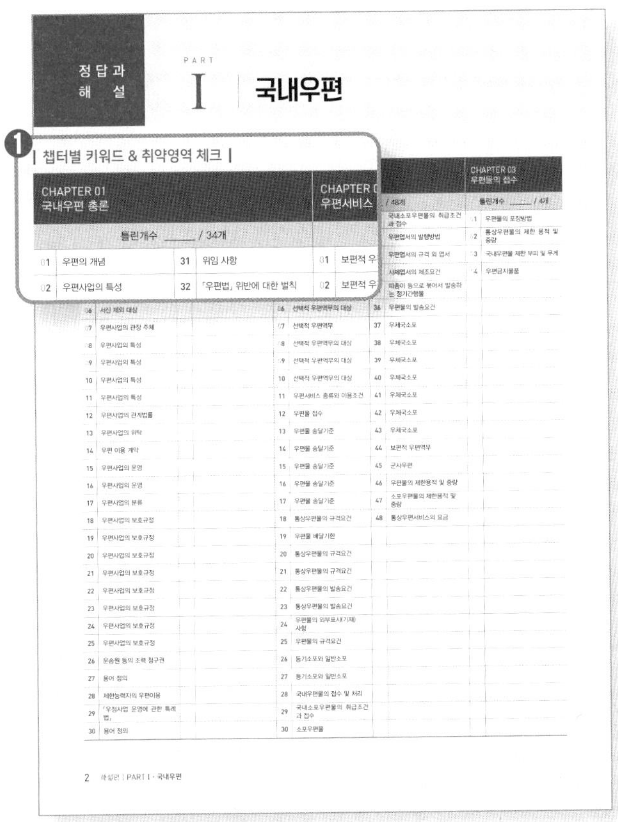

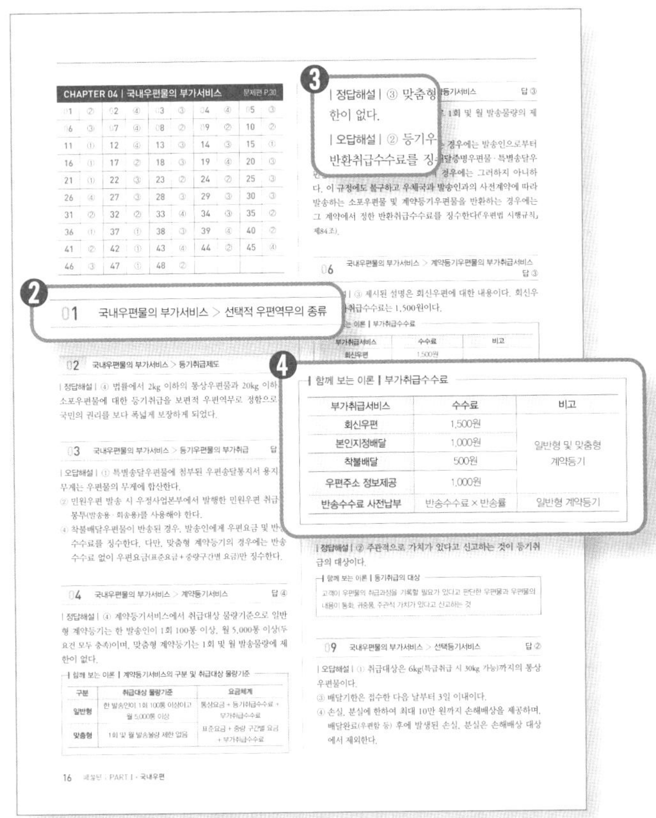

❶ 챕터별 키워드 & 취약영역 체크
문제풀이 후 챕터별로 틀린 개수를 파악하여 취약영역을 진단하고, 챕터별 키워드로 부족한 이론을 점검

❷ 개념 카테고리
개념을 바로 확인할 수 있는 기본서 카테고리와 키워드 수록

❸ 정답 & 오답해설
틀린 문제까지 정확히 짚어보는 상세한 정답 & 오답해설

❹ 함께 보는 이론 & 법령
함께 보면 도움이 되는 심화 이론 및 관련 법령 수록

플래너 & 약점체크표

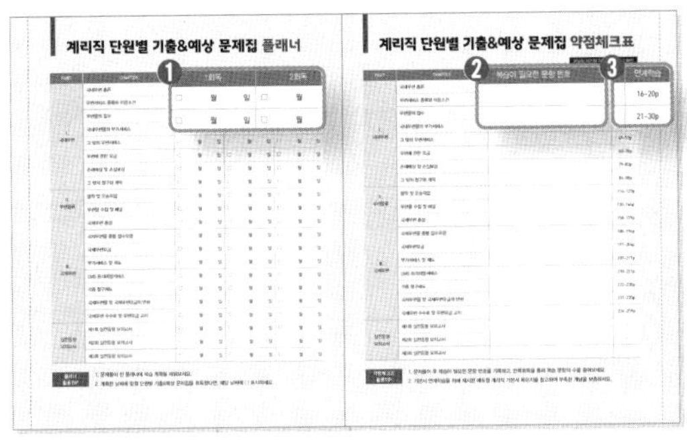

❶ 플래너
문제풀이 전 학습 계획을 세우고, 계획한 날짜에 맞춰 학습 진행 상황을 체크

❷ 취약문제 체크
복습이 필요한 문항 번호를 기재하여 반복회독 진행

❸ 기본서 연계학습
기본서 페이지를 연계하여 부족한 개념 바로 확인

차례

CONTENTS

빈출도 –: 미출제 | ★: 1~4문항 출제 | ★★: 5~8문항 출제 | ★★★: 9문항 이상 출제

PART I 국내우편

PART II 우편물류

시험 출제경향

ANALYSIS

＊ 출제키워드는 전 10회(2008~2023) 시험에서 출제된 문항을 기준으로 분석하였습니다.

PART	CHAPTER	출제비중	기출키워드
Ⅰ. 국내우편	국내우편 총론	47%	우편사업보호, 우정 관련 법률, 우편사업, 우편이용관계, 「우편법」 위반에 대한 벌칙, 기본통상우편요금
	우편서비스 종류와 이용조건		선택적 우편서비스, 보편적 우편서비스, 소포우편물, 통상우편물, 배달기한, 방문접수소포, 우편물 외부표시, 규격요건
	우편물의 접수		우편물의 제한 부피 및 무게
	국내우편물의 부가서비스		내용증명, 특수취급, 등기취급, 계약등기, 등기우편물의 부가취급, 선택등기 · 계약등기서비스, 선납라벨서비스, 선택적 우편서비스
	그 밖의 우편서비스		우체국쇼핑, 전자우편서비스, 모사전송(팩스)우편서비스, 나만의 우표, 고객맞춤형 엽서, 인터넷우체국과 우표, 준등기우편
	우편에 관한 요금		우편요금제도, 소포우편물의 감액, 요금별납 및 요금후납, 서적우편물 요금감액
	손해배상 및 손실보상		지연배달, 손해배상, 손실보상, 이용자 실비지급제도
	그 밖의 청구와 계약		수취인 변경청구 및 우편물 반환청구, 보관우편물 변경청구 및 배달청구, 우편사서함
Ⅱ. 우편물류	발착 및 운송작업	17%	우편물 처리과정, 우편물의 구분, 발송작업, 우편물의 운송
	우편물 수집 및 배달		우편물의 수집, 우편물의 배달(일반원칙, 우선순위), 등기취급우편물의 배달, 특급취급우편물의 배달, 부가취급우편물의 배달
Ⅲ. 국제우편	국제우편 총설	36%	국제통상우편물, 소형포장물, UPU, 우편엽서, K-Packet, APPU, 시각장애인용 우편물, 카할라 우정 연합
	국제우편물 종별 접수요령		국제우편물 접수, 국제특급우편물의 접수, 주소기표지(운송장), 국가약호, 제한중량, EMS, 기표지 작성
	국제우편요금		수취인부담(IBRS), 요금별납 및 요금후납, 국제회신우표권(IRC)
	부가서비스 및 제도		EMS 배달보장서비스, EMS 요금 감액, 사전통관정보제공, 국제우편 스마트 접수
	EMS 프리미엄서비스		EMS 프리미엄 주요 부가서비스
	각종 청구제도		손해배상, 행방조사청구, 청구제도
	국제우편물 및 국제우편요금의 반환		
	국제우편 수수료 및 우편요금 고시		

PART

국내우편

출제비중 47%

※전 10회 시험(2008~2023)을 기준으로 출제비중을 산출하였습니다.

CHAPTER 01

국내우편 총론

파트 내 출제비중 11%

01

난이도 상중하

우편의 의의에 대한 설명으로 옳지 않은 것은?

① 우편은 인간이 사회생활을 영위하는 데 필요한 물류수단이다.
② 우편은 국가가 제공하는 기본적인 사회서비스 가운데 하나이다.
③ 좁은 의미의 우편은 우정사업본부가 책임지고 서신 등의 의사를 전달하는 문서나 통화, 그 밖의 나라 안팎으로 보내는 업무를 말한다.
④ 넓은 의미의 우편은 우편관서가 문서나 물품을 전달하거나 이에 덧붙여 제공하는 업무를 통틀어 이르는 말이다.

02

난이도 상중하

우편사업에 관한 내용을 설명한 것 중 옳지 않은 것은?

2008 계리직 10급(변형)

① 우편사업은 국가가 경영하며, 과학기술정보통신부장관이 관장한다.
② 우편 이용 관계자의 법적 성질은 우편이용자와 우편관서 상호 간의 송달계약을 내용으로 하는 공법상의 계약관계이다.
③ 우편 이용 관계자에 있어서는 제한능력자의 행위라도 능력자의 행위와 동일한 효력이 있다.
④ 우편 이용 관계자는 우편관서, 발송인 및 수취인이다.

03 빈출문제

난이도 상중하

우편의 이용관계에 대한 설명으로 옳지 않은 것은?

① 우편 이용관계는 우편이용자가 우편서비스의 제공을 목적으로 마련된 인적·물적 시설을 이용하는 관계이다.
② 우편관서는 우편물 반환청구권 등을 가진다.
③ 수취인은 우편물 수취권, 수취거부권 등을 가진다.
④ 발송인은 우편관서에 송달요구권을 가진다.

04 빈출문제

난이도 상중하

우편 이용관계와 우편사업에 대한 설명으로 옳지 않은 것은?

① 우편 이용 당사자는 우편관서, 발송인, 수취인이다.
② 우편사업의 경영주체는 과학기술정보통신부장관이다.
③ 우편사업을 국가가 경영하는 이유는 전국에 체계적인 조직을 갖춰 적정한 요금의 우편서비스를 신속하고 정확하게 제공하기 위함이다.
④ 우편 이용 계약의 성립 시기는 우편물을 우체국 창구에 접수하는 경우에는 접수 시, 방문접수의 경우에는 영수증을 교부받고 우체통에 투입한 때이다.

05 빈출문제 난이도 상중하

국가는 서신독점권을 갖고 있으나 대통령령으로 정하는 것은 제외될 수 있다. 다음 중 대통령령의 대상으로서 제외될 수 있는 것이 아닌 것은?

① 신문 ② 정기간행물
③ 서적 ④ 부호로 표시한 전단

06 난이도 상중하

「우편법 시행령」상 서신 제외 대상에 해당하지 않는 것은?

① 정치 · 경제 · 사회 · 문화 · 산업 · 과학 · 종교 · 교육 · 체육 등 전체 분야 또는 특정 분야에 관한 보도 · 논평 · 여론 및 정보 등을 전파하기 위하여 같은 명칭으로 월 2회 이상 발행하는 간행물인 신문
② 국내에서 회사(「공공기관의 운영에 관한 법률」에 따른 공공기관 포함)의 본점과 지점 간 또는 지점끼리 주고받는 우편물로서 발송 후 12시간 이내에 배달해야 하는 상업용 서류
③ 「여신전문금융업법」 제2조 제3호에 해당하는 신용카드
④ 무게 350g 이하, 통상우편요금 10배 이하의 봉함된 통상우편물

07 난이도 상중하

국가가 경영하는 국가기간산업인 우편사업의 관장 주체에 해당하는 기관은?

① 국무총리 ② 행정안전부장관
③ 국토교통부장관 ④ 과학기술정보통신부장관

08 빈출문제 난이도 상중하

우편사업의 특성에 대한 설명으로 옳지 않은 것은?

① 우편사업은 국가에서 직접 경영하는 국가기업에 의한 사업이다.
② 우편사업은 사업의 전반을 법령으로 정하고 있기 때문에 경영상 제약이 많다.
③ 콜린 클라크의 현대 산업의 분류로서 우편사업은 노동집약적 성격이 강하므로 1차 산업으로 볼 수 있다.
④ 우편사업은 적자가 났을 때 다른 회계에서 지원을 받을 수 있다.

09 빈출문제 난이도 상중하

우편사업의 특성으로 옳지 않은 것은?

① 우편사업은 정부기업으로서의 공익성과 회계상의 기업성을 다 가지고 있다.
② 우편사업은 국민의 이익을 추구하기 위해 정부가 출자 · 관리 · 경영하는 정부기업에 해당한다.
③ 우편사업의 회계제도는 경영합리성과 사업운영 효율성을 확보하고 예산을 신축적으로 사용하기 위해 일반회계로서 독립채산제를 채택하고 있다.
④ 우편사업은 제3차 산업에 속하며 노동집약적 성격이 강하다.

10 빈출문제 난이도 상중하

우편사업의 성격으로 옳지 않은 것은?

① 우편사업은 서신만을 송달하는 일종의 통신업으로 제3차 산업 중에서도 노동집약적 성격이 강한 산업이다.
② 넓은 의미의 우편은 우편관서나 문서나 물품을 전달하거나 이에 덧붙여 제공하는 업무를 통틀어 이르는 말이다.
③ 우편 이용 관계자는 우편관서, 발송인, 수취인이다.
④ 우편은 모든 분야에서 정보를 전달하는 중추신경과 같은 임무를 수행한다.

11 빈출문제

난이도 상 중 하

우편에 대한 설명으로 옳지 않은 것은?

① 우편회계는 일반회계로, 독립채산제를 채택하고 있다.
② 방문접수 또는 집배원 접수의 경우 우편 이용 계약의 성립 시기는 영수증을 교부한 때이다.
③ 우편사업에 종사하는 구성원은 국가공무원이다.
④ 정부가 직접 경영하는 우편사업은 경영상 제약이 많지만, 적자가 났을 때는 다른 회계의 지원을 받을 수 있다는 장점이 있다.

12

난이도 상 중 하

우편사업 관계법률에 대한 설명으로 옳지 않은 것은?

① 「우편법」은 우편에 관한 기본법으로서 우편사업의 경영형태, 우편특권, 우편역무의 종류, 이용조건, 손해배상 및 벌칙 등 우편이용에 관한 기본적인 사항을 규정하고 있다.
② 「별정우체국법」은 국민의 통신 및 대화의 비밀과 자유를 보장하기 위하여 범죄수사와 국가안보를 위하여 필요한 경우에만 엄격한 법적 절차를 거쳐 검열과 감청을 할 수 있도록 함으로써 「헌법」에 보장된 국민 사생활의 비밀과 통신의 자유가 보장되도록 하기 위하여 제정되었다.
③ 「우정사업운영에 관한 특례법」은 우정사업의 경영 합리성과 우정서비스의 품질을 높이기 위한 특례규정으로, 조직 · 인사 · 예산 · 경영평가, 요금 및 수수료 결정, 우정재산의 활용 등을 규정하고 있다.
④ 국제 법규로서 UPU 조약, 아시아 · 태평양우편연합(APPU) 조약, 표준다자간 협정 또는 양자협정 등이 우편사업에 관한 기준법령으로서 사용되고 있다.

13

난이도 상 중 하

과학기술정보통신부장관이 과학기술정보통신부령으로 정하는 자에게 위탁할 수 있는 업무가 아닌 것은?

① 우편이용자를 방문하여 우편물을 접수하는 업무
② 교통이 편리한 지역, 기타 우편물의 집배업무 · 운송업무 또는 발착업무상 일반적으로 필요하다고 인정하는 지역에서 우편물을 집배 · 운송 또는 발착하는 업무
③ 우표류(우표, 우편요금을 표시하는 증표와 우표책, 우편물의 특수취급에 필요한 봉투 및 국제반신우표권)를 조제하는 업무
④ 우편이용의 편의, 우편물의 원활한 송달 및 우편사업 운영의 효율을 제고하기 위하여 과학기술정보통신부령이 정하는 업무

14 빈출문제

난이도 상 중 하

우편 이용 계약의 성립시기로 옳지 않은 것은?

① 우체국 창구에서 접수한 때
② 우체국 직원에게 전달한 때
③ 우체통에 투입한 때
④ 집배원이 영수증을 교부한 때

15 빈출문제

난이도 상 중 하

우편에 대한 설명으로 옳지 않은 것은?

① 우편 이용 계약의 성립 시기는 우체국 창구에서 접수하거나 우체통에 투입한 때이며, 방문접수나 집배원이 접수한 경우는 영수증을 교부한 때이다.
② 우편사업은 국가가 직접 경영하며 과학기술정보통신부장관이 관장한다.
③ 국제특급우편(EMS)을 교환하기 위해 우리나라와 해당 국가 사이에 표준다자간 협정 또는 양자협정(쌍무협정)이 체결되었다.
④ 우편업무를 국가가 경영하는 이유는 전국에 체계적인 조직을 갖춰 적정한 요금의 우편서비스를 신속하고 정확하게 제공하고 영리성을 확보할 수 있기 때문이다.

16

난이도 상 중 하

우편사업을 국가가 경영하는 이유가 아닌 것은?

① 신속한 우편 서비스 제공 ② 사업의 영리성 확보
③ 정확한 우편 서비스 제공 ④ 적정한 요금 제공

17

난이도 상 중 하

콜린 클라크(Colin Grant Clark)의 산업분류 기준상 우편사업은 노동집약적 산업으로 어느 분류에 해당하는가?

① 제1차 산업 ② 제2차 산업
③ 제3차 산업 ④ 제4차 산업

18 빈출문제

난이도 상 중 하

우편사업의 보호규정에 대한 설명으로 옳지 않은 것은?

2018 계리직 9급(변형)

① 우편을 위한 용도로만 사용되는 물건은 압류할 수 없다.
② 우편물과 그 취급에 필요한 물건은 해손(海損)을 부담하지 않는다.
③ 우편을 위한 용도로만 사용되는 물건은 각종 세금 및 공과금의 부과 대상이 되지 않는다.
④ 우편물의 발송 준비를 마치기 전이라도 우편관서는 그 압류를 거부할 수 있다.

19 빈출문제

난이도 상 중 하

우편사업에서 보호되고 있는 사항으로 옳은 것은?

① 우편운송 시 통행이 곤란한 경우라 하더라도 담장, 울타리가 없는 택지 등을 통행할 수 없다.
② 운송원은 우편물 운송 중 도선장에서 도선을 요구할 수 있으나, 통행요금을 지급하지 아니하고는 통행할 수 없다.
③ 우편을 위한 용도로만 사용되는 물건과 우편을 위한 용도로 사용 중인 물건은 압류할 수 없으나, 우편을 위한 용도로만 사용되는 물건(우편에 관한 서류를 포함한다)이라 하더라도 각종 세금 및 공과금의 부과 대상이 된다.
④ 우편물과 그 취급에 필요한 물건은 해손(海損)을 부담하지 아니한다.

20 빈출문제

난이도 상 중 하

「우편법」상 우편사업의 보호규정에 대한 설명이다. 다음 설명에 해당하는 보호규정은?

> 누구든지 제1항과 제5항 외에는 타인을 위한 서신의 송달 행위를 업으로 하지 못하며, 자신의 조직이나 계통을 이용하여 타인의 서신을 전달하는 행위를 하여서는 아니된다.

① 우편물 운송요구권
② 운송원 등의 통행료 면제
③ 서신독점권
④ 우편전용물건의 부과 면제

21 빈출문제 난이도 상중하

우편사업의 보호규정에 대한 설명으로 옳은 것을 모두 고른 것은? 2019 계리직 9급(변형)

ㄱ. 국가기관이나 지방자치단체에서 발송하는 등기우편물은 서신독점의 대상이다.
ㄴ. 우편업무를 위해서만 사용하는 물건은 압류가 금지되지만 각종 세금 및 공과금 부과의 대상이다.
ㄷ. 우편물의 발송, 수취나 그 밖의 우편 이용에 관한 제한능력자의 행위는 능력자가 행한 것으로 간주한다.
ㄹ. 상품의 가격, 기능, 특성 등을 문자, 사진, 그림으로 인쇄한 16쪽 이상인 책자 형태의 상품안내서는 서신독점의 대상이다.

① ㄱ, ㄷ ② ㄱ, ㄹ
③ ㄴ, ㄷ ④ ㄴ, ㄹ

22 빈출문제 난이도 상중하

우편사업이 공익과 국민생활에 미치는 역할을 중시하여 법률상 두고 있는 보호규정으로 옳지 않은 것은?

① 우편관서에서 운송 중이거나 발송 준비를 완료한 후의 우편물에 대하여는 국가의 권력에 기한 압류를 거부할 수 있다.
② 우편을 위한 용도로만 사용되는 물건(우편에 관한 서류를 포함한다)은 각종 세금과 공과금의 부과 대상이 된다.
③ 과학기술정보통신부장관은 철도·궤도의 사업을 경영하는 자, 일반 교통에 이용하기 위해 노선을 정하여 정기 또는 임시로 자동차·선박 또는 항공기 운송 사업을 경영하는 자에게 대통령령이 정하는 바에 의하여 우편물의 운송을 명할 수 있다.
④ 선박이 위험에 처했을 때 선장은 적하되어 있는 물건을 처분할 수 있으나, 그 우편물에 대하여 손해를 분담시킬 수는 없다.

23 빈출문제 난이도 상중하

우편사업의 보호규정이 아닌 것은?

① 서신 독점권
② 운송원 조력 청구권
③ 공동해상 손해분담
④ 제한능력자의 행위에 관한 의제

24 빈출문제 난이도 상중하

「우편법」상 우편사업의 보호규정에 대한 설명이다. 다음 설명에 해당하는 보호규정은?

선박이 위험에 직면하였을 때 선장은 실려 있는 물건을 처분할 수 있다. 이때 손해는 그 선박의 화주 전원이 적재화물 비례로 공동 분담하게 된다. 이 경우에도 우편물에 대해서는 이를 분담시킬 수 없다.

① 우편물운송요구권 ② 공동해상 손해부담의 면제
③ 운송원 등의 통행료 면제 ④ 우편 전용 물건의 부과 면제

25 빈출문제 난이도 상중하

우편사업의 보호규정에 대한 설명으로 옳지 않은 것은?

① 우편물운송요구권이란 철도·궤도사업 경영자 및 자동차·선박·항공기 운송사업 경영자에게 우편물 운송을 요구할 수 있는 권리를 말한다.
② 전쟁과 같은 국가 비상사태 때 국가기관과 지방자치단체 간에 주고받는 행정 우편을 취급하는 운송원 등은 우편관서 외의 다른 기관과 소속 직원에게 교통수단의 제공이나 그 밖의 도움을 요청할 수 있다.
③ 운송원 등의 조력 청구권과 우편운송원 등의 통행권에 따른 보상은 그 사실이 있었던 날부터 1년 내 행사하지 않으면 시효가 완성된다.
④ 우편관서는 도움을 준 자의 청구에 따라 적절한 보수를 지급하여야 한다. 이러한 보상금에 관한 과학기술정보통신부장관의 결정에 불복하는 자는 그 통지를 받은 날부터 6개월 내에 소송을 제기할 수 있다.

26 빈출문제

난이도 상중하

운송원 등의 조력 청구권에 대한 설명으로 옳지 않은 것은?

① 우편업무를 집행 중인 우편운송원, 우편집배원과 우편전용 항공기 · 차량 · 선박 등이 사고를 당하였을 때에는 주위에 조력을 청구할 수 있다.

② 조력 요구를 받은 자는 정당한 사유 없이 거부할 수 있다.

③ 우편관서는 도움을 준 자의 청구에 따라 적절한 보수를 지급하여야 한다.

④ 조력 청구권은 우편사업의 보호규정에 속한다.

27

난이도 상중하

다음 용어의 정의 중 옳지 않은 것은?

① "통상우편물"이란 서신(書信) 등 의사전달물, 통화(송금통지서를 포함한다) 및 소형포장우편물을 말한다.

② "소포우편물"이란 통상우편물 외의 물건을 포장한 우편물을 말한다.

③ "우표"란 우편요금의 선납과 우표수집 취미의 문화를 확산시키기 위하여 발행하는 증표를 말한다.

④ "서신"이란 의사전달을 위하여 특정인이나 특정 주소로 송부하는 것으로서 문자 · 기호 · 부호 또는 그림 등으로 표시한 유형의 문서 또는 전단을 말한다. 신문, 정기간행물, 서적, 상품안내서 등이 해당한다.

28

난이도 상중하

제한능력자의 우편이용에 대한 설명으로 옳지 않은 것은?

① 우편물의 발송, 수취나 기타 우편이용에 관하여 제한능력자가 우편관서에 대하여 행한 행위는 능력자가 행한 것으로 본다.

② 제한능력자 중 미성년자가 행한 우편이용은 부모의 동의가 없으면 취소할 수 있다.

③ 제한능력자 중 피한정후견인은 우편이용에 관하여도 동일한 효력이 인정된다.

④ 제한능력자 중 피성년후견인은 법정대리인의 동의 없이 우편이용을 할 수 있다.

29

난이도 상중하

다음 내용과 관련된 법률은? 2010 계리직 10급(변형)

> 우정사업의 조직, 인사, 예산, 경영평가, 요금 및 수수료 결정 등을 규정하고 우편, 우편환, 우편대체, 우체국예금, 우체국보험에 관한 이에 부대되는 사업을 보다 효율적으로 추진함으로써 우정사업의 경영합리성과 우정서비스에 대한 품질을 향상시키고 국민 경제 발전에 기여한다.

① 「우편법」

② 「우체국예금 · 보험에 관한 법률」

③ 「우체국창구업무의 위탁에 관한 법률」

④ 「우정사업 운영에 관한 특례법」

30

난이도 상중하

「우편법」 용어에 대한 설명으로 옳지 않은 것은?

① "우편물"이란 통상우편물과 소포우편물을 말한다.
② "우편요금"이란 우편물의 발송이나 수취인이 그 송달의 대가로 우편관서에 내야 하는 금액을 말한다.
③ "우편요금을 표시하는 증표"란 우편요금의 선납과 우표수집 취미의 문화를 확산시키기 위하여 발행하는 증표를 말한다.
④ "서신"이란 의사전달을 위하여 특정인이나 특정 주소로 송부하는 것으로서 문자·기호·부호 또는 그림 등으로 표시한 유형의 문서 또는 전단을 말한다.

31

난이도 상중하

과학기술정보통신부장관이 우정사업본부장에게 위임할 수 있는 것이 아닌 것은?

① 보편적 우편역무의 제공
② 선택적 우편역무의 제공
③ 우편금지물품의 결정·고시, 우편물의 취급용적·중량·포장의 결정·고시 및 우편역무의 제공 거절·제한
④ 우편구의 지정·고시

32

난이도 상중하

우편업무 및 서신송달업무에 종사하는 자가 우편관서 및 서신송달업자가 취급 중인 서신의 비밀을 침해한 경우에 가하는 제재로 옳은 것은?

① 3년 이하의 징역 또는 1,000만 원 이하의 벌금
② 2년 이하의 징역 또는 500만 원 이하의 벌금
③ 5년 이하의 징역 또는 5,000만 원 이하의 벌금
④ 3년 이하의 징역 또는 2,000만 원 이하의 벌금

33

난이도 상중하

「우편법」 위반에 대한 벌칙 설명으로 옳은 것은?

2021 계리직 9급

① 우편업무에 종사하는 자가 정당한 사유 없이 우편물의 취급을 거부하거나 이를 고의로 지연시키게 한 경우에는 1년 이하의 징역 또는 5백만 원 이하의 벌금에 처한다.
② 우편관서 및 서신송달업자가 취급 중인 우편물 또는 서신을 정당한 사유 없이 개봉, 훼손, 은닉 또는 방기하거나 고의로 수취인이 아닌 자에게 내준 자는 2년 이하의 징역 또는 2천만 원 이하의 벌금에 처한다.
③ 소인이 되지 아니한 우표를 떼어낸 자는 1년 이하의 징역 또는 1천만 원 이하의 벌금에 처한다.
④ 우편금지물품을 우편물로 발송한 자는 1년 이하의 징역 또는 1천만 원 이하의 벌금에 처하고 그 물건을 몰수한다.

34

난이도 상중하

현행 「우편법 시행령」에서 정한 기본통상우편요금에 대한 설명으로 옳은 것은?

2019 계리직 9급

① 중량 25g 이하인 규격 외 우편물의 일반우편요금
② 중량 3g 초과 25g 이하인 규격우편물의 일반우편요금
③ 중량 5g 초과 25g 이하인 규격우편물의 일반우편요금
④ 중량 25g 초과 50g 이하인 규격 외 우편물의 일반우편요금

해설편 ▶ P.4

CHAPTER

02 우편서비스 종류와 이용조건

파트 내 출제비중 27%

01 빈출문제 난이도 상중하

보편적 우편역무(보편적 우편서비스)에 대한 설명으로 옳지 않은 것은?

① 기본적인 우편역무로서 보편적 우편역무를 제공해야 하는 자는 과학기술정보통신부장관이다.
② 보편적 우편역무는 통상우편물과 소포우편물로 구분한다.
③ 보편적 우편역무의 대상은 2kg 이하의 통상우편물, 20kg 이하의 소포우편물, 2kg 이하의 통상우편물 또는 20kg 이하의 소포우편물의 기록취급 등 특수취급우편물, 그 밖에 대통령령으로 정하는 우편물이다.
④ 보편적 우편역무 제공에 필요한 사항은 우정사업본부장이 정하여 고시하여야 한다.

02 빈출문제 난이도 상중하

보편적 우편역무에 대한 설명으로 옳지 않은 것은?

① 국가가 국민에게 제공하는 가장 보편적인 우편서비스이다.
② 과학기술정보통신부장관은 모든 국민에게 우편서비스를 제공한다.
③ 통상우편물, 소포우편물, 특급배달우편물로 구분한다.
④ 선택적 우편역무와 구별된다.

03 빈출문제 난이도 상중하

보편적 우편역무의 대상이 아닌 것은?

① 2kg 이하의 통상우편물
② 20kg 이하의 소포우편물
③ ①·②의 우편물의 기록취급 등 특수취급우편물
④ 그 밖에 법률로 정하는 우편물

04 빈출문제 난이도 상중하

우편사업이 제공하는 선택적 우편역무(선택적 우편서비스)에 해당하는 것은? 2018 계리직 9급(변형)

① 중량이 800g인 서류를 송달하는 경우
② 중량이 25kg인 쌀자루를 송달하는 경우
③ 중량이 20g인 서신을 내용증명으로 송달하는 경우
④ 중량이 2kg인 의류를 배달증명으로 송달하는 경우

05 빈출문제 난이도 상중하

국내우편서비스 중 선택적 우편역무의 종류에 해당하지 않는 것은? 2012 계리직 10급(변형)

① 광고우편 ② 민원우편
③ 본인지정배달 ④ 우체국 꽃배달

06 빈출문제 난이도 상중하

다음 중 선택적 우편역무가 아닌 것은 모두 몇 개인가?

ㄱ. 착불배달	ㄴ. 2kg 이하의 통상우편물
ㄷ. 우편자루배달	ㄹ. 20kg 이하의 소포우편물
ㅁ. 본인지정배달	ㅂ. 전자우편

① 1개 ② 2개
③ 3개 ④ 4개

07 빈출문제 난이도 상중하

선택적 우편역무에 대한 설명으로 옳지 않은 것은?

① 과학기술정보통신부장관은 고객의 필요에 따라 보편적 우편역무 외의 우편역무를 제공할 수 있다.
② 우편 이용과 관련된 용품의 제조 및 판매는 선택적 우편역무에 해당한다.
③ 우편역무에 부가하거나 부수하여 제공하는 역무도 선택적 우편역무이다.
④ 선택적 우편역무의 종류와 그 이용조건은 우정사업본부장이 정한다.

08 빈출문제 난이도 상중하

다음 중 선택적 우편역무의 대상이 아닌 것은 모두 몇 개인가?

ㄱ. 2kg을 초과하는 통상우편물
ㄴ. 20kg을 초과하는 소포우편물
ㄷ. 2kg을 초과하는 통상우편물 또는 20kg을 초과하는 소포우편물의 기록취급 등 특수취급우편물
ㄹ. 우편과 다른 기술 또는 역무가 결합된 역무
ㅁ. 우편역무에 부가하거나 부수하여 제공하는 역무

① 1개 ② 2개
③ 3개 ④ 없음

09 빈출문제 난이도 상중하

선택적 우편역무의 대상이 아닌 것은?

① 2kg을 초과하는 통상우편물
② 20kg을 초과하는 소포우편물
③ 우편 이용과 관련된 용품의 제조 및 판매
④ 통신과 유사한 기술 또는 역무가 결합된 서비스

10 빈출문제 난이도 상중하

선택적 우편역무에 대한 설명으로 옳지 않은 것은?

① 2kg을 초과하는 통상우편물의 기록취급 등 특수취급우편물에 관한 우편서비스를 제공할 수 있다.
② 우편시설, 우표, 우편엽서, 우편요금 표시 인영이 인쇄된 봉투 또는 우편차량장비 등을 이용하는 서비스이다.
③ 우편 이용과 관련된 용품의 제조 및 판매도 포함한다.
④ 10kg을 초과하는 소포우편물이 그 대상이다.

11 난이도 상중하

우편서비스의 종류와 이용조건에 대한 설명으로 옳지 않은 것은?

2016 계리직 9급

① 30kg 이하 소포우편물은 보편적 우편서비스에 해당한다.
② 2kg을 초과하는 통상우편물은 선택적 우편서비스 대상이다.
③ 일반소포우편물의 송달기준은 접수한 다음 날부터 3일 이내이다.
④ 소포우편물에는 원칙적으로 서신을 넣을 수 없으나, 물건과 관련이 있는 납품서, 영수증, 설명서 등은 함께 넣어 보낼 수 있다.

12 난이도 상중하

우편물 접수에 대한 설명으로 옳지 않은 것은?

① 우체통에 투입한 우편물의 접수시점은 집배원이 우편물을 수집하여 첩부된 우표에 소인하는 때이다.
② 통상우편물은 봉함하지 않고 발송하는 경우도 있다.
③ 우편관서는 발송인이 우편물 내용의 신고 또는 개봉(개피)을 거부할 때는 그 우편물을 접수하지 아니할 수 있다.
④ 우편물의 우체국 창구접수는 접수한 때부터 우편 이용 관계자가 발생하며, 우편관서와 발송인 사이에 우편물 송달계약이 이루어진다.

13 빈출문제

난이도 상중하

다음 괄호 안에 들어갈 우편물 송달기준(배달기한)으로 알맞은 것은?

2008 계리직 10급(변형)

- 통상우편물은 접수한 다음 날부터 (ㄱ) 이내
- 익일특급은 (ㄴ) 이내
- 등기소포는 (ㄷ) 이내

	ㄱ	ㄴ	ㄷ
①	3일	접수 익일	접수 익일
②	2일	접수 당일	접수 익일
③	3일	접수 익일	접수 당일
④	2일	접수 당일	접수 당일

14 빈출문제

난이도 상중하

송달기준에 대한 설명으로 옳지 않은 것은?

① 송달기준의 접수시각은 우정사업본부장이 정한다.
② 토요일은 송달기준일에 산입하지 아니한다.
③ 산간오지는 우편물 송달기준을 달리 정할 수 있다.
④ 관보는 접수한 다음 날까지 송달할 수 있다.

15 빈출문제

난이도 상중하

다음 우편서비스 중 송달기준이 가장 긴 것은?

2010 계리직 10급(변형)

① 특별송달　② 등기소포
③ 민원우편　④ 익일특급

16 빈출문제

난이도 상중하

우편물의 송달기준에 대한 설명으로 옳지 않은 것은?

① 우편물의 송달기준이란 우편물 배달에 소요되는 기간을 말한다.
② 「관공서의 공휴일에 관한 규정」에 의한 공휴일, 기타 다른 법령에 의한 유급휴일 · 토요일 및 우정사업본부장이 배달하지 아니하기로 정한 날은 이를 우편물송달기준에 산입하지 아니한다.
③ 우정사업본부장은 도서 · 산간오지 등 교통이 불편하여 우편물의 운송이 특히 곤란한 지역에 대하여는 지역별 또는 지역 상호 간에 적용할 우편물 송달기준을 달리 정할 수 있다.
④ 주 3회 이상 발행되는 신문으로 「신문 등의 진흥에 관한 법률」에 따라 등록된 일간 신문 및 관보를 우편물정기발송계약에 따라 발송할 때에는 접수한 날의 다음 날까지 이를 송달할 수 있다.

17 빈출문제

난이도 상중하

다음 우편서비스 중 송달기준일이 접수일로부터 3일 이내인 것은?

① 등기통상우편　② 등기소포우편
③ 민원우편　④ 익일특급

18 빈출문제

난이도 상중하

봉투에 넣어 봉함하여 발송하는 통상우편물의 규격요건에 관한 내용이다. 위반 시 규격 외 요금을 징수하는 것은?

2012 계리직 10급(변형)

① 우편물의 무게는 최소 3g에서 최대 50g이다.
② 정해진 위치에 우표를 붙이거나 우편요금 납부 표시를 해야 한다.
③ 재질은 70g/m², 불투명도 75% 이상이어야 한다.
④ 우편물의 봉투색상은 흰색 또는 밝은 색으로 한다.

19

난이도 상중하

〈보기〉에서 국내우편물 배달기한에 대한 설명으로 옳은 것을 모두 고른 것은? 2023 계리직 9급

보기

ㄱ. 익일특급우편물의 배달기한은 접수한 다음 날까지이다.
ㄴ. 「관보규정」에 따른 관보는 배달기한 적용의 예외 대상이다.
ㄷ. 등기통상과 등기소포우편물의 배달기한은 접수한 다음 날까지이다.
ㄹ. 교통 여건 등으로 인해 우편물 운송이 특별히 어려운 곳은 관할 우편집중국장이 별도로 배달기한을 정하여 공고한다.

① ㄱ, ㄴ　　② ㄷ, ㄹ
③ ㄱ, ㄴ, ㄷ　　④ ㄱ, ㄴ, ㄹ

20 빈출문제

난이도 상중하

통상우편물 접수 시 규격 외 요금을 징수해야 하는 우편물의 개수로 옳은 것은? 2019 계리직 9급

ㄱ. 봉투의 재질이 비닐인 우편물
ㄴ. 봉투를 봉할 때 접착제를 사용한 우편물
ㄷ. 수취인 우편번호를 6자리로 기재한 우편물
ㄹ. 누르지 않은 자연 상태에서 두께가 10mm인 우편물
ㅁ. 봉투 색상이 70% 이하 반사율을 가진 밝은 색 우편물
ㅂ. 정해진 위치에 우편요금납부 표시를 하지 않거나, 우표를 붙이지 않은 우편물

① 1개　　② 2개
③ 3개　　④ 4개

21 빈출문제

난이도 상중하

봉함우편물에 대하여 규격 외 요금을 징수하여야 하는 경우에서 해당하는 것은?

① 무게 50g 이하인 경우
② 가로의 크기가 140mm～235mm인 경우
③ 봉투의 재질이 종이인 경우
④ 발광물질을 사용하여 문자를 표시한 경우

22

난이도 상중하

통상우편물의 발송요건에 대한 설명으로 옳지 않은 것은?

① 봉투에 넣어 발송하는 것이 원칙이며, 봉함이 적절하지 않은 경우에는 등기소포로 발송할 수 있다.
② 우정사업본부장이 발행하는 우편엽서와 제조요건에 적합한 사제엽서 등은 봉함하지 않고 발송할 수 있다.
③ 발송 시 발송인 및 수취인의 주소, 성명과 우편번호 그리고 우편요금의 납부표시를 외부에 표시하여야 한다.
④ 정기발송 우편계약물은 고시의 발송요건에 따라 띠종이 등으로 묶어서 발송할 수 있다.

23

난이도 상중하

봉함하지 않고 발송해도 되는 우편물에 해당하지 않는 것은?

① 통상우편물
② 전자우편물
③ 사제엽서 제조요건에 적합한 사제엽서
④ 우정사업본부장이 발행하는 우편엽서

24 빈출문제

난이도 상 **중** 하

우편물의 외부표시(기재) 사항에 대한 설명으로 옳은 것은?

2022 계리직 9급

① 통상우편물 요금감액을 받기 위해서는 집배코드별로 구분하여 제출해야 한다.
② 집배코드는 도착집중국 3자리, 배달국 2자리, 집배팀 2자리, 집배구 2자리로 구성되어 있다.
③ 우체국과 협의되지 않은 우편요금 표시 인영은 표기할 수 없으나, 개인정보보호법령에 따른 주민등록번호는 기재할 수 있다.
④ 집배코드란 우편물 구분을 편리하게 할 수 있도록 만든 일종의 코드로서, 문자로 기재된 수취인의 주소정보를 일정한 기준에 따라 숫자로 변환한 것이다.

25 빈출문제

난이도 **상** 중 하

우편물의 규격요건에 대한 설명으로 옳지 않은 것은?

① 발송인은 필요한 내용을 봉투 앞면의 지정된 위치와 봉투 뒷면의 기계 처리를 위한 밑면으로부터 17mm, 왼쪽에서 140mm를 제외한 부분에 표시하거나 이를 표시한 것을 완전히 밀착하여 붙일 수 있다.
② 우편물의 봉투 뒷면에는 광고를 기재할 수 없다.
③ 문자나 도안 등을 표시하는 경우에는 발광물질(인광물질 및 형광물질 포함)을 사용하여서는 아니 된다.
④ 우편물에 눌러찍기, 돋아내기, 구멍뚫기 등을 할 수 없다.

26

난이도 상 중 **하**

등기소포와 일반소포에 대한 설명으로 옳지 않은 것은?

① 일반소포는 접수에서 배달까지의 기록취급을 하지 않는다.
② 등기소포, 일반소포 모두 신용카드 결제가 불가능하다.
③ 일반소포는 손해배상을 청구할 수 없다.
④ 등기소포는 반송 시 반송수수료를 징수한다.

27

난이도 상 **중** 하

등기소포와 일반소포의 이동(異同)에 대한 설명으로 옳지 않은 것은?

① 등기소포와 일반소포는 영수증을 교부한다.
② 분실·훼손, 지연배달 시 등기소포는 손해배상청구가 가능하나 일반소포는 청구가 불가능하다.
③ 등기소포는 반송 시 반송수수료(등기통상취급수수료)를 징수하나 일반소포는 징수하지 않는다.
④ 부가취급서비스에 대하여 등기소포는 가능하지 않으나 일반소포는 가능하다.

28

난이도 상 **중** 하

국내우편물의 접수 및 처리에 대한 설명으로 옳지 않은 것은?

① 발송인이 우편물 내용의 신고 또는 개봉(개피)을 거부할 때는 그 우편물을 접수하지 아니한다.
② 소포우편물의 최대 용적은 가로·세로·높이 세 변을 합하여 160cm이다. 다만, 어느 변이나 1m를 초과할 수 없다.
③ 우편물을 접수할 때에는 발송인·수취인 등 기재사항이 제대로 적혀져 있는지 먼저 확인해야 한다.
④ 소형포장우편물의 최소 용적은 가로·세로·높이 세 변을 합하여 35cm이다. 단, 가로는 17cm 이상, 세로는 12cm 이상이어야 한다.

29 빈출문제

난이도 상중**하**

국내소포우편물의 취급조건과 접수에 관한 설명으로 옳지 않은 것은? 2012 계리직 10급

① 최대 제한중량은 30kg이다.
② 노트, 사진, 거래통장, 통화는 소포로 취급할 수 있다.
③ 접수 시 내용품을 문의하고 우편물의 포장상태를 검사한다.
④ 소포우편물의 표면 왼쪽 중간에 "소포" 표시를 한다.

30 빈출문제

난이도 상중**하**

소포우편물에 대한 설명으로 옳지 않은 것은?

① 가로·세로·높이 세 변은 1m를 초과할 수 있다.
② 최소 용적은 가로·세로·높이 세 변을 합하여 35cm이다.
③ 배달증명서비스는 등기우편물로서 소포우편물도 취급 대상으로 한다.
④ 동일인이 매월 100통 이상 발송하는 소포우편물은 요금후납 대상이다.

31

난이도 상**중**하

국내소포우편물의 취급조건과 접수에 대한 설명으로 옳지 않은 것은?

① 우편물 크기에 따라서 소형포장우편물과 소포우편물로 나뉘고, 소형포장우편물은 통상우편물로 구분하여 취급한다.
② 서신, 통화는 원칙상 소포우편물의 대상이 아니다. 다만, 물품과 관련된 납품서, 영수증, 설명서, 감사인사메모 등은 상품(물품)의 일부로 보아 동봉할 수 있다.
③ 소포우편물 접수 시 포장상태의 검사로서 폭발물, 인화물질, 마약류 등의 우편금지물품의 포함 여부, 다른 우편물에 손상을 주지 않는지 여부, 튼튼하게 포장하였는지 여부를 확인해야 한다.
④ 소포우편물의 내용에 대하여 발송인에게 문의하여 확인한 후에는 우편물 표면 왼쪽 중간 부분에 "내용문의 끝냄"을 표시한다.

32

난이도 상중**하**

우편엽서의 발행방법에 대한 설명으로 옳지 않은 것은?

① 우편엽서의 허락된 부분에는 광고 기재가 가능하다.
② 사제엽서도 디지털 인쇄를 해야 한다.
③ 무게는 최소 2g, 최대 5g이다.
④ 색상은 흰색이나 밝은 색으로 하고, 70% 이상의 반사율을 가져야 한다.

33

난이도 상**중**하

우편엽서의 규격 외 엽서 추가 적용사항에 대한 설명으로 옳지 않은 것은?

① 수취인의 우편번호를 기재하지 않은 경우
② 수취인 우편번호 기재란의 상·하·좌·우에 5mm 이상의 여백을 두지 않은 경우
③ 우편번호 오른쪽 끝에서 20mm의 공백 공간을 두지 않는 경우(허용 오차 ±5mm)
④ 세로 길이가 120mm를 초과한 경우(허용 오차 ±5mm)

34

난이도 상중**하**

사제엽서의 제조요건 중 종류·규격·형식 등에 관한 권한자로 옳은 것은?

① 과학기술정보통신부장관
② 우정사업본부장
③ 관할 지방우정청장
④ 관할 우체국장

35

난이도 상중하

띠종이로 묶어서 발송할 수 있는 것은?

① 우정사업본부장이 발행하는 우편엽서
② 요건을 갖춘 사제엽서
③ 우편물 정기발송계약을 맺은 정기간행물
④ 봉함하기가 적절하지 않은 통상우편물

36

난이도 상중하

띠종이 등으로 묶어서 발송하는 정기간행물에 대한 설명으로 옳지 않은 것은?

① 신문 형태 정기간행물의 띠종이 가로 길이는 최소 90mm에서 최대 235mm이다.
② 띠종이의 색상은 흰색 또는 밝은 색으로 70%의 반사율이 요건이다.
③ 신문 형태가 아닌 정기간행물은 크기가 A4 이하인 경우 우편물 그대로 띠종이를 사용한다.
④ 우편물 외부에 띠종이 앞면을 가로로 2등분한 아랫부분에 발송인이 필요로 하는 사항을 표시할 수 있다.

37

난이도 상중하

고객이 인터넷을 통하여 서비스를 신청하면 고객의 주소지에 방문하여 접수하고 수취인에게 신속히 배달해주는 서비스는?

① 우체국 축하카드　② 전자우편
③ 우체국소포　④ 우체국쇼핑

38

난이도 상중하

연간계약을 하는 계약소포의 종류가 아닌 것은?

① 연합체 발송계약　② 다수지 발송계약
③ 반품계약　④ 한시적 발송계약

39

난이도 상중하

방문접수소포(우체국소포)에 대한 설명으로 옳은 것은?

2022 계리직 9급

① 인터넷우체국을 이용하여 방문접수 신청은 가능하나, 요금수취인부담(요금 착불) 신청은 불가하다.
② 초소형 특정 요금은 월 평균 10,000통 이상 발송업체 중 초소형물량이 80% 이상인 경우에 적용이 가능하다.
③ 연합체 발송계약이란 계약자가 주계약 우체국을 지정하여 이용계약을 체결하고 여러 우편관서에서 별도의 계약 없이 계약소포를 발송하는 것이다.
④ 한시적 발송계약은 3개월 이내에 한시적으로 계약소포를 발송하는 것이다.

40

난이도 상중하

우체국소포에 대한 설명으로 옳지 않은 것은?

① 우체국소포는 개별방문소포와 계약소포로 나누어 서비스를 하고 있다.
② 한시적 발송계약은 각종 행사 등 1개월 이내에 한시적으로 계약소포를 발송하기 위해 체결하는 계약이다.
③ 계약소포의 경우에 계약요금 중 규격·물량단계별 요금을 발송물량의 규격별 점유비에 따라 산출된 요금을 합산하여 적용하는 단일요금이다. 단, 발송물량이 월 평균 10,000통 이상인 연간 계약자에 한하여 적용 가능하다.
④ 전화 및 인터넷을 이용한 방문접수를 실시하고 있다.

41

난이도 상중하

방문접수소포(우체국소포)에 대한 설명으로 옳지 않은 것은?

① 우체국소포(KPS)는 소포우편물 방문접수의 브랜드로 업무 표장이다.

② 계약소포는 방문소포 중 발송인과 우편관서 간 우편물 발송(수취)에 관한 별도의 계약에 따라 접수하는 등기소포 우편물이다.

③ 방문접수 지역으로는 4급 또는 5급 우체국이 설치되어 있는 시 · 군의 시내 배달구(시내지역)와 그 외 관할 우체국장이 방문접수를 실시하는 지역이 있다.

④ 방문소포 기표지 및 접수번호는 관할 우체국장이 창구접수 소포번호와 구분되게 부여한다.

42

난이도 상중하

우체국소포의 인터넷 접수 할인제에 대한 설명으로 옳지 않은 것은?

① 개별택배가 그 적용대상이다.

② 인터넷우체국에 회원 가입하고 배송정보를 입력하여 등록한다.

③ 할인요금은 500원이다.

④ 기본할인에 할인율을 추가할 수는 없다.

43

난이도 상중하

우체국소포(KPS)에 대한 설명으로 옳지 않은 것은?

① 요금수취인부담도 가능하다.

② 소포우편물 방문접수와 관련한 일부 업무를 대표할 수 있는 명칭으로 사용할 수 없다.

③ 소포우편물을 자주 발송하는 경우에는 정기 · 부정기 이용계약을 체결하여 별도의 전화 없이도 정해진 시간에 방문하여 접수한다.

④ 발송인의 요청 또는 발송인과 우편관서 간 사전계약에 따라 발송인을 방문하여 접수하는 등기소포 우편물이다.

44

난이도 상중하

보편적 우편역무(우편서비스)에 대한 설명으로 옳지 않은 것은?

① 보편적 우편역무의 대상으로는 2kg 이하의 통상우편물, 20kg 이하의 소포우편물, 그 밖에 대통령령으로 정하는 우편물 등이 있다.

② 과학기술정보통신부장관은 보편적 우편역무의 제공을 위하여 1근무일에 1회 이상 우편물을 수집하고 배달하여야 한다. 다만, 지리, 교통, 사업 환경 등이 열악하여 부득이한 경우에는 이를 조정할 수 있다.

③ 수집하거나 우체국 창구에 접수한 우편물의 송달에 걸리는 기간은 수집이나 접수한 날의 다음 날부터 3일 이내로 한다.

④ 우편 이용과 관련된 용품의 제조 및 판매를 할 수 있다.

45

난이도 상중하

군사우편에 대한 설명으로 옳지 않은 것은?

① 과학기술정보통신부장관은 국방부장관의 요청에 따라 국군이 주둔하는 지역으로서 우체국의 기능이 미치지 아니하는 지역에 있는 부대와 그 부대에 속하는 군인 · 군무원에 대한 우편역무를 제공할 수 있다.

② 군사우편물의 요금은 일반우편요금의 3분의 1로 한다.

③ 국방부장관은 군사우편을 취급하는 우체국에 필요한 시설 · 장비를 제공하는 것 외에 용역의 일부를 지원할 수 있다. 부대의 이동에 따라 군사우체국을 이동하는 경우에도 또한 같다.

④ 국방부장관은 특별한 사유가 있는 경우 외에는 군사우체국 직원에게 영내 출입, 군 주둔지역의 통행, 그 밖의 업무 수행에 필요한 편의를 제공하여야 한다.

46

난이도 상 중 하

우편물의 제한 용적 및 중량에 대한 설명으로 옳지 않은 것은?

① 통상우편물인 서신 등 의사전달물 및 통화의 최대 용적은 가로·세로 및 두께를 합하여 90cm이다. 다만, 어느 길이나 60cm를 초과할 수 없다.

② 통상우편물인 소형포장우편물의 최대 용적은 가로·세로 및 두께를 합하여 35cm 미만이어야 하고, 서적·달력·다이어리 우편물은 90cm까지 허용된다.

③ 통상우편물의 최소 용적은 평면의 크기가 길이 14cm, 너비 9cm 이상이다.

④ 통상우편물의 중량은 최소 2g~최대 8,000g이다.

47

난이도 상 중 하

소포우편물의 제한 용적 및 중량에 대한 설명으로 옳지 않은 것은?

① 소포우편물의 최대 용적은 가로·세로·높이 세 변을 합하여 160cm이다. 다만, 어느 변이나 1m를 초과할 수 없다.

② 소포우편물의 최소 용적은 가로·세로·높이 세 변을 합하여 35cm이다. 단, 가로는 17cm 이상, 세로는 12cm 이상이어야 한다.

③ 소포우편물의 중량은 3kg 이내이어야 한다.

④ 우편관서의 장과 발송인이 고시에 따라 체결한 계약에서 취급 중량의 기준을 달리 정한 경우에는 그 기준에 따른다.

48

난이도 상 중 하

우체국 창구접수 방법으로 통상우편서비스를 이용하려 할 때의 우편요금으로 옳지 않은 것은?

① 규격봉투를 사용한 A4용지 3장(20g 정도) – 430원

② 사제봉투로서 규격 외 우편물 A4용지 1장(5g 정도) – 520원

③ 스테이플러를 여러 번 찍고 규격봉투를 이용한 서류(100g 정도) – 640원

④ 규격 외 엽서(50g 정도) – 390원

해설편 ▶ P.8

CHAPTER

03 우편물의 접수

파트 내 출제비중
2%

01
난이도 상 중 하

우편물의 물품 중 독약·극약·독물 및 생병원체의 포장방법에 대한 설명으로 옳지 않은 것은?

① 우편물의 표면 중 보기 쉬운 곳에 품명 및 "위험물"이라고 표시하여야 한다.
② 우편물 외부에 발송인의 자격 및 성명을 기재하여야 한다.
③ 독약·극약·독물 및 극물은 이를 2가지 종류로 함께 포장하지 말아야 한다.
④ 적당히 포장하거나 상자에 넣는 등의 방법으로 포장한다.

02 빈출문제
난이도 상 중 하

통상우편물의 제한 용적 및 중량에 대한 설명으로 옳은 것을 모두 고른 것은?

ㄱ. 서신 등 의사전달물 및 통화의 경우 어느 길이나 50cm를 초과할 수 없다.
ㄴ. 소형포장우편물은 가로·세로 및 높이를 합하여 35cm 미만이어야 한다.
ㄷ. 원통형인 소형포장우편물 중 서적·달력·다이어리 우편물은 1.5m까지 허용한다.
ㄹ. 최소 용적은 가로 14cm, 세로 9cm이다.
ㅁ. 중량은 최소 2g에서 최대 6,000g이다.

① ㄱ, ㄷ, ㅁ　② ㄴ, ㄷ, ㅁ
③ ㄴ, ㄹ, ㅁ　④ ㄷ, ㄹ, ㅁ

03
난이도 상 중 하

〈보기〉에서 국내우편물 제한 부피 및 무게에 대한 설명으로 옳은 것을 모두 고른 것은? 2016 계리직 9급

보기

ㄱ. 통상우편물의 최대무게: 8,000g
ㄴ. 통상우편물의 최소부피
- 평면의 길이 14cm, 너비 9cm
- 원통형은 "지름의 2배"와 길이를 합하여 23cm(단, 길이는 14cm 이상)

ㄷ. 소포우편물의 최소부피
- 가로·세로·높이 세 변을 합하여 35cm(단, 가로는 17cm 이상, 세로는 12cm 이상)
- 원통형은 "지름의 2배"와 길이를 합하여 35cm(단, 지름은 3.5cm 이상, 길이는 17cm 이상)

ㄹ. 소포우편물의 최대부피: 가로·세로·높이 세 변을 합하여 1m 이내(단, 어느 변이나 90cm를 초과할 수 없음)

① ㄱ, ㄴ　② ㄱ, ㄹ
③ ㄴ, ㄷ　④ ㄷ, ㄹ

04
난이도 상 중 하

다음 중 우편금지물품이 아닌 것은?

① 복사품　② 음란물
③ 폭발물　④ 독극물

해설편 ▶ P.15

CHAPTER

04 국내우편물의 부가서비스

파트 내 출제비중 21%

01

난이도 상 중 하

다음은 선택적 우편역무의 종류 중 무엇에 대한 설명인가?

> 우편물의 접수에서부터 받는 사람에게 배달되기까지의 전 취급과정을 기록하는 우편물의 특수취급제도

① 계약등기우편제도 ② 등기취급제도
③ 증명취급 ④ 물품등기제도

02 빈출문제

난이도 상 중 하

등기취급제도에 대한 설명으로 옳지 않은 것은?

① 각 우편물의 접수번호 기록에 따라 배달에 이르는 모든 과정을 기록 취급한다.
② 우편물의 취급 도중에 분실되거나 훼손된 경우에는 그 손해를 배상하는 제도로서 우편물 부가취급의 기본이 되는 서비스이다.
③ 다른 여러 특수취급을 위해서는 기본적으로 등기취급이 되어야만 한다.
④ 법률에서 2kg 초과의 통상우편물과 20kg 초과의 소포우편물에 대한 등기취급을 보편적 우편역무로 정함으로써 국민의 권리를 보다 폭넓게 보장하게 되었다.

03 빈출문제

난이도 상 중 하

등기우편물의 부가취급에 대한 설명으로 옳은 것은?

2021 계리직 9급(변형)

① 특별송달우편물에 첨부된 우편송달통지서 용지의 무게는 우편물의 무게에 포함되지 않는다.
② 민원우편 발송 시 우정사업본부에서 발행한 민원우편 취급용 봉투를 사용하지 않아도 된다.
③ 민원우편은 발송할 때의 취급요금(우편요금＋등기취급수수료＋익일특급수수료)과 회송할 때의 취급요금(50g 규격우편요금＋등기취급수수료＋익일특급수수료)을 합하여 미리 받는다.
④ 착불배달우편물이 반송된 경우, 발송인은 우편요금과 반송수수료를 납부해야 한다.

04

난이도 상 중 하

계약등기서비스에 대한 설명으로 옳지 않은 것은?

① 등기취급을 전제로 우체국장과 발송인이 별도의 계약을 체결하고 그 배달결과를 발송인에게 전자적 방법 등으로 통지하는 제도이다.
② 일반형 계약등기와 맞춤형 계약등기가 있다.
③ 맞춤형 계약등기는 익일특급이 기본으로 전제된 서비스이며, 반송수수료는 면제된다.
④ 취급대상 물량기준으로 맞춤형은 한 발송인이 1회 100통 이상, 월 5,000통 이상이다.

05

난이도 상중하

계약등기서비스에 대한 설명으로 옳지 않은 것은?

① 계약등기 서비스는 등기취급을 전제로 우체국장과 발송인이 별도의 계약을 체결한다.
② 우편물 반환 시 우체국과 발송인과의 사전계약에 따라 정한 반환취급수수료를 징수한다.
③ 맞춤형과는 달리 일반형은 물량기준으로 1회 및 월 발송 물량에 제한이 없다.
④ 맞춤형 계약등기의 취급상품과 요금에 대해서는 과학기술정보통신부장관이 고시한다.

06

난이도 상중하

계약등기우편물의 부가취급서비스에 대한 설명이다. 수수료로 옳은 것은? 2021 계리직 9급

> 등기취급을 전제로 우체국과 발송인이 별도의 계약에 따라 수취인을 직접 만나서 우편물을 배달하면서 서명이나 도장을 받는 등 응답이 필요한 사항을 받아 발송인이나 발송인이 지정하는 자에게 회신하는 부가취급제도

① 500원
② 1,000원
③ 1,500원
④ 2,000원

07

난이도 상중하

다음은 선택적 우편역무의 종류 중 무엇에 대한 설명인가?

> 취급대상 물량기준으로 일반형은 한 발송인이 1회 100통 이상, 월 5,000통 이상이며(두 요건 모두 충족), 맞춤형은 1회 및 월 발송물량에 제한이 없다.

① 물품등기제도
② 등기취급제도
③ 증명취급
④ 계약등기서비스

08 빈출문제

난이도 상중하

다음 중 등기취급의 대상이 아닌 것은?

① 통화
② 객관적으로 가치가 있다고 신고하는 것
③ 우편물의 취급과정을 기록할 필요가 있다고 판단한 우편물
④ 귀중품

09

난이도 상중하

선택등기서비스에 대한 설명으로 옳은 것은? 2022 계리직 9급(변형)

① 취급대상은 2kg(특급취급 시 30kg) 이하 통상우편물이다.
② 전자우편, 익일특급, 계약등기, 발송 후 배달증명 부가취급이 가능하나, 우편함에 배달이 완료된 경우에는 발송 후 배달증명 청구를 할 수 없다.
③ 배달기한은 접수한 다음 날부터 4일 이내이다.
④ 손실, 분실에 한하여 최대 5만 원까지 손해배상을 제공하나, 배달이 완료된 후에 발생한 손실 또는 분실은 손해배상 대상에서 제외한다.

10

난이도 상중하

선납라벨서비스에 대한 설명으로 옳은 것을 모두 고른 것은? 2022 계리직 9급

> ㄱ. 사용권장기간 경과로 인쇄 상태가 불량하거나 라벨지 일부 훼손으로 사용이 어려운 경우 동일한 발행번호와 금액으로 재출력이 가능하다.
> ㄴ. 훼손 정도가 심각하여 판매정보의 식별이 불가능한 경우 동일한 발행번호와 금액으로 재출력이 가능하다.
> ㄷ. 우편물 접수 시 우편요금보다 라벨 금액이 많은 경우 잉여금액에 대한 환불이 가능하다.
> ㄹ. 구매 당일에 한해 판매우체국에서만 환불처리가 가능하다.

① ㄱ, ㄴ
② ㄱ, ㄹ
③ ㄴ, ㄷ
④ ㄷ, ㄹ

11

난이도 상 중 하

특수취급 부가우편 서비스로서 보험취급에 해당하는 것은?

① 통화등기, 물품등기, 유가증권등기
② 내용증명, 배달증명
③ 국내특급
④ 특별송달, 민원우편, 착불배달

12

난이도 상 중 하

다음은 선택적 우편역무의 종류 중 무엇에 대한 설명인가?

> 등기취급을 전제로 우체국 창구 또는 정보통신망을 통하여 발송인이 수취인에게 어떤 내용의 문서를 언제 발송하였다는 사실을 우체국이 증명하는 특수취급제도

① 통화등기　② 배달증명
③ 유가증권등기　④ 내용증명

13 빈출문제

난이도 상 중 하

내용증명에 대한 설명으로 옳지 않은 것은?

① 우편관서는 내용과 발송 사실만을 증명할 뿐이고 그 사실만으로 법적 효력이 발생하는 것은 아니다.
② 내용문서는 한글이나 한자 또는 그 밖의 외국어로 자획을 명확하게 기록한 문서에 한정하여 취급한다.
③ 내용문서의 원본이나 등본에 문자·기호를 삽입하거나 정정·삭제한 경우 삽입·정정·삭제한 글자 수와 '삽입'·'정정'·'삭제' 글자를 난외의 여유 공간이나 끝부분 빈 곳에 쓰고 우편관서의 날짜인 도장을 찍어야 한다.
④ 발송인은 내용문서의 원본과 등본 2통을 제출하여야 한다.

14 빈출문제

난이도 상 중 하

내용증명 우편물에 대한 설명으로 옳은 것은? 2022 계리직 9급

① 문서 이외의 물건도 그 자체 단독으로 내용증명의 대상이 될 수 있다.
② 내용문서의 크기가 A4 용지 규격보다 큰 것은 발송할 수 없다.
③ 다수인이 연명으로 발송하는 내용문서의 경우 다수 발송인 중 1인의 이름, 주소를 우편물의 봉투에 기록한다.
④ 발송인이 재증명을 청구한 경우 문서 1통마다 재증명 청구 당시 내용증명 취급수수료 전액을 징수한다.

15 빈출문제

난이도 상 중 하

내용증명에 대한 설명으로 옳은 것은? 2018 계리직 9급(변형)

① 내용문서의 원본과 등본은 양면으로 작성할 수 있다.
② 우체국에서 내용증명을 발송한 사실만으로 법적 효력이 발생한다.
③ 수취인에게 우편물을 배달하거나 교부한 경우, 그 사실을 배달우체국에서 증명하여 발송인에게 통지하는 제도이다.
④ 내용문을 정정한 경우 '정정' 글자를 여유 공간이나 끝부분 빈 곳에 쓰고, 발송인의 도장이나 지장을 찍어야 한다. 다만, 발송인이 외국인일 경우에 한하여 서명을 할 수 있다.

16

난이도 상 중 하

특수취급서비스 중 현금이 봉투에 들어갈 수 있는 서비스는?

① 민원우편　② 특별송달
③ 내용증명　④ 착불배달

17
난이도 상중하

민원우편 서비스에 대한 설명으로 옳지 않은 것은?

2023 계리직 9급

① 우정사업본부에서 발행한 민원우편 취급용 봉투(발송용, 회송용)를 사용하여야 한다.
② 회송용 민원우편물은 우체국 취급담당자가 인장 또는 자필 서명하여 봉함하여야 한다.
③ 민원발급 수수료와 회송할 때의 민원발급 수수료 잔액을 현금으로 우편물에 봉입하여 발송할 수 있다.
④ 발송인은 민원우편 회송용 취급요금(50g규격요금 + 등기취급수수료 + 익일특급수수료)을 접수 시에 선납하여야 한다.

18
난이도 상중하

통화등기에 대한 설명으로 옳지 않은 것은?

① 우편으로 현금을 직접 수취인에게 배달하는 제도로서 취급 중에 분실된 경우에 통화등기 금액 전액을 변상하여 주는 보험등기이다.
② 통화등기의 취급대상은 국내통화에 한한다.
③ 통화등기의 취급 한도액은 10만 원 이하로서 10원 미만의 단수는 붙일 수 없다.
④ 통화등기우편물은 보험등기 취급용 봉투를 이용하여 발송해야 한다.

19
난이도 상중하

보험취급에 대한 설명으로 옳지 않은 것은?

① 통화등기는 100만 원 이하의 국내통화에 한하여 취급한다.
② 물품등기는 신고가액 300만 원 이하의 귀금속 · 보석류, 그 밖의 귀중품, 주관적으로 가치가 있다고 신고한 것을 취급한다.
③ 유가증권등기는 액면 또는 권면가액이 2,000만 원 이하의 송금수표 · 자기앞수표 등의 유가증권에 한하여 취급한다.
④ 안심소포는 등기소포를 전제로 보험가액 100만 원 이하의 고가품, 귀중품 등 사회통념상 크기에 비해 가격이 높다고 발송인이 신고한 것으로, 그 취급에 특히 유의할 필요가 있는 물품과 파손, 변질 등의 우려가 있는 물품을 취급대상으로 한다.

20
난이도 상중하

통화등기의 취급한도액으로 옳은 것은?

① 150만 원 이하의 국내통화
② 150만 원 이하의 국내 · 외 통화
③ 100만 원 이하의 국내통화
④ 100만 원 이하의 국내 · 외 통화

21 빈출문제
난이도 상중하

국내우편의 특수취급제도에 대한 설명으로 옳은 것은?

2014 계리직 9급

① 내용증명의 내용문서는 한글이나 한자 사용을 원칙으로 하며 원본과 등본 모두 양면으로 작성할 수 있다.
② 물품등기 접수 시 물품가액은 접수 담당자가 정한다.
③ 특별송달이란 등기취급을 전제로 「우편법」이 정하는 방법에 따라 송달하는 우편물로서, 배달결과를 발송인에게 통지하는 제도이다.
④ 통화등기란 국내 · 외 통화를 수취인에게 직접 배달하는 제도이다.

22
난이도 상중하

물품등기에 대한 설명으로 옳지 않은 것은?

① 취급대상으로는 귀금속, 보석류, 기타 귀중품, 주관적 가치가 있다고 신고되는 것이 있다.
② 10원 이상 300만 원 이하의 물건에 한해 취급할 수 있다.
③ 물품가액은 접수 담당자가 정한다.
④ 물품등기우편물은 보험등기 취급용 봉투를 이용하여 발송해야 한다.

23

난이도 상중하

다음 중 유가증권등기에 대한 설명으로 옳지 않은 것은?

① 현금과 교환할 수 있는 우편환증서나 수표 따위의 유가증권을 보험등기봉투에 넣어 직접 수취인에게 송달하는 서비스이다.
② 취급 도중 잃어버리거나 못쓰게 된 경우 접수 당시 시가로 금액을 배상하게 된다.
③ 취급 조건은 액면 또는 권면가액이 2,000만 원 이하의 송금수표, 국고수표, 우편환증서 등이다.
④ 유가증권등기는 보험취급의 일종이다.

24

난이도 상중하

보험취급에 대한 설명으로 옳지 않은 것은?

① 통화를 우편물로 발송하고자 하는 자는 통화등기로 하여야 한다. 다만, 민원우편의 경우에는 그러하지 아니하다.
② 통화등기는 국내 · 국제 통화를 취급하며, 신고가액 100만 원 이하로서 10원 미만의 단수는 절사한다.
③ 물품등기의 신고가액은 발송인이 정하는 가격으로 한다.
④ 유가증권등기는 액면 또는 권면가액이 2천만 원 이하의 송금수표 · 국고수표 · 우편환증서 · 자기앞수표 · 상품권 · 선하증권 · 창고증권 · 화물상환증 · 주권 및 어음 등의 유가증권에 한하여 취급한다.

25

난이도 상중하

물품등기와 유가증권등기에 대한 설명으로 옳지 않은 것은?

① 물품등기의 취급대상은 귀금속, 보석류, 기타 귀중품, 주관적 가치가 있다고 신고되는 것들이다.
② 물품등기의 취급가액은 10원 이상 300만 원 이하이다.
③ 유가증권등기를 취급 중에 분실하거나 못쓰게 된 경우에는 접수 당시의 시가로 금액을 배상한다.
④ 사용된 유가증권류, 기프트카드 등에 대하여 보험취급을 원할 경우 유가증권등기로 취급할 수 없으나 물품등기로는 접수가 가능하다.

26 빈출문제

난이도 상중하

증명취급에 대한 설명으로 옳지 않은 것은?

① 증명취급에는 내용증명, 배달증명이 있다.
② 내용증명은 발송인이 수취인에게 문서내용과 발송시기, 즉 어떤 내용의 문서를 언제 발송하였다는 사실을 우편관서가 공적으로 증명하는 제도이다.
③ 2인 이상의 수취인에게 발송하는 내용증명우편물로서 그 내용문서가 동일한 것은 이를 동문내용증명으로 할 수 있다.
④ 배달증명은 수취인에게 우편물을 배달하거나 교부한 경우에 그 사실을 배달우체국에서 증명해서 발송인에게 통지하는 서비스로서, 발송할 때에 청구해야 하며, 발송을 한 뒤에는 청구할 수 없다.

27

난이도 상중하

보험취급에 대한 설명으로 옳지 않은 것은?

① 통화등기는 소액 송금제도로서 많이 이용된다.
② 물품등기와 유가증권등기는 등기취급우편물로 발송해야 한다.
③ 유가증권등기는 취급 시 발송할 유가증권의 액면 금액과 접수 당시의 시가 금액을 대조하여 일치하는지 확인한다.
④ 외화등기의 취급 금액은 최소 10만원 이상 150만원 이하이며 지폐만 취급 가능하다.

28

난이도 상중하

국내특급에 대한 설명으로 옳지 않은 것은?

① 국내특급은 등기취급을 전제로 국내특급우편 취급지역 상호 간에 수발하는 긴급한 우편물을 통상의 송달 방법보다 더 빠르게 송달하기 위하여 접수된 우편물을 약속한 시간 내에 신속히 배달하는 특수취급제도이다.
② 국내특급우편에는 익일특급(통상우편물에 한함)이 있으며, 배달기한은 접수한 다음 날까지이다.
③ 국내특급우편은 인터넷우체국에서만 접수 가능하다.
④ 국내특급의 접수지정 우체국별 접수마감시각 및 배달우체국의 배달시간은 관할 지방우정청장이 정하여 고시한다.

29

난이도 상중하

특급취급으로서의 국내특급에 대한 설명으로 옳지 않은 것은?

① 국내특급우편으로는 익일특급이 있다.
② 익일특급 통상우편물의 취급제한중량은 30kg이다.
③ 국내특급은 일반우편물과 등기취급하는 우편물 모두를 대상으로 한다.
④ 익일특급의 송달기준은 접수 익일까지이다.

30 빈출문제

난이도 상중하

등기취급을 전제로 한 부가서비스에 대한 설명이 바르게 연결된 것은?

ㄱ. 등기취급을 전제로 우체국장과 발송인과의 별도의 계약에 따라 접수한 통상우편물을 배달하고 그 배달결과를 발송인에게 전자적 방법 등으로 통지하는 특수취급제도
ㄴ. 등기취급을 전제로 보험등기봉투를 이용하여 수표·우편환증서, 기타 유가증권을 배달하는 특수취급제도
ㄷ. 귀금속, 보석, 옥석, 그 밖의 귀중품이나 주관적으로 가치가 있다고 신고한 것을 보험등기봉투에 넣어 수취인에게 직접 송달하고, 취급 도중 분실되거나 훼손한 경우 표기금액을 배상하는 보험취급제도의 하나로 통상우편물에 한정

	ㄱ	ㄴ	ㄷ
①	유가증권등기	물품등기	통화등기
②	통화등기	계약등기	유가증권등기
③	계약등기	유가증권등기	물품등기
④	통화등기	특별송달	국내특급우편

31

난이도 상중하

국내특급에 대한 설명으로 옳지 않은 것은?

① 등기취급하는 우편물에 한해 취급한다.
② 통상우편물 및 소포우편물의 제한 중량은 20kg까지이다.
③ 익일특급의 접수는 전국 모든 우체국에서 가능하다.
④ 익일특급의 취급지역은 전국으로 하되, 접수한 날의 다음 날까지 배달이 곤란한 지역에 대해서는 별도의 추가일수 및 사유 등을 관할 지방우정청장이 고시한다.

32 빈출문제

난이도 상중하

국내 소포우편물의 송달기준에 대한 설명으로 옳지 않은 것은?

① 등기소포·우체국소포는 접수 다음 날(D+1일)까지(도서지역 등 특정지역 제외), 제주(D+2일)는 접수 다음 다음 날 배달한다.
② 일반소포는 등기·부가취급을 하지 않고 접수 다음 날부터 3일(D+3일) 이내에 배달되며, 등기소포와 달리 기록취급이 되지 않지만 분실 시 손해배상이 가능하다.
③ 서비스 가능지역 및 접수시간을 우체국별로 정한 경우 해당 사안에 관하여 당일배달을 희망할 경우, 2,000원의 수수료를 추가로 지불하면 가능하다.
④ 2014년 3월 1일부터 제주행 항공기의 화물 적재 공간 부족으로 인하여 수도권에서 접수하는 제주행 소포우편물은 12시까지만 제주(익일배달)로 접수하고, 그외 지역에서 접수하는 제주행 소포우편물은 제주(D+2일)을 이용해야 한다.

33

난이도 상중하

국내특급에 대한 설명으로 옳지 않은 것은?

① 익일특급은 전국을 취급지역으로 한다.
② 등기취급하는 우편물에 한정하여 취급한다.
③ 익일특급의 송달기준은 접수 익일까지이다.
④ 국내특급의 접수마감시각 및 배달시간은 우정사업본부장이 정하여 고시한다.

34

난이도 상중하

우정이는 우연히 지갑 속에서 명절에 받아 둔 상품권 5만 원을 발견하였다. 그러나 마땅히 쓸 일이 없어 인터넷 거래로 상품권을 판매하였고 우체국서비스를 이용하여 다음 날 도착하는 방법으로 보내려고 한다. 요금으로 알맞은 금액은?

① 3,530원 ② 4,030원
③ 4,530원 ④ 8,530원

35

난이도 상중하

국내특급우편에 대한 설명으로 옳지 않은 것은?

① 접수지정 우체국별 접수마감시각 및 배달시간은 관할 지방우정청장이 정하여 고시한다.
② 익일특급은 금요일에 접수하면 토요일에 배달된다.
③ 익일특급은 전국의 모든 우체국에서 접수 가능하다.
④ 익일특급은 전국을 취급지역으로 하되, 접수한 다음 날까지 배달이 곤란한 지역에 대해서는 별도의 추가일수를 가산하여 고시한다.

36

난이도 상중하

특수취급에 대한 설명으로 옳은 것은?

① 특별송달은 「민사소송법」이 정하는 방법에 따라 등기통상으로 송달하고, 송달사실을 우편송달통지서를 통해 발송인에게 알려주는 서비스이다.
② 민원우편은 우편이나 인터넷으로 신청하고 그에 따라 발급된 민원서류를 등기취급하여 송달하는 제도이며, 배달기한은 D+3이다.
③ 익일특급은 전국을 취급지역으로 하되, 접수 다음 날까지 배달이 곤란한 지역에 대해서는 별도의 추가 일수와 사유 등을 고시한다. 다만, 익일특급의 배달기한에 토요일은 포함하되 공휴일(일요일)은 포함하지 않는다.
④ 착불배달 우편물은 우편물을 보낼 때 우편요금을 내지 않고 우편물을 받는 수취인이 납부하는 제도로서 소포우편물에는 부가할 수 있으나 계약등기우편물에는 부가할 수 없다.

37

난이도 상중하

특수취급에 대한 설명으로 옳지 않은 것은?

① 민원우편은 현금이 봉투에 들어갈 수 있는 유일한 서비스이며, 봉투에 넣게 되는 돈은 발급수수료 및 회송 시 민원발급수수료 잔액으로서 송금액은 50,000원으로 제한된다.
② 익일특급은 전국을 취급지역으로 하되, 접수 다음 날까지 배달이 곤란한 지역에 대해서는 별도의 추가 일수와 사유 등을 고시한다. 다만, 익일특급의 배달기한에 토요일과 공휴일(일요일)은 포함하지 않는다.
③ 착불배달 우편물은 등기취급을 하는 소포우편물이나 계약등기우편물 등에 부가하여 서비스할 수 있다.
④ 특별송달이란 「민사소송법」 제176조가 정하는 방법에 따라 등기통상으로 송달하고, 송달 사실을 우편송달통지서를 통해 발송인에게 알려 주는 서비스이다.

38

난이도 상 중 하

부가서비스에 대한 설명으로 옳지 않은 것은?

① 준등기 우편서비스는 우편물의 접수에서 배달 전 단계까지는 등기우편으로 취급하고 수취함에 투함하여 배달을 완료하는 제도로, 등기우편으로 취급되는 단계까지만 손해배상을 하는 서비스이다.
② 내용증명우편물을 접수할 때에는 접수우체국에서 내용문서 원본과 등본을 대조하여 서로 부합함을 확인한 후 내용문서 원본과 등본의 각 통에 발송연월일 및 그 우편물을 내용증명우편물로 발송한다는 뜻과 우체국명을 기재하고 우편날짜도장을 찍는다.
③ 내용문서의 원본 또는 등본의 문자나 기호를 정정 · 삽입 또는 삭제한 때에는 '정정' · '삽입' 또는 '삭제'의 문자 및 자수를 난외 또는 말미 여백에 기재하고 그곳에 우편날짜도장을 찍어야 한다.
④ 모사전송(팩스)우편서비스의 취급대상은 서신, 서류, 도화 등을 내용으로 한 통상우편물이어야 한다.

39

난이도 상 중 하

등기취급을 전제로 한 부가서비스에 대한 설명을 바르게 연결한 것은?

> ㄱ. 수취인의 개인정보 누출이나 재산상의 피해를 예방하기 위하여 발송인이 수취인 본인에게 배달하도록 지정한 우편물이다.
> ㄴ. 「민사소송법」의 규정에 의한 방법으로 송달하는 우편물로서 배달우체국에서 배달결과를 발송인에게 통지하는 특수취급제도이다.
> ㄷ. 보험등기봉투를 이용하여 우편환증서, 수표 등을 배달하는 특수취급제도이다.

	ㄱ	ㄴ	ㄷ
①	물품등기	착불배달	통화등기
②	본인지정배달	착불배달	유가증권등기
③	물품등기	특별송달	통화등기
④	본인지정배달	특별송달	유가증권등기

40 빈출문제

난이도 상 중 하

선택적 우편역무의 종류에 대한 설명으로 옳지 않은 것은?

① 보험통상은 등기취급을 전제로 보험등기 취급용 봉투를 이용하여 유가증권, 통화 또는 소형포장우편물 등의 통상우편물을 배달하는 특수취급제도이다.
② 배달증명은 등기취급을 전제로 우체국 창구 또는 정보통신망을 통하여 발송인이 수취인에게 어떤 내용의 문서를 언제 발송하였다는 사실을 우체국이 증명하는 특수취급제도이다.
③ 특별송달은 등기취급을 전제로 「민사소송법」에서 규정한 방법으로 송달하는 우편물로서 배달우체국에서 배달결과를 발송인에게 통지하는 특수취급제도이다.
④ 국내특급우편은 등기취급을 전제로 국내특급우편 취급지역 상호 간에 수발하는 긴급한 우편물로서 통상적인 송달방법보다 빠르게 송달하기 위하여 접수된 우편물을 약속한 시간 내에 신속히 배달하는 특수취급제도이다.

41 빈출문제

난이도 상 중 하

선택적 우편역무의 종류에 대한 설명으로 옳지 않은 것은?

① 보험통상에는 통화등기, 물품등기, 유가증권등기 등이 있다.
② 내용증명은 등기취급을 전제로 우편물의 배달일자 및 수취인을 배달우체국에서 증명하여 발송인에게 통지하는 제도이다.
③ 특별송달은 등기취급을 전제로 배달우체국에서 배달결과를 발송인에게 통지하는 제도이다.
④ 전자우편은 우체국 창구나 정보통신망을 통하여 전자적 형태로 접수된 통신문 등을 발송인이 의뢰한 형태로 출력 · 봉함하여 수취인에게 배달하는 제도이다.

42

난이도 상중하

민원우편에 대한 설명으로 옳지 않은 것은?

① 민원우편물을 발송·회송 및 배달하는 경우에는 등기우편물로 취급하여야 한다.
② 민원우편에 의하여 민원서류를 발급받고자 하는 자는 민원서류의 발급에 필요한 서류와 발급수수료를 우정사업본부장이 발행하는 민원우편발송용 봉투에 함께 넣어 발송하여야 한다.
③ 민원서류를 발급한 기관은 발급된 민원서류와 민원인으로부터 우편으로 송부된 통화 중에서 발급수수료를 뺀 잔액의 통화를 우정사업본부장이 발행하는 민원우편회송용 봉투에 함께 넣어 회송하여야 한다.
④ 통화를 발송하거나 회송하는 경우에는 그 민원우편의 발송용 봉투 또는 회송용 봉투의 해당란에 그 금액을 기재하여야 한다.

43

난이도 상중하

특별송달에 대한 설명으로 옳지 않은 것은?

① 다른 법령에 의하여 「민사소송법」이 정하는 방법으로 송달하여야 할 서류를 내용으로 하는 등기통상우편물은 특별송달로 할 수 있다.
② 특별송달우편물을 발송할 때에는 그 표면의 왼쪽 중간에 "특별송달"의 표시를 하고, 그 뒷면에 송달상 필요한 사항을 기재한 우편송달통지서용지를 첨부하여야 한다.
③ 우편물에 기재된 주소지에 수취인이 사실상 거주하지 아니하는 경우에는 그 장소에 우편물을 두어 유치송달할 수 없다.
④ 특별송달우편물을 배달한 때에는 배달우체국에서 당해우편물에 첨부된 우편송달통지서에 송달에 관한 사실을 기재하여 발송인에게 통상우편으로 송부하여야 한다.

44

난이도 상중하

다음 중 보험취급 업무가 아닌 것은?

① 통화등기　② 증명취급
③ 물품등기　④ 유가증권등기

45

난이도 상중하

〈보기〉에서 보험취급우편물에 대한 설명으로 옳은 것을 모두 고른 것은?

2023 계리직 9급

보기

ㄱ. 통화등기로 취급할 수 있는 대상은 강제 통용력이 있는 국내 통화에 한정한다.
ㄴ. 외화등기는 전국 우체국에서 익일특급 배달 불가능 지역을 제외하고 접수가 가능하다.
ㄷ. 물품등기의 물품 가액은 발송인이 정하며, 취급 담당자는 가액 판단에 관여할 필요가 없다.
ㄹ. 안심소포의 가액은 300만 원 이하의 물건에 한정하여 취급하며, 취급한도액을 초과하는 물품은 어떤 경우에도 취급할 수 없다.
ㅁ. 사용된 유가증권류, 기프트카드 등에 대하여 보험취급을 원하는 경우, 유가증권등기로 취급할 수 없으나 물품등기로는 접수가 가능하다.

① ㄱ, ㄴ, ㄷ　② ㄴ, ㄹ, ㅁ
③ ㄱ, ㄷ, ㄹ　④ ㄱ, ㄷ, ㅁ

46

난이도 상중하

특수취급제도로서 등기취급을 전제로 우편물을 수취인 본인에게만 배달하여 주는 제도는?

① 회신우편　② 특별송달
③ 본인지정배달　④ 민원우편

47

난이도 상 **중** 하

등기취급하는 우편물에 대한 설명으로 옳지 않은 것은?

① 등기취급하는 우편물에는 발송인이 그 표면의 오른쪽 중간에 '등기'의 표시를 하여야 한다.
② 등기우편물을 접수한 때에는 발송인에게 접수번호를 기록한 특수우편물수령증을 교부하여야 한다.
③ 등기우편물 배달 시의 수령사실확인은 특수우편물배달증에 수령인이 서명(전자서명을 포함한다) 또는 날인하는 것으로 한다.
④ 수령인이 본인이 아닌 경우에는 수령인의 성명 및 본인과의 관계를 기재하고 서명(전자서명을 포함한다) 또는 날인하게 하여야 한다.

48

난이도 상 **중** 하

증명취급에 대한 설명으로 옳지 않은 것은?

① 내용증명우편물은 한글, 한자 또는 그 밖의 외국어로 자획을 명료하게 기재한 문서(첨부물을 포함한다)인 경우에 한하여 취급한다.
② 내용증명우편물을 접수한 후에도 발송인 및 수취인의 성명·주소의 변경, 내용문서원본 또는 등본의 문자나 기호의 정정 등을 청구할 수 있다.
③ 내용증명우편물을 발송하고자 하는 자는 내용문서 원본 및 그 등본 2통을 제출하여야 한다.
④ 다수인이 연명하여 동일인에게 내용증명우편물을 발송하는 때에는 연명자 중 1인의 성명·주소만을 우편물의 봉투에 기재하여야 한다.

해설편 ▶ P.16

CHAPTER

05 그 밖의 우편서비스

파트 내 출제비중 8%

01

난이도 상중하

〈보기〉에서 설명한 국내우편서비스의 종류를 바르게 연결한 것은? 2010 계리직 10급(변형)

보기

ㄱ. 개인의 사진, 기업체 로고, 캐릭터, 광고물 등을 우표와 나란히 인쇄·제작하여 제공하는 서비스
ㄴ. 고객이 전화 또는 인터넷을 통하여 서비스를 신청하면 고객의 주소지로 방문하여 접수하고 수취인에게 신속히 배달해 주는 서비스
ㄷ. 전국 우체국을 통해 농·어촌 특산품 등을 저렴하게 구입할 수 있는 서비스

	ㄱ	ㄴ	ㄷ
①	나만의 우표	우체국 꽃배달	우체국쇼핑
②	우체국 축하카드	우체국 꽃배달	우체국소포
③	나만의 우표	우체국소포	우체국쇼핑
④	광고우편엽서	우체국 축하카드	우체국소포

02

난이도 상중하

국내우편서비스에 대한 설명으로 옳은 것을 모두 고른 것은? 2022 계리직 9급(변형)

ㄱ. 모사전송(팩스) 우편은 우편취급국을 포함한 모든 우체국에서 신청이 가능하다.
ㄴ. 나만의 우표 홍보형 신청 시에는 기본 이미지 1종 외에 큰 이미지 1종을 무상으로 제공한다.
ㄷ. 고객이 고객맞춤형 엽서를 교환 요청한 때에는 교환금액을 수납한 후 액면 금액에 해당하는 우표, 엽서, 항공서간으로 교환해 준다.
ㄹ. 인터넷 우표에는 일반통상과 등기통상 두 종류가 있으며, 국제우편물과 소포우편물도 이용 대상이다.

① ㄱ, ㄷ　② ㄱ, ㄹ
③ ㄴ, ㄷ　④ ㄴ, ㄹ

03

난이도 상중하

〈보기〉에서 설명한 국내우편서비스의 종류를 바르게 연결한 것은?

보기

ㄱ. 기기를 이용해 서신, 서류 등의 통신문을 보내는 서비스를 말한다. 시내, 시외 모두 동일한 요금을 적용한다.
ㄴ. 우편엽서에 이미지, 발송인과 수취인 주소·성명, 통신문 등을 인쇄하여 발송까지 대행해 주는 서비스이다.
ㄷ. 내용문과 발송인, 수신인의 정보를 전산매체에 저장하거나 정보통신망을 통하여 우체국에 접수 또는 인터넷우체국을 이용하여 신청하면 제작부터 배달까지의 전 과정을 우체국이 대신해 주는 서비스이다.

	ㄱ	ㄴ	ㄷ
①	모사전송(팩스) 우편	우체국 꽃배달	전자우편
②	고객맞춤형 엽서	우체국 꽃배달	모사전송(팩스) 우편
③	모사전송(팩스) 우편	고객맞춤형 엽서	전자우편
④	모사전송(팩스) 우편	전자우편	고객맞춤형 엽서

04

난이도 상중하

우편서비스에 대한 설명으로 옳은 것을 모두 고른 것은? 2018 계리직 9급(변형)

ㄱ. 인터넷우표는 반드시 수취인 주소가 있어야 한다.
ㄴ. 민원우편은 우정사업본부장이 정하여 고시하는 민원서류에 한정하여 취급한다.
ㄷ. 인터넷우체국은 회원가입 시 개인 회원, 외국인 회원, 사업자 회원으로 구분하며 연령 제한이 있다.
ㄹ. 모사전송(팩스) 우편 서비스의 이용수수료는 내용문 최초 1매 500원, 추가 1매당 200원이며, 복사비는 무료이다.

① ㄱ, ㄴ　② ㄱ, ㄷ
③ ㄴ, ㄹ　④ ㄷ, ㄹ

05

난이도 상 **중** 하

부가우편서비스에 대한 설명으로 옳지 않은 것은?

① 우체국쇼핑이란 전국의 특산품과 중소기업 우수 제품 중에서 우편으로 취급이 될 수 있는 것을 직접 공급하여 주는 제도이다. 우체국 특산물과 우체국 꽃배달 등이 있다.
② 전자우편은 봉함식, 접착식, 그림엽서 형식 등 다양한 형태의 제작방법이 있으며, 일반통상우편은 가능하나 등기통상우편은 가능하지 않다. 부가할 수 있는 서비스로는 내용증명, 계약등기, 한지(내지)가 있다.
③ 나만의 우표는 사진, 그래픽 이미지 등을 이용해 우표를 만드는 IT 기술을 활용한 신개념 서비스이다. 기념일 선물, 기업 홍보용으로 많이 이용되며 신청자에게 사진이나 이미지의 사용 권한이 있어야 한다.
④ 인터넷 우표는 고객이 인터넷우체국을 통하여 우편물에 해당하는 요금을 지불하고 본인의 프린터에서 직접 우표를 출력하여 사용하는 서비스를 말한다. 위조, 변조 방지를 위하여 수취인 주소가 함께 적혀 있어야 한다.

06

난이도 상 중 **하**

우체국 전자우편서비스의 종류에 해당하지 않는 것은?

① 그림엽서 전자우편　② 접착식 전자우편
③ 등기식 전자우편　④ 봉함식 전자우편

07

난이도 상 중 **하**

우체국 부가우편서비스에 해당하지 않는 것은?

① 인터넷복권　② 나만의 우표
③ 월요일 배달 일간신문　④ 인터넷우체국

08

난이도 상 **중** 하

부가우편서비스의 종류에 대한 설명으로 옳지 않은 것은?

① 접착식 전자우편서비스의 이용수수료는 흑백 기준으로 단면 220원, 양면 370원이다.
② 보험취급에는 통화등기, 물품등기, 유가증권등기 등이 있다.
③ 증명취급에는 내용증명, 배달증명이 있다.
④ 특별송달은 등기취급을 전제로 「민사소송법」 제176조의 규정에 의한 방법으로 송달하는 우편물을 말한다.

09

난이도 상 중 **하**

전자우편서비스에 대한 설명으로 옳지 않은 것은?

① 전자우편은 필요한 정보를 전산매체에 저장하거나 정보통신망을 통하여 우체국에 접수 또는 인터넷우체국을 이용하여 신청하면 우편물 제작부터 배달까지의 과정을 우체국이 대신해 주는 서비스이다.
② 인터넷우체국 접수 시, 이용자가 인터넷우체국이 제공하는 접수방법에 따라 접수하고, 우편요금 및 수수료 결제가 완료되면 접수가 성립된 것으로 본다.
③ 일반통상우편과 등기통상우편 모두 가능하다.
④ 부가할 수 있는 서비스로는 대금교환, 계약등기, 한지(내지)가 있다.

10

난이도 상 중 **하**

우체국 축하카드에 부가할 수 있는 서비스가 아닌 것은?

① 익일특급　② 계약등기우편
③ 배달증명　④ 상품권 동봉

11

난이도 상 중 **하**

〈보기〉에서 설명하는 부가우편서비스는?

보기

> 고객이 우편물에 해당하는 요금을 인터넷우체국에 지불하고 본인의 프린터에서 직접 우표를 출력하여 사용하는 서비스이다.

① e-그린우편　② 인터넷 우표
③ 기념우표　④ 나만의 우표

12

난이도 상중하

모사전송(팩스) 우편서비스에 대한 설명으로 옳지 않은 것은?

① 팩스우편이란 우체국에서 서신 · 서류 · 도화 등의 통신문을 접수받아 수취인의 팩스에 전송하는 제도이다.
② 팩스우편물을 우체국에서 발송하려는 자는 통신문 및 수취인 성명 등 팩스에 필요한 사항을 우체국에 제출해야 한다.
③ 우체국은 발송인으로부터 제출받은 통신문을 전송한 후에는 발송인에게 돌려주어야 한다.
④ 팩스우편의 취급지역 · 취급우체국 기타 필요한 사항은 과학기술정보통신부장관이 정하여 고시한다.

13

난이도 상중하

다음 중 광고우편으로 게재할 수 있는 것은?

① 특정단체의 학술적 목적을 위한 광고
② 국민의 건전한 소비생활을 저해하는 광고
③ 우편사업에 지장을 주는 광고
④ 공공의 질서와 선량한 풍속을 저해하는 광고

14

난이도 상중하

계약우체국장이 사서함 사용자와의 사서함 사용계약을 해지할 수 있는 경우가 아닌 것은?

① 우편관계법령을 위반한 때
② 사서함에 배달된 우편물을 정당한 사유 없이 30일 이상 수령하지 아니한 때
③ 공공의 질서 또는 선량한 풍속에 반하여 사서함을 이용한 때
④ 최근 3개월간 계속하여 사서함에 배달한 우편물의 통수가 월 50통에 미달한 때

15

난이도 상중하

고층건물의 우편수취함 설치에 대한 설명으로 옳지 않은 것은?

① 3층 이상의 고층건물로서 그 전부 또는 일부를 주택 · 사무소 또는 사업소로 사용하는 건축물에는 대통령령으로 정하는 바에 따라 임의적으로 우편수취함을 설치할 수 있다.
② 건축물의 관리인은 해당 건축물의 출입구에서 가까운 내부의 보기 쉬운 곳에 그 건축물의 사업소별로 우편수취함을 설치하여야 한다.
③ 고층건물의 우편수취함은 건물구조상 한 곳에 그 전부를 설치하기가 곤란한 경우에는 3층 이하의 위치에 3개소 이내로 분리하여 설치할 수 있다.
④ 건물 1층 출입구, 관리사무실 또는 수위실 등에 우편물 접수처가 있어 우편물을 배달할 수 있는 경우에는 고층건물 우편수취함을 설치하지 아니할 수 있다.

16

난이도 상중하

고층건물 우편수취함의 관리 · 보수에 대한 설명으로 옳지 않은 것은?

① 고층건물 우편수취함이 훼손된 날부터 10일 이내에 이를 보수하지 아니하면 이를 우편수취함으로 보지 아니한다.
② 요금수취인부담우편물 또는 양이 많거나 부피가 커서 고층건물 우편수취함에 넣을 수 없는 우편물은 수취인에게 직접 배달해야 한다.
③ 배달우체국에서 보관 · 교부할 우편물은 그 우편물이 배달우체국에 도착한 다음 날부터 10일간 이를 보관한다.
④ 건축물에 우편수취함을 설치하지 아니한 경우에는 배달우편관서에서 우편물을 보관교부할 수 있다.

해설편 ▶ P.21

CHAPTER

06 우편에 관한 요금

파트 내 출제비중 15%

01 빈출문제 난이도 상중하

우편의 요금별납에 대한 설명으로 옳지 않은 것은?

① 요금별납은 동일인이 동시에 우편물의 종류, 중량, 우편요금 등이 동일한 우편물을 다량으로 발송할 경우에 개개의 우편물에 우표를 첩부하여 요금을 납부하는 대신 우편물 표면에 '요금별납'의 표시만을 하고 요금은 일괄하여 현금(신용카드 결제 등 포함)으로 별도 납부하는 제도이다.

② 요금별납은 관할 지방우정청장이 지정하는 우체국(우편취급국 포함)에서만 취급이 가능하다.

③ 발송인은 우표를 붙이는 수고를 줄일 수 있고, 우체국은 소인하는 절차를 생략할 수 있어 업무를 간소화해 주는 제도이다.

④ 요금별납은 100통 이상의 통상우편물이나 소포우편물 발송 시 이용이 가능하다.

02 빈출문제 난이도 상중하

〈보기〉에 해당하는 요금제도는?

보기

- 발송인은 우표를 붙이는 수고를 줄이고 우체국은 소인하는 절차를 생략할 수 있어 업무를 간소화한다.
- 통상우편물과 소포우편물 모두 접수할 수 있다.
- 관할 지방우정청장이 지정하는 우체국에서만 취급이 가능하다.

① 요금별납 ② 요금후납
③ 요금수취인부담 ④ 우편요금 감액제도

03 빈출문제 난이도 상중하

요금후납에 대한 설명으로 옳지 않은 것은?

① 요금후납이란 우편물의 요금을 우편물을 발송할 때에 납부하지 않고 1개월간 발송 예정 우편요금액의 2배에 해당하는 금액을 담보금으로 제공받고, 1개월간의 요금을 다음 달 20일까지 납부하는 제도이다.

② 취급대상 우편물은 한 사람이 매월 10통 이상 발송하는 통상 및 소포우편물 등이다.

③ 우편물을 발송할 우체국이나 배달할 우체국에서 이용한다.

④ 국가나 지방자치단체에서 발송하는 우편물은 발송우체국장이 정하는 조건에 적합해야 한다.

04 빈출문제 난이도 

요금후납 우편물에 대한 설명으로 옳지 않은 것은?

① 1개월간 발송 예정 우편요금액의 2배에 해당하는 금액을 담보금으로 제공한다.

② 우편물을 발송하는 기관들의 회계 절차상의 번잡함을 줄이고 우체국의 소인 절차를 생략할 수 있는 제도이다.

③ 국가나 지방자치단체에서 발송하는 우편물은 관할 지방우정청장이 정하는 조건에 적합해야 한다.

④ 한 사람이 매월 100통 이상 발송하는 통상 및 소포우편물이 그 대상이다.

05

난이도 상중하

국내우편 요금별납 및 요금후납 우편물에 대한 설명으로 옳지 않은 것은?

2022 계리직 9급

① 관할 지방우정청장이 요금별납 우편물을 접수할 수 있도록 정한 우체국이나 우편취급국에서 이용이 가능하다.

② 요금별납 우편물에는 원칙적으로 우편날짜도장을 찍지 않는다.

③ 최초 요금후납 계약일부터 체납하지 않고 4년간 성실히 납부한 사람은 담보금 50% 면제 대상이다.

④ 모든 요금후납 계약자는 요금후납 계약국 변경신청제도를 이용할 수 있다.

06

난이도 상중하

우편물의 수취인 부담에 대한 설명으로 옳지 않은 것은?

① 우편물을 다량으로 수취하는 자가 자기부담으로 수취하기 위하여 발송하는 통상우편물은 수취인 부담으로 발송할 수 있다.

② 우편요금 등을 수취인이 지불하는 것에 대하여 발송인이 수취인의 승낙을 얻은 등기우편물을 대상으로 하지만, 통상우편물의 경우는 우편관서의 장과 발송인 간에 별도의 계약을 체결한 경우로 한정한다.

③ 발송인이 수취인의 승낙을 얻은 등기우편물의 경우 우편물의 우편요금 등을 수취인이 납부하지 아니하는 때에는 발송인에게 그 우편물을 반환한다. 이 경우 발송인은 우편요금 등 및 반환 수수료를 납부해야 한다.

④ 우편요금 등의 수취인 부담 우편물의 취급에 관하여 필요한 사항은 우정사업본부장이 정한다.

07

난이도 상중하

요금수취인부담 우편물에 대한 설명으로 옳지 않은 것은?

① 배달우체국장과의 계약을 통해 우편요금을 발송인에게 부담시키지 않고 수취인 자신이 부담하는 제도를 말한다.

② 계약자가 미리 '우편요금수취인부담'의 표시를 하여 나눠준 엽서나 봉투를 사용함으로써 발송인은 요금을 내지 않고 보내는 형태이다.

③ 취급대상은 통상우편물, 등기소포우편물, 계약등기가 가능하며, 부가서비스도 취급할 수 있다.

④ 발송 유효기간은 1년 이내로 계약 시 정하게 된다. 다만, 국가기관, 지방자치단체, 정부투자기관은 유효기간을 제한하지 않을 수 있다.

08

난이도 상중하

배달우체국장이 요금수취인부담 계약을 해지할 수 있는 사유를 모두 고른 것은?

ㄱ. 우편요금 등의 납부를 최근 1년간 2회 이상 태만히 하여 요금후납 이용계약을 해지한 때
ㄴ. 정당한 사유 없이 요금수취인부담 우편물의 수취를 거부한 때
ㄷ. 수취인의 부재 기타 사유로 수취장소에 1월 이상 배달할 수 없을 때
ㄹ. 1월 이상 요금수취인부담 우편물을 이용하지 아니한 때

① ㄱ, ㄷ　② ㄱ, ㄹ
③ ㄴ, ㄷ　④ ㄴ, ㄹ

09

난이도 상 중 하

국내 요금수취인부담 우편물에 대한 설명으로 옳지 않은 것은?

2023 계리직 9급

① 요금수취인부담 이용계약의 해지 이후 발송 유효기간 내에 발송된 우편물은 발송인에게 반환한다.

② 우편요금은 부가취급수수료를 포함한 금액의 110%이며, 합계금액에 원 단위가 있을 경우에는 절사한다.

③ 국가기관, 지방자치단체 또는 정부투자기관은 계약일로부터 2년을 초과하여 발송 유효기간을 정할 수 있다.

④ 배달우체국장(계약등기와 등기소포는 접수우체국장)과의 계약을 통해 그 우편요금을 발송인에게 부담시키지 않고 수취인 자신이 부담하는 제도이다.

10

난이도 상 중 하

우편요금에 대한 설명으로 옳지 않은 것은?

① 동일인이 동시에 우편물의 종류와 우편요금 등이 동일한 우편물을 다량으로 발송할 때에는 그 우편요금 등을 따로 납부할 수 있다.

② 우편물을 다량으로 수취하는 자가 자기부담으로 수취하기 위하여 발송하는 통상우편물은 우편요금 등을 수취인의 부담으로 발송할 수 있다.

③ 수취인부담 우편물의 우편요금 등을 수취인이 납부하지 아니하는 때에는 발송인에게 그 우편물을 환부한다. 이 경우 발송인은 우편요금 등 및 반환 수수료를 납부하여야 한다.

④ 체납 요금 등과 연체료는 조세를 포함한 다른 채권에 우선한다.

11 빈출문제

난이도 상 중 하

소포우편물의 감액에 대한 설명으로 옳은 것의 총 개수는?

2021 계리직 9급

> ㄱ. 감액대상은 창구접수 소포우편물(일반소포 및 등기소포)과 방문접수 소포우편물이다.
> ㄴ. 우체국 창구접수의 경우, 인터넷우체국 사전접수를 통해 접수정보를 연계한 경우에만 감액대상이 된다.
> ㄷ. 요금후납의 방법으로 우체국 창구에 100개 접수한 경우, 5% 금액을 할인받을 수 있다.
> ㄹ. 방문접수의 경우, 최소 3개 이상 발송하여야 개당 500원 할인받을 수 있다.

① 1개　　② 2개
③ 3개　　④ 4개

12

난이도 상 중 하

우편요금의 감액대상에 대한 설명으로 옳지 않은 것은?

① 월 1회 이상 정기적으로 발송하는 것으로서 중량과 규격이 같은 요금별납 또는 요금후납 일반우편물

② 우편물의 종류, 무게 및 규격이 같고, 우편요금 감액요건을 갖춰 접수하는 요금별납 또는 요금후납 일반우편물

③ 국회의원이 의정활동을 당해지역구 주민에게 알리기 위하여 연간 5회의 범위에서 감액기준 수량 이상 발송하는 요금별납 또는 요금후납 일반우편물

④ 발송인이 방문하여 접수하는 우편물로서 감액기준 수량 이상 발송하는 등기우편물

13
난이도 상중하

우편요금 등을 감액할 수 있는 우편물이 아닌 것은?

① 우편물의 종류, 무게 및 규격이 같고, 우편요금 감액요건을 갖춰 접수하는 요금별납 또는 요금후납 일반우편물
② 우체국 창구에서 접수하는 소포우편물로서 감액기준 수량 이상 발송하는 일반 또는 등기우편물
③ 발송인을 방문하여 접수하는 소포우편물로서 감액기준 수량 이상 발송하는 등기우편물
④ 상품안내서로서 중량과 규격이 같고, 감액기준 수량 이상 발송하는 요금별납 일반우편물

14
난이도 상중하

국내우편요금 감액제도 중 환부불필요 감액을 받기 위한 1회 발송 최소 우편물 수량으로 옳지 않은 것은? 2023 계리직 9급

① 요금별납 서적우편물 2천통
② 요금후납 다량우편물 1천통
③ 요금별납 상품광고우편물 2천통
④ 요금후납 상품광고우편물 1천통

15
난이도 상중하

다음 설명 중 서적우편물로 요금감액을 받을 수 없는 것의 총 개수는? 2022 계리직 9급

ㄱ. 표지를 제외한 쪽수가 40쪽이며 책자 형태로 인쇄된 것
ㄴ. 우편엽서, 지로용지가 각각 1장씩 동봉된 것
ㄷ. 본지, 부록을 포함한 우편물 1통의 무게가 1kg인 것
ㄹ. 상품의 선전 및 광고가 전 지면의 20%인 것

① 1개 ② 2개
③ 3개 ④ 4개

16
난이도 상중하

국내우편요금제도에 대한 설명으로 옳은 것은? 2018 계리직 9급

① 요금별납은 우편요금이 같고 동일인이 한번에 발송하는 우편물로 최소 접수 통수에는 제한이 없다.
② 우편요금 체납금액은 「국세징수법」에 따른 체납처분의 예에 따라 징수하되, 연체료는 가산하지 않는다.
③ 요금수취인부담의 취급대상은 통상우편물, 등기소포우편물, 계약등기이며, 각 우편물에 부가서비스를 취급할 수 있다.
④ 요금후납은 1개월간 발송예정 우편물의 요금에 해당하는 금액을 담보금으로 제공하고, 1개월간의 요금을 다음 달 20일까지 납부하는 제도이다.

17
난이도 상중하

국내우편요금제도에 대한 설명으로 옳지 않은 것은? 2016 계리직 9급

① 요금수취인부담 우편물의 취급대상은 통상우편물, 등기소포우편물, 계약등기이다.
② 한 사람이 매월 100통 이상 보내는 통상·소포우편물은 우편요금 후납 우편물의 취급대상이다.
③ 우편요금 별납 우편물은 관할 지방우정청장이 지정하는 우체국(우편취급국 포함)에서만 취급이 가능하다.
④ 요금수취인부담 우편물의 발송 유효기간은 3년 이내로 제한하며 배달 우체국장과 이용자와의 계약으로 정한다.

18
난이도 상중하

국내우편요금에 대한 설명으로 옳은 것은? 2014 계리직 9급

① 우편요금을 별납할 수 있는 우편물은 10통 이상의 통상우편물에 한한다.
② 요금수취인부담 우편물의 발송 유효기간은 이용일로부터 1년을 초과할 수 없다.
③ 국가 또는 지방자치단체에서 발송하는 우편물은 발송우체국장이 후납조건을 따로 정할 수 있다.
④ 우편관서의 과실로 인하여 과다 징수한 우편요금의 반환 청구기간은 우편요금을 납부한 날로부터 30일이다.

19

난이도 상중**하**

「우편법」상 다음 ( ) 안에 들어갈 기간으로 옳은 것은?

보기

제23조(요금 등의 제척기간) 요금 등의 납부의무는 요금 등을 내야 하는 날부터 ( ) 내에 납부의 고지를 받지 아니한 경우에는 소멸한다. 다만, 불법으로 면탈한 요금에 대하여는 그러하지 아니하다.

① 1개월 ② 3개월
③ 6개월 ④ 1년

20

난이도 상**중**하

국내우편물 체납 요금 등의 징수방법에 대한 설명으로 옳지 않은 것은?

① 체납 요금 등에 대하여는 대통령령으로 정하는 바에 따라 연체료를 가산하여 징수한다.
② 체납 요금 등과 연체료는 조세를 제외한 다른 채권에 우선한다.
③ 우편에 관하여 이미 냈거나 초과하여 낸 요금은 대통령령으로 정하는 경우 외에는 되돌려 주어야 한다.
④ 재해복구를 위하여 설치된 구호기관이 이재민의 구호를 위하여 발송하는 것은 우편요금을 무료로 할 수 있다.

21

난이도 **상**중하

우편요금 등의 반환청구에 대한 설명으로 옳지 않은 것은?

① 「우편법」은 대통령령으로 정한 것에 한하여만 반환하도록 하고 있다.
② 우편관서의 과실로 인하여 과다 징수한 우편요금 등은 당해 우편요금 등을 납부한 우체국에 대하여 우편요금을 납부한 날부터 60일 이내에 청구해야 한다. 또한 특수취급수수료를 받은 후 우편관서의 과실로 인하여 특수취급을 하지 아니한 경우의 그 특수취급수수료도 이와 같다.
③ 사설우체통의 사용을 폐지하거나 사용을 폐지시킨 경우 그 폐지한 다음 날부터의 납부수수료 잔액은 당해 우편요금을 납부한 우체국에 대하여 폐지 또는 취소한 날부터 30일 이내에 청구해야 한다.
④ 우편요금은 현금으로 반환해야 하며, 우표로 반환하는 것은 허용되지 않는다.

22

난이도 상**중**하

우편요금 등의 반환청구에 대한 설명으로 옳지 않은 것은?

① 반환청구우체국은 당해 우편요금 등을 납부한 우체국이다.
② 우편관서의 과실로 인하여 과다 징수한 우편요금의 경우 반환 범위는 우편요금이다.
③ 특수취급수수료를 받은 후 우편관서의 과실로 특수취급을 하지 않은 경우에 반환범위는 특수취급수수료이다.
④ 우편관서가 과실로 인하여 과다 징수한 우편요금에 대한 청구기간은 우편요금을 납부한 날부터 30일 이내이다.

23

난이도 상중**하**

우편요금 등의 반환사유에 해당하지 않는 것은?

① 우편관서의 과실로 인하여 과다 징수한 우편요금 등
② 특수취급수수료를 받은 후 우편관서의 과실로 인하여 특수취급을 하지 아니한 경우의 그 특수취급수수료
③ 본인지정배달서비스 중 주소지가 사서함이며 직접 수령 또는 연락이 불가능한 경우
④ 사설우체통의 사용을 폐지하거나 사용을 폐지시킨 경우에 폐지한 다음 날부터의 납부수수료 잔액

24

난이도 상중하

우표류의 정가판매 등에 대한 설명으로 옳지 않은 것은?

① 우표류는 규정에 의한 할인판매의 경우 외에는 정가로 판매해야 한다.

② 광고우편엽서는 정가와 함께 판매가를 표시하여 할인판매할 수 있으며, 그 할인금액은 정가의 100분의 20의 범위 안에서 우정사업본부장이 미리 정하여 고시한다.

③ 우표류의 판매기관에서 판매한 우표류에 대하여는 환매 또는 교환의 청구를 할 수 없다.

④ 사용하지 아니한 우표류로서 더럽혀지거나 헐어 못쓰게 되지 아니한 경우에는 동일한 금액에 해당하는 우표류로 교환의 청구를 할 수 있다.

25

난이도 상중하

우편이용자가 수수료를 납부하는 경우가 아닌 것은?

① 선택적 우편역무의 이용

② 반환우편물 중 등기우편물의 반환

③ 사설우체통의 설치 · 이용

④ 무료우편물의 취급

26

난이도 상중하

등기우편물을 반환하는 경우에 발송인으로부터 반환취급수수료를 징수하는 경우에 해당하는 것은?

① 배달증명우편물

② 특별송달우편물

③ 민원우편물

④ 소포우편물 및 계약등기우편물

27

난이도 상중하

우표류의 판매에 대한 설명으로 옳지 않은 것은?

① 광고우편엽서는 정가와 함께 판매가를 표시하여 할인판매할 수 있으며, 그 할인금액은 정가의 100분의 30의 범위 안에서 우정사업본부장이 미리 정하여 고시한다.

② 사용하지 아니한 우표류로서 더럽혀지거나 헐어 못쓰게 되지 아니한 경우는 동일한 금액에 해당하는 우표류로 교환청구를 할 수 있다.

③ 별정우체국은 우편취급국 및 국내 판매인에게 우표류를 할인하여 판매할 수 없다.

④ 우표류의 할인율은 우정사업본부장이 정하여 고시한다.

28

난이도 상중하

다음은 우표류의 관리와 사용에 대한 설명이다. (   ) 안에 들어갈 말로 알맞은 것으로 묶인 것은?

> • 우표류는 우정사업본부장이 지정하는 (ㄱ)이 이를 관리한다.
> • (ㄱ) 또는 물품운용관이 관리하는 우표류를 망실한 때에는 그 (ㄴ)에 해당하는 금액을, 더럽혀지거나 헐어 못쓰게 된 때에는 그 조제에 소요된 실비액을 변상하여야 한다.

	ㄱ	ㄴ
①	우편집배원	손해액
②	물품출납공무원	정가
③	우편집배원	판매가
④	물품출납공무원	할인가

29

난이도 상중하

우편요금의 제척기간으로 옳은 것은?

① 요금 등을 내야 하는 날부터 6개월 내에 납부의 고지를 받지 아니한 경우
② 요금 등을 내야 하는 날부터 3개월 내에 납부의 고지를 받지 아니한 경우
③ 요금 등을 내야 하는 날부터 1개월 내에 납부의 고지를 받지 아니한 경우
④ 요금 등을 내야 하는 날부터 12개월 내에 납부의 고지를 받지 아니한 경우

30

난이도 상중하

우편요금에 대한 설명으로 옳지 않은 것은?

① 10통 이상의 통상우편물과 소포우편물은 우편요금을 별납할 수 있다.
② 요금별납 이용 시 우편물의 종류, 중량, 우편요금 등이 같고 동일인이 동시에 발송해야 한다.
③ 요금수취인부담 우편물의 발송 유효기간은 계약일로부터 1년이 원칙이다.
④ 한 사람이 매월 100통 이상 통상우편물이나 소포우편물을 발송할 경우 요금후납을 할 수 있다.

31

난이도 상중하

다음 중 무료로 발송할 수 없는 우편물은?

① 과학기술정보통신부와 그 소속 기관이 발송하는 것 중 우편업무와 관련된 것
② 재해복구를 위하여 설치된 구호기관이 이재민의 구호를 위하여 발송하는 것
③ 시각장애인용 점자 또는 시각장애인을 위한 법인·단체 또는 시설에서 시각장애인용 녹음물을 발송하는 것
④ 북한으로 발송하는 것

32

난이도 상중하

다음 중 요금을 후납할 수 있는 경우를 모두 고른 것은?

ㄱ. 동일인이 매월 100통 이상 발송하는 우편물
ㄴ. 반환우편물 중 요금후납으로 발송한 등기우편물
ㄷ. 팩스우편물
ㄹ. 전자우편물
ㅁ. 표시기사용우편물
ㅂ. 우편요금수취인부담의 우편물

① ㄱ, ㄴ, ㄷ, ㄹ
② ㄱ, ㄷ, ㄹ, ㅁ
③ ㄴ, ㄹ, ㅁ, ㅂ
④ ㄱ, ㄴ, ㄷ, ㄹ, ㅁ, ㅂ

해설편 ▶ P.23

CHAPTER

07 손해배상 및 손실보상

파트 내 출제비중 10%

01 빈출문제

난이도 상중하

국내우편물 손해배상에 대한 설명으로 옳은 것은?

2008 계리직 10급

① 손해배상금은 손해배상금결정서가 청구권자에게 도달한 때로부터 기산하여 3년간 청구하지 아니할 때는 소멸된다.

② 손해배상 청구는 당해 우편물을 접수한 관서 및 배달관서에서 발송인이 신청하는 경우에만 가능하다.

③ 손해배상액은 한도액 범위 내에서 실제 손해액을 배상하는 것이며, 보험취급(안심소포) 시는 신고가액을 배상하는 것이다.

④ 손해배상 청구기한은 그 우편물을 발송한 다음 날로부터 1년이다.

02

난이도 상중하

국내우편물의 손해배상에 대한 설명으로 옳지 않은 것은?

① 국내우편물의 손해배상청구는 당해 우편물을 접수한 관서 및 배달관서에서 청구한다.

② 손해배상금액과 지연배달의 기준은 과학기술정보통신부령으로 정한다.

③ 손해배상액은 대통령령으로 정하는 바에 따라 우편관서에서 즉시 지급할 수 있다.

④ 우편물의 발송인 또는 수취인은 우편물을 받은 후에도 이의를 제기할 수 있으므로 그 우편물에 대하여 우편관서에서 배상하여야 할 손해가 있다고 인정될 때에는 우편물을 받는 것을 거부할 수 없다.

03

난이도 상중하

손해배상에 대한 설명으로 옳지 않은 것은?

① 우편물의 취급 중 우편관서의 고의 또는 과실로 인하여 이용자가 입은 재산적 손해를 보전하는 것을 말한다.

② 손해배상은 손실보상과 달리 고의·과실을 요건으로 한다.

③ 손해배상의 청구권자는 당해 우편물의 발송인 또는 그 승인을 얻은 수취인이다.

④ 우편물을 교부할 때 외부에 파손의 흔적이 없고 또 중량에 차이가 없다 하더라도 손해배상을 청구할 수 있다.

04

난이도 상중하

손해배상청구에 대한 설명으로 옳지 않은 것은?

① 수취인 또는 발송인이 집배원 또는 배달우체국에 손해배상의 사유를 신고하여야 한다.

② 해당 배달우체국이 손해가 있다고 판단되면 수취 거부했던 다음 날부터 15일 이내에 수취거부자에게 입회를 위한 출석을 통지하고 입회하에 검사한다.

③ 손해배상청구권은 우편물을 발송한 날부터 1년이며, 그 이후는 시효로 권리가 소멸한다.

④ 손해배상결정서를 받은 청구인은 통지서를 받은 날부터 3년 안에 소송을 제기할 수 있다.

05 빈출문제

난이도 상중**하**

손해배상 제한사유로 옳지 않은 것은?

① 우편물의 손해가 발송인 또는 수취인의 과오로 인하여 발생한 때
② 당해 우편물의 성질, 결함 또는 불가항력으로 인하여 발생한 때
③ 우편물을 교부할 때 외부에 파손의 흔적이 있고 또 중량에 차이가 있을 때
④ 수취인이 우편물을 정당하게 받았을 때

06

난이도 상**중**하

우편물 손해에 대한 설명으로 옳지 않은 것은?

① 우편역무 중 그 취급과정을 기록하는 우편물을 잃어버리거나 못 쓰게 하거나 지연배달한 경우에 그 손해를 배상하여야 하는 것으로, 우편물을 잘못 배달한 경우는 이에 해당하지 않는다.
② 우편물의 손해가 발송인 또는 수취인의 과오로 인한 것이거나 당해우편물의 성질, 결함 또는 불가항력으로 인하여 발생한 것일 때에는 정부는 그 손해를 배상하지 아니한다.
③ 우편물을 교부할 때에 외부에 파손의 흔적이 없고 무게에 차이가 없을 때에는 손해가 없는 것으로 본다.
④ 손해배상을 청구할 수 있는 자는 그 우편물의 발송인에 한한다.

07

난이도 상**중**하

손해배상에 대한 설명으로 옳은 것은?

① 손실액이 손해배상금액보다 적을 때에는 손해배상금액으로 한다.
② 통상우편물의 손·분실 시 손해배상의 범위는 일반은 배상이 없지만 등기취급, 익일특급의 경우는 최고 50만 원이다.
③ 소포우편물의 손·분실 시 손해배상의 범위는 일반은 없지만, 등기취급의 경우는 최고 10만 원이다.
④ 손해가 있다고 판단되면 수취 거부했던 다음 날부터 15일 이내에 수취거부자에게 입회를 위한 출석을 통지하고 입회하에 검사한다.

08 빈출문제

난이도 상중**하**

국내우편물 손해배상의 대상이 되는 직접적인 사실에 해당하지 않는 것은?

① 등기취급 및 보험취급 우편물의 분실, 훼손
② 교환금 추심금의 미수
③ 송달 시간을 정하여 접수한 우편물의 지연배달
④ 풍수해로 인한 우편물의 파손

09 빈출문제

난이도 상중**하**

국내통상 익일특급우편물이 지연배달되었을 경우 지연배달에 대한 배상금액의 종류로 옳은 것은? 2014 계리직 9급(변형)

① 등기취급수수료
② 국내특급수수료
③ 우편요금 및 등기취급수수료
④ 우편요금 및 국내특급수수료

10

난이도 상중하

국내우편물의 지연배달에 따른 손해배상 범위 및 금액으로 옳은 것은?

2023 계리직 9급

① 준등기: D+3일 배달분부터 우편요금
② 등기통상: D+5일 배달분부터 우편요금과 등기취급수수료
③ 등기소포: D+3일 배달분부터 우편요금
④ 익일특급: D+1일 배달분부터 우편요금과 국내특급수수료

11

난이도 상중하

손실보상에 대한 설명으로 옳지 않은 것은?

① 우편 수행 중에 우편운송원, 우편집배원 등이 담장 또는 울타리 없는 택지를 통행한 경우 이로 인하여 손실을 입은 피해자는 보상을 청구할 수 있다.
② 손실보상은 그 사실이 있은 날로부터 1년 이내에 청구하여야 한다.
③ 손실보상을 청구하는 사람은 관계 우체국장에게 청구서를 제출한다.
④ 결정 사항을 받아들일 수 없는 경우에 청구인은 3개월 이내에 민사소송을 제기할 수 있다.

12

난이도 상중하

우편물의 손실보상에 대한 설명으로 옳지 않은 것은?

① 우편물의 손실보상은 고의나 과실을 요건으로 한다.
② 우편업무 수행 중에 담장 없는 집터를 통행하여 피해자가 손실을 입은 경우는 보상을 해야 한다.
③ 운송원이 도움을 받은 경우 도와준 사람에게 보상한다.
④ 손실보상은 그 사실이 있었던 날부터 1년 이내에 청구하여야 한다.

13

난이도 상중하

손실보상의 절차로 옳지 않은 것은?

① 손실보상을 청구할 때에는 청구서를 운송원 등이 소속한 우체국장에게 최종적으로 제출하여야 한다.
② 소속 우체국장은 손실보상의 청구내용에 대한 의견서를 첨부하여야 한다.
③ 지방우정청장은 내용을 심사하여 청구내용이 정당하지 아니하다고 인정하는 경우에는 사유서를 청구인에게 보내고, 청구내용이 정당하다고 인정하는 경우에는 청구한 보수나 손실보상금을 청구인에게 지급하여야 한다.
④ 결정사항을 받아들일 수 없는 경우에는 그 통지를 받은 날부터 3개월 이내에 소송을 제기할 수 있다.

14

난이도 상중하

국내우편물의 손해배상이나 손실보상에 대한 설명으로 옳은 것은?

① 우편물 손해에 대한 배상의 청구기한은 우편물을 발송한 날로부터 1년이다.
② 우편물의 취급 중 우편관서의 고의 또는 과실로 이용자가 입은 재산적 손해를 전보해 주는 것을 손실보상이라 한다.
③ 손실보상 또는 보수의 결정에 불복이 있는 자는 그 통보를 받은 날로부터 1년 이내에 민사소송을 제기할 수 있다.
④ 손실보상의 청구는 운송원이 소속한 우체국장을 거쳐 우정사업본부장에게 제출해야 한다.

15 빈출문제

난이도 상중하

「우편법」상 국내우편물의 손해배상 발생사유에 해당하지 않는 것은?

① 우편역무 중 취급과정을 기록취급하는 우편물을 잃어버리거나 못 쓰게 하거나 지연배달한 경우
② 우편역무 중 현금추심 취급 우편물을 배달하면서 추심금액을 받지 아니하고 수취인에게 내준 경우
③ 우편역무 중 보험취급 우편물을 잃어버리거나 못 쓰게 하거나 지연배달한 경우
④ ①부터 ③까지 외의 우편역무로서 대통령령으로 정하지 아니한 경우

16

난이도 상중하

〈보기〉는 이용자 실비지급제도에 관한 설명이다. (　　) 안에 들어갈 내용으로 옳은 것은? 2012 계리직 10급(변형)

보기

우편역무의 제공과 관련하여 (　　　　　)이 공표하는 기준을 충족하지 못하는 경우에 예산의 범위 안에서 해당 이용자에게 교통비 등 실비의 전부 또는 일부를 지급하는 제도로, 부가취급 여부·재산적 손해 유무를 요건으로 하지 않고 실비를 보전하는 점에서 손해배상과 성질상 차이가 있다.

① 우체국장　② 지방우정청장
③ 우정사업본부장　④ 과학기술정보통신부장관

17

난이도 상중하

이용자 실비지급제도에 대한 설명으로 옳지 않은 것은?

① 재산적인 손실 이외에도 고객 만족과 권익 보호 차원에서 이용자 실비지급제도를 시행하고 있다.
② 우정사업본부장이 공표한 기준에 맞는 우편서비스를 제공하지 못할 경우 교통비 등 실비의 전부 또는 일부를 지급한다.
③ 이용자는 사유가 발생한 날부터 10일 이내에 해당 사유를 우체국에 신고해야 한다.
④ 문서, 구두, 전화, 이메일 등 어느 것으로도 신고할 수 있으나, 그 사유가 우편서비스와 관계없는 경우에는 보상을 받을 수 없다.

18

난이도 상중하

모든 우편에 대하여 우체국 직원의 잘못이나 불친절한 응대 등으로 2회 이상 우체국을 방문하였다고 신고한 경우 실비지급액은?

① 1만 원 상당의 문화상품권 등
② 2만 원 상당의 문화상품권 등
③ 무료발송권 1회 3만 원권
④ 무료발송권 1회 10kg까지

19 빈출문제

난이도 상중하

이용자 실비지급제도에 대한 설명으로 옳지 않은 것은?

① 특급배달 우편이용자에게 예산 외에 교통비의 일부를 지급하는 제도이다.
② 부가취급 여부, 재산적 손해 유무를 요건으로 하지 않고 실비를 보전하는 점에서 손해배상과 차이가 있다.
③ 사유가 발생한 날로부터 15일 이내에 당해 우체국에 신고하여야 한다.
④ 우편서비스 제공과 관계없이 스스로 우체국을 방문한 때는 지급하지 아니한다.

20

난이도 상중하

이용자 실비지급제도의 신고기한은 사유가 발생한 날로부터 며칠 이내인가?

① 7일　② 10일
③ 15일　④ 30일

21

난이도 상중하

손해배상 및 이용자 실비지급에 대한 설명으로 옳은 것은?

2022 계리직 9급(변형)

① 설·추석 등 특수한 기간에 우편물이 대량으로 늘어나 늦게 배달되는 경우에도 지연배달로 인한 손해배상 대상이 된다.
② D(우편물 접수일)+3일 배달분부터 익일특급 통상우편물은 국내특급수수료만 지연배달에 대하여 배상한다.
③ EMS 우편물의 종·추적조사나 손해배상을 청구한 때, 3일 이상 지연 응대한 경우에는 무료발송권(1회 3만 원권)을 이용자실비로 지급한다.
④ 이용자 실비를 지급받기 위해서는 사유가 발생한 다음 날부터 15일 이내에 해당 우체국에 신고해야 한다.

22

난이도 상중하

우편물의 손해배상에 대한 설명으로 옳지 않은 것은?

① 잃어버리거나 못쓰게 된 우편물의 손해배상금액으로서 등기통상우편물은 10만 원, 등기소포우편물은 50만 원, 민원우편물은 표기금액, 보험취급우편물은 신고가액이다.
② 등기우편물의 배달(반환을 포함)에 있어서 수취인 또는 발송인이 그 우편물에 손해가 있음을 주장하여 수취를 거부하고자 할 때에는 집배원 또는 배달우체국에 그 사유를 통보하여야 한다.
③ 수취를 거부한 자 또는 손해배상청구권자가 지정기일에 출석하지 않은 경우 당해인에게 그 우편물을 배달해야 한다.
④ 배달우체국장은 우편물이 외부에 파손의 흔적이 없고 중량에 차이가 없어 손해가 없는 것으로 인정하는 때에는 그 사유를 기재한 조서와 함께 수취를 거부한 자에게 우편물을 교부하여야 하며, 그렇지 않다고 인정하는 때에는 수취를 거부한 다음 날부터 10일 이내에 기일을 정하여 수취를 거부한 자 또는 손해배상청구권자의 출석을 요구하고 그 출석하에 해당 우편물을 개봉하여 손해의 유무를 검사해야 한다.

해설편 ▶ P.29

CHAPTER

08 그 밖의 청구와 계약

파트 내 출제비중
6%

01

난이도 상중하

국내우편물의 처리에 대한 설명으로 옳지 않은 것은?

① 수취인의 주소·성명 변경청구는 검은 선을 두 줄 그어 지우고, 그 밑에 새로운 사항을 기재한다.

② 우편물 반환청구는 접수우체국의 발송준비 완료 전 또는 자국 배달 전인 경우에는 '○월 ○일 우체국 교부필'이라 쓰고 우편날짜도장을 찍어 접수우편물을 취소처리하고, 배달우체국의 우편물 배달 전인 경우에는 반환사유를 기재하여 발송인에게 통지한다.

③ 내용증명 우편물의 반환청구는 원본과 등본 2부에 모두 반환청구 사유와 교부내역을 적고 우체국 보관용에 청구서 사본을 첨부해 둔다.

④ 이미 수취인에게 우편물을 배달하였거나 배달준비를 완료하여 우편물 반환이나 수취인의 주소·성명의 변경청구에 응하지 못할 경우에는 청구인에게 통지한다.

02

난이도 상중하

수취인의 주소·성명 변경청구 및 우편물의 반환청구 시 우편물의 처리에 대한 설명으로 옳지 않은 것은?

① 수취인의 주소·성명 변경청구는 검은 선 두 줄로 삭제 후 그 밑에 새로운 사항을 기재한다.

② 우편물의 반환청구 시 배달우체국의 우편물 배달 전인 경우에는 반환사유를 기재하고 발송인에게 통지한다.

③ 내용증명 우편물의 반환청구 시 원본과 등본 2부에 모두 반환청구 사유와 교부내역을 기재한다.

④ 수취인에게 배달준비를 완료하여 우편물 반환이나 수취인의 주소·성명의 변경 청구에 응하지 못할 경우에는 청구인에게 통지한다.

03

난이도 상중하

우편사서함 사용계약에 대한 설명으로 옳지 않은 것은?

① 신청서 접수 시 인감은 서명으로 대신할 수 있다.

② 국가기관 및 지방자치단체, 일일 배달 예정물량이 100통 이상인 다량이용자 순으로 우선 계약을 할 수 있다.

③ 사서함은 2인 이상이 공동으로 사용할 수 있다.

④ 사서함 관리를 위해 꼭 필요할 경우 신청인과 사서함 사용 중인 사람의 주소, 사무소를 확인할 수 있다.

04

난이도 상중하

우편사서함 사용계약에 대한 설명으로 옳은 것은?

2016 계리직 9급

① 우편사서함은 2인 이상이 공동으로 사용할 수 있고, 법인, 공공기관 등 단체의 우편물 수령인은 10명까지 등록할 수 있다.

② 우편물을 다량으로 받는 고객은 우편물을 정해진 날짜에 찾아갈 수 있으며, 수취인 주거지나 주소 변경이 있을 경우에는 이용할 수 없다.

③ 우편사서함의 사용계약을 하려는 사람은 계약신청서와 등기우편물 수령을 위하여 본인의 서명표를 우체국(우편취급국 포함)에 제출하면 된다.

④ 국가기관, 지방자치단체, 일일 배달 예정물량이 100통 이상인 다량이용자, 우편물 배달 주소지가 사서함 설치 우체국의 관할구역인 신청자 순으로 우선 계약을 할 수 있다.

05

난이도 상 중 하

우편사서함 사용계약에 대한 설명으로 (   )에 들어갈 말로 옳게 짝지어진 것은? 2022 계리직 9급

- 사서함 신청을 받은 우체국장은 국가기관, 지방자치단체, 일일 배달 예정물량이 (ㄱ)통 이상인 다량이용자, 우편물 배달 주소지가 사서함 설치 우체국의 관할구역인 신청자 순서로 우선적으로 계약할 수 있다.
- 최근 3개월간 계속하여 사서함에 배달된 우편물의 총 수량이 월 (ㄴ)통에 미달한 경우, 사서함 사용계약을 해지할 수 있다.
- 사서함을 운영하고 있는 관서의 우체국장은 연 (ㄷ)회 이상 운영 실태를 점검하고 사용계약 해지 대상자 등을 정비하여야 한다.

	ㄱ	ㄴ	ㄷ
①	50	30	1
②	100	50	1
③	50	50	2
④	100	30	2

06

난이도 상 중 하

사서함에 대한 설명으로 옳지 않은 것은?

① 사서함은 2인 이상이 공동으로 사용할 수 있다.
② 사서함 사용자는 계약우체국장이 정하는 기간 내에 사서함의 자물쇠 및 열쇠의 제작실비에 해당하는 금액을 납부하여야 한다.
③ 계약우체국장은 사서함을 관리함에 있어서 필요하다고 인정할 때에는 사서함 사용자(사용계약 신청 중에 있는 자를 포함)의 주소·사무소 또는 사업소의 소재지를 확인할 수 있다.
④ 사서함 사용자는 사서함의 열쇠를 잃어버린 경우에는 지체 없이 계약우체국장에게 통보하여야 한다.

07

난이도 상 중 하

사서함 우편물 배달에 대한 설명으로 옳지 않은 것은?

① 사서함 신청을 받은 우체국장은 국가기관, 지방자치단체, 일일배달 예정물량이 100통 이상인 다량 이용자, 우편물 배달 주소지가 사서함 설치 우체국의 관할 구역인 신청자 순서로 우선 계약을 할 수 있다.
② 계약우체국장은 사서함 사용자가 우편관계법령의 규정에 위반한 때와 관계없이 사서함에 배달된 우편물을 정당한 사유 없이 30일 이상 수령하지 아니한 때, 최근 3월간 계속하여 사서함에 배달한 우편물의 통수가 월 30통에 미달한 때에는 사서함의 사용계약을 해지할 수 있다.
③ 사서함의 사용계약이 해지된 사서함에 배달된 우편물은 그 해지통지를 한 날부터 10일 이내에 사서함을 사용하였던 자의 교부신청이 없는 때에는 발송인에게 이를 되돌려 주어야 한다.
④ 법인, 공공기관 등 단체의 우편물 수령인은 5명까지 등록 가능하며 신규 개설할 때나 대리수령인이 바뀐 때는 미리 신고할 경우에만 가능하다.

해설편 ▶ P.31

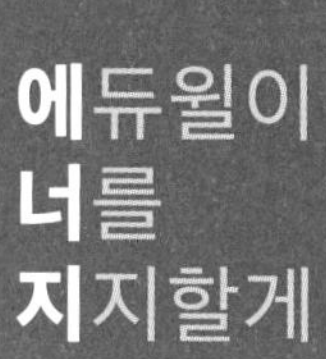

누구에게나 기회는 오지만 누구나 준비하지 않습니다.
기회를 바란다면 기회가 온 것처럼 준비하면 됩니다.

기회보다 언제나 준비가 먼저입니다.

– 조정민, 『인생은 선물이다』, 두란노

PART

우편물류

출제비중 17%

※전 10회 시험(2008~2023)을 기준으로 출제비중을 산출하였습니다.

CHAPTER

01 발착 및 운송작업

파트 내 출제비중 53%

01

난이도 상중하

〈보기〉는 우편물의 일반취급 처리과정이다. ( )에 들어갈 용어로 옳은 것은? 2012 계리직 10급

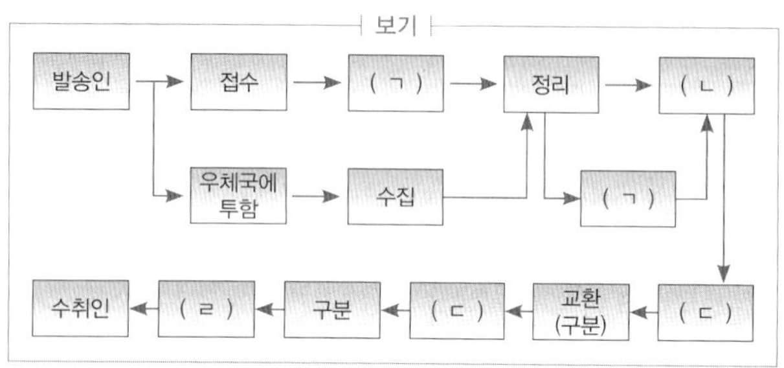

	ㄱ	ㄴ	ㄷ	ㄹ
①	소인	체결	운송	발송
②	운송	수집	소인	발송
③	소인	체결	운송	배달
④	운송	수집	소인	배달

02

난이도 상중하

우편물 운송 용어에 대한 설명으로 옳은 것의 총 개수는? 2022 계리직 9급

ㄱ. 감편: 우편물 감소로 운송편의 톤급을 하향 조정(예 4.5톤 → 2.5톤)
ㄴ. 거리연장: 운송구간에 추가로 수수국을 연장하여 운행함
ㄷ. 구간: 정해진 운송구간을 운송형태별(교환 · 수집 · 배집 등)로 운행함
ㄹ. 배집: 우편집중국 등에서 배달할 우편물을 배달국으로 보내는 운송형태

① 1개 ② 2개
③ 3개 ④ 4개

03

난이도 상중하

우편물 접수에 대한 설명으로 옳지 않은 것은? 2008 계리직 10급

① 우체통에 투입한 우편물의 접수시점은 집배원이 우편물을 수집하여 첩부된 우표에 소인하는 때이다.
② 통상우편물은 봉함하지 않고 발송하는 경우도 있다.
③ 발송인이 우편물 내용의 신고 또는 개봉(개피)을 거부할 때는 그 우편물을 접수하지 아니한다.
④ 우편물은 접수한 때부터 우편 이용 관계자가 발생하며, 우편관서와 발송인 사이에 우편물 송달계약이 이루어진다.

04

난이도 상중하

우편물 운송용기의 종류와 용도에 대한 설명으로 옳지 않은 것은? 2022 계리직 9급(변형)

① 우편운반대(평팔레트): 소포 등 규격화된 우편물 담기와 운반
② 소형우편상자: 소형통상우편물 담기
③ 대형우편상자: 얇은 대형통상우편물 담기
④ 특수우편자루: 등기통상 및 준등기우편물 담기

05

난이도 상중하

우편물 발착업무에 대한 설명으로 옳지 않은 것은? 2022 계리직 9급

① 발착업무의 처리과정은 분류 · 정리, 구분, 발송, 도착 작업으로 구성되어 있다.
② 분류 · 정리작업은 구분이 완료된 우편물을 보내기 위한 송달증 생성, 체결, 우편물 적재 등의 작업이다.
③ 주소와 우편번호 주위에 다른 문자가 표시된 우편물은 기계구분이 불가능한 우편물이다.
④ 소포우편물을 우편운반차에 적재할 때는 수취인 주소가 기재된 앞면이 위쪽으로 향하도록 적재한다.

06

난이도 상 중 하

운송용기(운반차)에 적재할 우편물이 여러 종류일 경우, 순서에 맞게 나열한 것은? 2023 계리직 9급

① 일반소포 → 일반통상 → 등기소포 → 등기통상 → 중계우편물
② 일반소포 → 등기소포 → 일반통상 → 등기통상 → 중계우편물
③ 중계우편물 → 일반소포 → 일반통상 → 등기소포 → 등기통상
④ 중계우편물 → 일반소포 → 등기소포 → 일반통상 → 등기통상

07

난이도 상 중 하

우편물의 발송에 대한 설명으로 옳은 것은?

2016 계리직 9급(변형)

① 우편물의 발송순서는 별도로 정하지 않으며, 일반우편물을 담은 운송용기는 운송 송달증을 등록한 뒤에 발송한다.
② 일반우편물을 담은 운송용기는 운송송달증을 등록한 후 발송한다.
③ 부가취급우편물은 덮개가 있는 우편상자에 담아 덮개에 운송용기 국명표를 부착하고 필요시 묶음끈을 사용하여 봉함한 후 발송한다.
④ 운반차에 우편물 적재 시 여러 형태의 우편물을 함께 넣을 때에는 작업을 쉽게 하기 위하여 '등기소포 → 일반소포 → 등기통상 → 일반통상 → 중계우편물'의 순으로 적재한다.

08

난이도 상 중 하

우편물의 발송에 대한 설명으로 옳지 않은 것은?

① 우편물의 발송순서는 특급우편물, 일반등기우편물, 일반우편물 순이다.
② 일반우편물은 우편물 형태별로 분류하여 해당 우편상자에 담는다.
③ 특수취급우편물로서 국내특급우편물은 익일특급이 있으며, 특급우편물은 통상우편물보다 우선 취급한다.
④ 운반차에 우편물 적재 시 여러 형태의 우편물을 함께 넣을 때에는 작업을 쉽게 하기 위하여 '일반소포 → 일반통상 → 등기소포 → 중계우편물'의 순으로 담는다.

09

난이도 상 중 하

우편물의 발송에 대한 설명으로 옳지 않은 것은?

① 우편물의 발송순서는 특급우편물, 일반등기우편물, 일반우편물의 순이다.
② 일반우편물을 체결한 운송용기는 운송 송달증을 등록한 뒤에 발송한다.
③ 특수취급우편물의 체결 관리 작업이 종료된 후 우편물을 발송할 때 특수우편 송달증을 전산으로 보낸다.
④ 무료우편물은 우정사업본부장이 특별히 정하는 것을 제외하고는 특수취급방법으로 송달함이 원칙이다.

10

난이도 상 **중** 하

우편물의 운송에 대한 설명으로 옳은 것은? 2019 계리직 9급

① 우편물 운송의 우선순위는 1순위, 2순위, 3순위, 기타순위로 구분된다.

② 우편물이 일시적으로 폭주하는 경우, 항공기 등을 이용하여 운송하는 것을 특별운송이라고 한다.

③ 임시운송은 물량의 증감에 따라 특급우편물, 등기우편물, 일반우편물을 별도로 운송하는 것을 말한다.

④ 우편물의 안정적인 운송을 위하여 우정사업본부장은 운송구간, 수수국, 수수시각, 차량톤수 등을 우편물 운송방법 지정서에 지정한다.

11

난이도 상 **중** 하

운반차의 우편물 적재 순서대로 나열한 것은?

ㄱ. 일반통상	ㄴ. 중계우편물
ㄷ. 등기소포	ㄹ. 일반소포
ㅁ. 등기통상	

① ㄱ → ㅁ → ㄹ → ㄷ → ㄴ

② ㄷ → ㄹ → ㄴ → ㅁ → ㄱ

③ ㄹ → ㄷ → ㄱ → ㅁ → ㄴ

④ ㄴ → ㅁ → ㄱ → ㄷ → ㄹ

12

난이도 상 **중** 하

우편물의 발송에 대한 설명으로 옳지 않은 것은?

2019 계리직 9급

① 부가취급우편물을 운송용기에 담을 때에는 책임자나 책임자가 지정하는 사람이 참관한다.

② 행선지별로 구분한 우편물을 효율적으로 운송하기 위하여 운송거점에서 운송용기를 서로 교환한다.

③ 등기우편물을 발송할 때에는 우편물류시스템으로 등기우편물 배달증을 생성하고, 생성된 배달증과 현품 수량을 확인한 후 발송한다.

④ 일반우편물은 형태별로 분류하여 해당 우편상자에 담되, 우편물량이 적을 경우에는 형태별로 묶어 담고 운송용기 국명표는 혼재 표시된 것을 사용한다.

해설편 ▶ P.34

CHAPTER

02 우편물 수집 및 배달

파트 내 출제비중 47%

01

난이도 상 중 하

우편물 배달에 대한 설명으로 옳지 않은 것은? 2014 계리직 9급

① 우편물은 그 표면에 기재된 곳에 배달하고, 2인 이상을 수취인으로 하는 경우는 그중 1인에게 배달한다.

② 등기우편물 배달 시의 수령사실 확인은 특수우편물 배달증에 수령인이 서명 또는 날인하는 것으로 한다.

③ 무인우편물 보관함은 보관에 대한 증명 자료를 제공하기 때문에 보험등기우편물을 무인우편물 보관함에 배달할 수 있다.

④ 우편사서함에 배달된 우편물을 정당한 사유 없이 30일 이상 수령하지 아니한 경우에는 사서함 사용계약을 해지할 수 있다.

02

난이도 상 중 하

우편물 배달의 원칙에 대한 설명으로 옳지 않은 것은?

① 우편물은 그 표면에 기재된 곳에 배달한다.

② 2인 이상을 수취인으로 하는 경우는 그중 1인에게 배달한다.

③ 우편사서함 번호를 기록한 우편물은 당해 사서함에 배달한다.

④ 취급과정을 기록하는 우편물은 정당 수령인으로부터 그 수령사실의 확인[서명(전자서명 포함)]을 받지 않아도 된다.

03

난이도 상 중 하

등기취급 우편물배달에 대한 설명으로 옳지 않은 것은? 2021 계리직 9급

① 같은 건축물 및 같은 구내의 관리사무소, 접수처, 관리인도 정당 수령인이 될 수 있다.

② 우편물 수취인의 진위를 주민등록증 등 필요한 증명으로 반드시 확인하고 배달하여야 한다.

③ 통화등기우편물은 수취인으로 하여금 집배원이 보는 앞에서 내용금액을 표기금액과 서로 비교확인하게 한 후에 배달하여야 한다.

④ 물품등기우편물은 집배원이 우편물 내용을 확인하지 않고 수취인에게 봉투와 포장 상태의 이상 유무만 확인하게 한 후에 배달하여야 한다.

04

난이도 상 중 하

우편물 배달의 특례에 대한 설명으로 옳지 않은 것은?

① 등기취급우편물, 요금수취인부담 등 사서함에 투입할 수 없을 경우에는 배달증이나 표찰을 대신 투입한다.

② 선박이나 등대로 가는 우편물은 수취인의 청구에 의하여 창구에서 교부할 수 있다.

③ 수취인 신고에 의한 등기우편물의 대리수령인 배달에서 등기우편물은 1차로 대리수령인에게 배달한다.

④ 수취인 장기부재신고서에 돌아올 날짜를 15일 이후라고 신고한 경우 '수취인장기부재'라고 표시하여 반송한다.

05

난이도 상**중**하

우편물 배달의 특례에 대한 설명으로 옳은 것은?

2008 계리직 10급

① 동일 건물 내의 수취인에게 배달할 모든 우편물은 관리사무소가 없는 경우에 우편함에 배달한다.

② 우편사서함 번호를 기재하지 아니한 특급우편물이 우편사서함 사용자에게 가는 것이 확실할 경우 우편사서함에 투입한다.

③ 보관우편물의 보관기간은 우편물이 도착한 다음 날부터 기산하여 10일로 한다. 다만, 특별한 사유가 있는 경우 30일의 범위 안에서 연장할 수 있다.

④ 수취인이 동일 집배구에 거주하는 자를 대리수령인으로 지정하여 우편관서에 신고하는 경우에는 그 대리수령인에게 등기우편물을 배달한다.

06

난이도 상**중**하

우편물 배달의 특례에 대한 설명으로 옳지 않은 것은?

① 동일건축물 또는 동일구내의 수취인에게 배달할 우편물은 그 건축물 또는 구내의 관리사무소, 접수처 또는 관리인에게 배달할 수 있다.

② 사서함은 2인 이상이 공동으로 사용할 수 있다.

③ 수취인 신고에 의한 등기우편물 대리수령인 배달의 경우 일반우편물은 원래 주소지에 배달하고 등기우편물은 1차 배달이 안 되었을 경우 대리수령인에게 배달한다.

④ 특별송달, 보험등기 등 수취인이 직접 수령한 사실 확인이 필요한 우편물은 무인우편물 보관함에 배달할 수 없다.

07

난이도 상**중**하

우편물 배달의 특례에 대한 설명으로 옳지 않은 것은?

① 동일건물 내에 관리사무소, 접수처, 관리인 등이 없는 경우 일반우편물은 우편함에 배달할 수 있다.

② 우편사서함에 교부하는 우편물은 운송편 또는 수집편이 도착할 때마다 구분하여 즉시 사서함에 투입한다.

③ 우편사서함 번호와 주소가 함께 기재된 우편물은 주소지에 배달한다.

④ 우편물에 '우체국보관'의 표시가 있는 우편물은 배달 우체국 창구에서 수취인에게 우편물을 내어준다.

08

난이도 상중**하**

국내우편물 배달에 대한 설명으로 옳은 것은? 2016 계리직 9급

① 보관우편물의 보관기간은 우편물이 도착한 다음 날부터 계산하여 15일이다.

② 수취인이 2명 이상인 경우에는 그중 1인에게 배달하는 것이 우편물 배달의 일반원칙이다.

③ 우편사서함 번호와 주소가 함께 기재된 우편물 중 익일특급 우편물은 주소지에 배달하여야 한다.

④ 배달의 우선순위에서 일반통상우편물(국제선편통상우편물 중 서장 및 엽서 포함)은 제1순위에 해당된다.

09

난이도 상중하

우편사서함에 대한 설명으로 옳지 않은 것을 모두 고른 것은?

2019 계리직 9급(변형)

ㄱ. 사서함에 배달된 우편물을 정당한 사유 없이 30일 이상 수령하지 않을 때에는 사서함 사용계약을 해지해야 한다.
ㄴ. 사서함 번호와 주소가 함께 기록된 우편물은 우편물을 사서함에 넣을 수 있으며, 특별송달, 보험취급, 맞춤형 계약등기, 등기소포 우편물은 주소지에 배달해야 한다.
ㄷ. 사서함 신청을 받은 우체국장은 국가기관, 지방자치단체, 일일 배달 예정물량이 100통 이상인 다량 이용자, 우편물 배달 주소지가 사서함 설치 우체국의 관할 구역인 신청자 순서로 우선 계약해야 한다.

① ㄱ ② ㄴ, ㄷ
③ ㄱ, ㄷ ④ ㄱ, ㄴ, ㄷ

10

난이도 상중하

우편물에 '우체국보관'의 표시가 있는 것은 그 우체국 창구에서 수취인에게 우편물을 내어준다. 이의 보관기간은 우편물이 도착한 다음 날로부터 며칠인가?

① 3일 ② 5일
③ 7일 ④ 10일

11

난이도 상중하

보관우편물의 교부에 대한 설명으로 옳지 않은 것은?

① 보관우편물이 도착하면 도착날짜도장을 날인하고 따로 보관한다.
② 보관기간은 도착한 다음 날부터 계산하여 10일로 한다.
③ 교통이 불편하거나 다른 이유로 10일 이내에 수령할 수 없는 경우에는 15일의 범위 안에서 기간을 연장할 수 있다.
④ 보관교부지에 사는 사람이 다른 곳에 배달하여 줄 것을 요청하는 경우 이에 따라 교부한다.

12

난이도 상중하

수취인 청구에 의한 우편물의 창구교부에 대한 설명으로 옳지 않은 것은?

① 집배원이 우편물을 배달하기 전에 수취인이 우체국에 방문하여 본인에게 온 우편물을 교부 요청할 때는 지체 없이 교부한다.
② 선박이나 등대로 가는 우편물로서 당해 우편물을 수령할 자격이 있다고 인정되는 사람이 우체국에 나와 우편물의 교부요청을 할 때에는 신분증 등으로 그 정당 여부를 확인하고 교부한다.
③ 주소지를 1회 방문하여 수취인 부재 등으로 배달하지 못한 우편물의 수취인이 우체국을 방문하여 교부요청을 할 때에는 정당 수령인 여부를 확인하고 우편물을 교부한다.
④ 정당 수취인 여부는 신분증(주민등록증, 운전면허증, 학생증 등) 및 관련 서류 등으로 확인한다.

13

난이도 상중하

우편물 배달에 대한 설명으로 옳지 않은 것은? 2018 계리직 9급

① 수취인이 2명 이상인 경우에는 그중 1인에게 배달한다.
② 동일한 건물 내에 다수의 수취인이 있을 경우에는 관리인에게 배달할 수 있다.
③ 특별송달, 보험통상은 수취인의 요청이 있을 경우에는 무인우편물 보관함에 배달할 수 있다.
④ 등기우편물을 무인우편물 보관함에 배달하는 경우에는 무인우편물 보관함에서 제공하는 배달 확인이 가능한 증명자료로 수령사실 확인을 대신할 수 있다.

14

난이도 상중하

배달의 우선순위에 대한 설명으로 옳지 않은 것은?

① 제1순위: 기록취급우편물
② 제2순위: 국제항공우편물
③ 제3순위: 1순위, 2순위 이외의 우편물
④ 제4순위: 여유 우편물

15

난이도 상중하

수취인이 휴가철 등 장기부재 시 돌아올 날짜를 미리 고지한 경우, 며칠 이후에 반송이 가능한가?

① 7일
② 10일
③ 15일
④ 20일

16

난이도 상중하

무인우편물 보관함에 대한 설명으로 옳지 않은 것은?

① 수취인 또는 수취인의 동의를 받은 자만이 수령할 수 있도록 기계적 · 전자적인 장치를 한 것에 한하여 배달한다.
② 우편물 보관에 대한 증명자료가 제공되는 것에 한한다.
③ 특별송달, 보험취급 등은 무인우편물 보관함에 배달할 수 없다.
④ CCTV가 설치된 지역에 한한다.

17

난이도 상중하

등기우편물의 대리수령인 배달에서 등기우편물 대리수령인 신고서를 접수할 때 확인해야 하는 사항이 아닌 것은?

① 주민등록증에 의한 신고인의 신분 등
② 대리수령인의 동의를 받았는지 여부
③ 수취인 주소지와 같은 집배구(인접 집배구 가능) 내에 거주하는지 여부
④ 사리를 분별할 수 있는지 여부와 제한능력자 여부

18

난이도 상중하

보관교부지의 우편물배달에 대한 설명으로 옳지 않은 것은?

① 보관교부지란 교통이 불편하여 통상의 방법으로 배달하기 어려운 지역으로 우정사업본부장이 정하여 고시한다.
② 보관교부지에 배달할 우편물은 배달국에서 30일 동안 보관하고 정당 수취인이 우체국에 수령하러 왔을 때 이를 확인하고 교부한다.
③ 보관교부지에 가는 등기취급우편물에 대하여는 도착한 다음 날부터 30일간 자국에 보관한다는 뜻을 발송인에게 통지한다.
④ 보관교부지에 거주하는 사람이 일정한 장소를 지정하고 본인에게 오는 우편물을 그곳으로 배달할 것을 요청할 때에는 그 주소와 세대주명을 명시하여야 한다.

해설편 ▶ P.35

PART

국제우편

출제비중 36%

※전 10회 시험(2008~2023)을 기준으로 출제비중을 산출하였습니다.

CHAPTER

01 국제우편 총설

파트 내 출제비중 35%

01 빈출문제

난이도 상중하

국제우편 기구 및 법규에 대한 설명으로 옳은 것은?

2008 계리직 10급(변형)

① 만국우편연합(UPU) 총회는 최고 의결기관으로 2년마다 개최되며 전 회원국의 전권대표로 구성된다.

② 만국우편연합(UPU)의 상설기관은 관리이사회, 우편운영이사회 및 집행이사회이다.

③ 만국우편연합(UPU)의 기준화폐는 SDR(Special Drawing Right)이고 공식 언어는 영어이다.

④ 국제특급우편(EMS)의 교환은 우리나라와 해당 국가(들) 사이에 맺은 표준다자간협정 또는 양자협정에 의해 이루어진다.

02

난이도 상중하

아시아 · 태평양우편연합(APPU: Asian-Pacific Postal Union)에 대한 설명으로 옳지 않은 것은?

2012 계리직 10급

① 한국과 필리핀이 공동 제의하여 1961년 1월 23일에 마닐라에서 창설대회를 개최하였다.

② 상설기관으로 관리이사회, 우편운영이사회, 국제사무국이 있다.

③ 우편업무의 발전과 개선에 관한 연구를 목적으로 우정직원의 상호교환 또는 독자적 파견을 위한 협정을 체결할 수 있다.

④ 지역 내 회원국 간의 우편관계를 확장 · 촉진 및 개선하고 우편업무분야에 있어서 국제협력을 증진하는 것을 목적으로 한다.

03

난이도 상중하

UPU의 기준화폐로 옳은 것은?

① USD ② IMF

③ SDR ④ SDS

04

난이도 상중하

APPU의 기관 중 사무국의 감독기관에 해당하는 것은?

① 총회 ② 관리이사회

③ 집행이사회 ④ 우편운영이사회

05

난이도 상중하

다음 설명에 해당하는 국제우편 업무 관련 국제연합체는?

2022 계리직 9급

- 2002년 아시아 · 태평양 연안 지역 6개 국가로 결성, 2021년 12월 현재 한국 포함 11개 국가로 구성
- 공동으로 구축한 단일 네트워크 기반 및 'The Power to Deliver'라는 슬로건하에 활동

① Universal Postal Union

② Asian Pacific Postal Union

③ World Logistics Organization

④ Kahala Posts Group

06

난이도 상중하

국제우편에 대한 설명으로 옳지 않은 것은?

① 국제우편요금 등은 협약에서 정한 범위에서 과학기술정보통신부장관이 정한다.
② 국제우편요금 등은 일부를 감액할 수 있다.
③ 발송우편물에 붙인 부가표시물 및 서류의 중량은 그 우편물의 중량에 포함하여 계산하지 않는다.
④ 우리나라에서 판매한 국제회신우표권은 국내우체국에서 교환할 수 없다.

07

난이도 상중하

국제우편물의 종류가 아닌 것은?

① 국제통상우편물 ② 국제소포우편물
③ 국제특급우편물 ④ 국제항공우편물

08

난이도 상중하

우리나라에서 시행하고 있는 국제우편물 분류에 해당하지 않는 것은?

① 우선취급(Priority)우편물
② 항공서간(Aerogramme)
③ 우편자루배달 인쇄물(M-bag)
④ 인쇄물(Printed Papers)

09

난이도 상중하

우리나라에서 취급하는 국제소포우편물의 종류가 아닌 것은?

① 속달소포우편물 ② 보통소포우편물
③ 보험소포우편물 ④ 우편사무소포우편물

10

난이도 상중하

국제통상우편물에 관한 내용으로 옳지 않은 것은?

2008 계리직 10급

① 우편엽서(Postcard)는 직사각형이어야 한다.
② 항공서간(Aerogramme)은 등기로 발송할 수 있다.
③ 소설 또는 신문원고는 인쇄물(Printed Papers)로 취급할 수 있다.
④ 소형포장물(Small Packet)은 발송절차가 소포에 비해 복잡하다.

11

난이도 상중하

국제우편의 항공서간에 대한 설명으로 옳지 않은 것은?

① 항공서간은 정부가 발행하는 것과 정부 외의 자가 제조하는 것으로 구분하며, 정부가 발행하는 항공서간에는 우편요금을 표시하는 증표를 인쇄할 수 없다.
② 항공서간은 원형을 변경하여 사용할 수 없으며 등기로 발송할 수 있다.
③ 항공서간에는 우표 이외의 물품을 붙이지 못하며 어떠한 것도 넣어서는 안 된다.
④ 사제항공서간을 제조하는 경우에는 발송인이 아닌 자의 광고를 게재할 수 없다.

12 빈출문제

난이도 상 중 하

항공등기로 접수하는 국제통상우편물 중 항공부가요금만 징수하는 우편물은? 2012 계리직 10급

① 인쇄물 ② 소형포장물
③ 우편자루배달 인쇄물 ④ 시각장애인용 우편물

13

난이도 상 중 하

국제통상우편물 중 서장(Letters)에 대한 설명으로 옳지 않은 것은?

① 서장(Letters)이란 특정인에게 보내는 필서 및 타자한 통신문을 봉함한 통상우편물이다.
② 법규를 위반한 엽서, 소포우편물, 항공서간 및 인쇄물과 멸실성 생물학적 물질 및 방사성 물질이 들어 있는 우편물도 포함된다.
③ 수표, 증권, 은행권, 우표, 복권 및 귀금속이 들어 있는 타종의 우편물도 포함된다(이 경우는 등기 또는 보험서장으로 접수).
④ 중량제한은 2kg까지이다.

해설편 ▶ P.40

CHAPTER
02 국제우편물 종별 접수요령

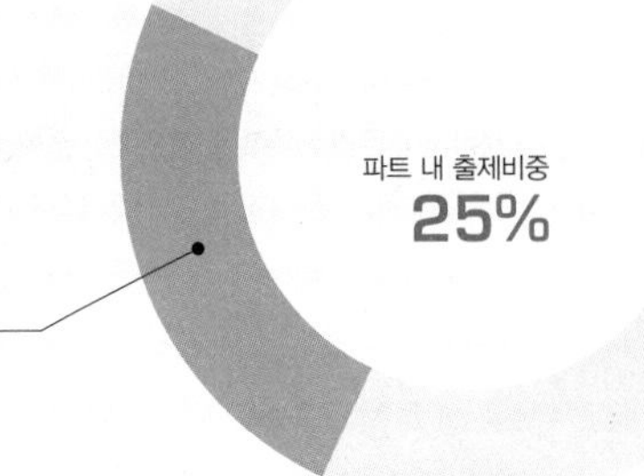

01 빈출문제 난이도 상중하

국제통상우편물 종별 세부내용에 대한 설명으로 옳은 것은?

2019 계리직 9급

① 인쇄물로 접수할 수 있는 것은 서적, 홍보용 팸플릿, 상업광고물, 도면, 포장박스 등이다.

② 그림엽서의 경우, 앞면 윗부분에 우편엽서를 뜻하는 단어를 영어나 프랑스어로 표시해야 한다.

③ 특정인에게 보내는 통신문을 기록한 우편물, 법규 위반 엽서, 법규 위반 항공서간은 서장으로 취급한다.

④ 소형포장물의 경우, 제조회사의 마크나 상표는 내부나 외부에 기록이 가능하나, 발송인과 수취인 사이에 교환되는 통신문에 관한 참고사항은 내부에만 기록할 수 있다.

02 난이도 상중하

국제 소형포장물(Small Packet)의 내용품 가격이 450SDR인 경우, 해당 우편물에 첩부해야 하는 국제우편 서식으로 옳은 것은?

2014 계리직 9급

① CN01 ② CN07

③ CN22 ④ CN23

03 난이도 상중하

〈보기〉의 국제통상우편물 중 Postcard(우편엽서)로 취급할 수 있는 것을 모두 고른 것은?

2010 계리직 10급

보기

ㄱ. 사진, 접힌 종이 등이 붙어 있는 우편엽서
ㄴ. 우편요금을 표시하는 증표를 인쇄한 관제엽서
ㄷ. 'Postcard'임을 표시하지 않은 사제엽서
ㄹ. 'Postcard'임을 표시하지 않은 그림엽서

① ㄱ, ㄴ ② ㄱ, ㄷ

③ ㄴ, ㄹ ④ ㄷ, ㄹ

04 난이도 상중하

국제통상우편물 중 우편엽서(Postcard)에 대한 설명으로 옳지 않은 것은?

① 관제엽서(정부 발행)와 사제엽서(정부 외의 자가 발행)로 구분한다.

② 사제엽서는 우편요금을 표시하는 증표를 인쇄할 수 있다.

③ 그림엽서를 제외한 우편엽서는 앞면 윗부분에 'Postcard' 또는 'Carte postale' 표시가 있어야 한다.

④ 적어도 앞면의 오른쪽 반은 통신문을 기록하지 않고 남겨두어야 한다.

05 난이도 상중하

국제통상우편물 중 항공서간(Aerogramme)에 대한 설명으로 옳지 않은 것은?

ㄱ. 세계 모든 지역에서 공통된 단일요금이 적용된다.
ㄴ. 1매의 종이를 접어 편지지와 봉투를 겸한 직사각형의 봉함엽서 형태이다.
ㄷ. 외부에 'Aerogramme' 표시를 해야 한다.
ㄹ. 등기취급이 가능하지 않다.
ㅁ. 우표 이외의 물품도 붙일 수 있으나, 어떠한 것도 넣을 수 없다.
ㅂ. 관제 및 사제항공서간으로 구분하며, 사제항공서간의 중량은 50g이다.

① ㄱ, ㄴ, ㄷ ② ㄱ, ㄷ, ㄹ

③ ㄱ, ㄹ, ㅁ ④ ㄹ, ㅁ, ㅂ

06

난이도 상중하

국제통상우편물 중 인쇄물에 대한 설명으로 옳지 않은 것은?

① 종이, 판지나 일반적으로 인쇄에 사용되는 재료에 2부 이상 동일한 사본으로 생산된 복사물이다.
② 현실적이고 개인적인 통신문 성질의 서류도 동봉이 허용된다.
③ 신속하고 간편하게 검사를 받을 수 있도록 포장되어야 한다.
④ 무게 한계는 5kg까지이다.

07

난이도 상중하

국제우편에서 인쇄물의 요건을 갖추지는 않았지만 인쇄물(Printed Papers)로 취급하는 것이 아닌 것은?

① 학교에서 학생들에게 보낸 통신강의록, 학생들의 과제 원본, 채점 답안
② 판지에 2부 이상을 생산한 복사물
③ 소설 또는 신문의 원고, 필사한 악보
④ 동시에 여러 통을 발송하는, 타자기로 치거나 컴퓨터 프린터로 출력한 인쇄물

08

난이도 상중하

〈보기〉에서 국제우편 인쇄물로 접수가 가능한 것의 총 개수는?

2023 계리직 9급

보기

ㄱ. 서적	ㅅ. 봉인한 서류
ㄴ. 정기간행물	ㅇ. 홍보용 팸플릿
ㄷ. CD	ㅈ. 잡지
ㄹ. 비디오테이프	ㅊ. 상업광고물
ㅁ. OCR	ㅋ. 달력
ㅂ. 포장박스	

① 4개　② 5개
③ 6개　④ 7개

09

난이도 상중하

국제통상우편물 중 소형포장물에 대한 설명으로 옳지 않은 것은?

① 소포우편물과 성질이 같으나 소형으로 중량이 가벼운 2kg 이내의 상품이나 선물 발송 시 이용할 수 있다.
② 내용품의 가격이 300SDR 이하인 경우에는 세관표지(CN22)를 붙이고 300SDR이 초과되는 경우에는 세관신고서(CN23)를 첨부한다.
③ 현실적이고 개인적인 통신문 성격의 서류 동봉은 금지된다.
④ 소형포장물 내부 또는 외부에 상품송장(Invoice)의 첨부가 가능하다.

10

난이도 상중하

개인적인 통신문 성격의 서류 동봉이 가능한 국제우편물은?

① 인쇄물(Printed Papers)
② 소형포장물(Small Packet)
③ 시각장애인용 우편물(Items for the blind)
④ 국제소포우편물

11

난이도 상중하

시각장애인용 우편물에 대한 설명으로 옳지 않은 것은?

① 점자로 된 서장 및 점자기호를 가진 활자판을 그 내용으로 하는 우편물이다.
② 항공부가요금을 포함하여 모든 요금이 면제된다.
③ 시사적이고 개인적인 통신문 성질의 서류 동봉이 금지된다.
④ 중량 제한은 7kg까지이다.

12 빈출문제

난이도 상중하

K-Packet에 대한 설명으로 옳은 것을 모두 고른 것은?

2018 계리직 9급(변형)

ㄱ. 3개월 이상 연속하여 발송실적이 없는 경우 우체국은 계약을 해지할 수 있다.
ㄴ. 고객맞춤형 국제우편서비스로서 평균 송달기간은 7~10일이다.
ㄷ. 해외로 발송하는 2kg 이하 소형물품을 인터넷우체국이나 인터넷우체국이 제공하는 API 시스템을 통해 온라인으로 접수한다.
ㄹ. 1회 배달 성공률 향상을 위해 해외우정당국과 제휴하여 반드시 수취인 서명을 받고 배달하기로 약정한 국제우편서비스이다.

① ㄱ, ㄷ
② ㄱ, ㄹ
③ ㄴ, ㄷ
④ ㄴ, ㄹ

13

난이도 상중하

국제우편 K–Packet에 대한 설명으로 옳은 것은?

2022 계리직 9급

① 「국제우편규정」에 따라 우정사업본부장이 고시한 전자상거래용 국제우편서비스이다.
② EMS와 같은 경쟁서비스이며 고객맞춤형 국제우편서비스로서 평균 송달기간은 5~6일이다.
③ 'L'로 시작하는 우편물번호를 사용하며, 1회 배달 성공률 향상을 위해 해외우정당국과 제휴하여 발송인 서명 없이 배달하기로 약정한 국제우편서비스이다.
④ 제휴(서비스)국가는 우정사업본부장이 고시하여 정한다.

14

난이도 상중하

국제통상우편물에 대한 설명으로 옳은 것은? 2018 계리직 9급

① 항공서간은 세계 모든 지역에 대해 단일요금이 적용된다.
② 소설 원고, 신문 원고, 필사한 악보는 인쇄물로 취급하지 않는다.
③ 소형포장물에는 개인적인 통신문 성격의 서류를 동봉할 수 없다.
④ 시각장애인용 우편물은 항공부가요금을 포함한 모든 요금이 면제된다.

15

난이도 상중하

우편자루배달 인쇄물(M-bag)에 대한 설명으로 옳지 않은 것은 몇 개인가?

ㄱ. 동일인이 동일 수취인에게 한꺼번에 다량으로 발송하고자 하는 인쇄물 등을 넣은 우편자루를 한 개의 우편물로 취급하는 국제통상우편물이다.
ㄴ. 우편자루의 제한 무게는 10kg~30kg이며, 우편자루 내 각 우편물의 무게는 5kg 이하여야 한다.
ㄷ. 특수취급(등기, 국제속달, 배달통지)은 가능하지 않다.
ㄹ. 우편자루에 담긴 인쇄물의 각 묶음에도 수취인의 주소를 표시한다.
ㅁ. 통관절차대행수수료는 우편요금을 포함하여 4,000원을 징수한다.
ㅂ. 우편물을 넣은 국제우편자루(M–bag)를 다시 국내용 우편자루에 넣어 국제우체국으로 발송하되, 국명표와 송달증에 'M' 표시를 한다.

① 1개
② 2개
③ 3개
④ 없음

16

난이도 상중하

국제통상우편물을 접수할 때 제한중량이 가장 큰 것은?

2014 계리직 9급

① 서장(Letters)
② 인쇄물(Printed Papers)
③ 소형포장물(Small Packet)
④ 시각장애인용 우편물(Items for the Blind)

17 빈출문제

난이도 상중하

국제소포우편물에 대한 설명으로 옳지 않은 것은?

① 서장과 통화 이외의 물건을 포장한 우편물이다.
② 통상적이고 개인적인 통신문 성격의 서류는 동봉이 허용된다.
③ 발송인과 수취인 또는 그 동거인 이외의 사람들 간에 교환되는 모든 종류의 통신문은 소포우편물 금지물품에 해당한다.
④ 서비스 적용에 따라 보통소포와 보험소포, 우편사무소포 등으로 분류된다.

18

난이도 상중하

국제소포우편물 접수 시 기표지(운송장) 작성에 대한 설명으로 옳지 않은 것은?

2022 계리직 9급

① 도착국가에서 배달불능 시 발송인이 우편물을 돌려받지 않길 원할 경우 '□ Treat as abandoned 포기'를 선택하여 ∨ 또는 × 표시한다.
② 항공우편물의 Actual weight(실중량), Volume weight(부피중량), 요금, 접수우체국명/접수일자 등을 접수 담당자가 정확하게 기재한다.
③ 중량 기재 시 보통소포는 100g 단위로 절상하고, 보험소포는 10g 단위로 절상하여야 한다.
④ 보험소포의 보험가액을 잘못 기재한 경우 1회에 한하여 정정이 가능하나, 이후에 잘못 기재한 경우는 기표지를 새로 작성하여야 한다.

19

난이도 상중하

국제소포우편물에 대한 설명으로 옳은 것은?

① 보통소포는 기록취급하며, 배달통지 등 특수취급도 가능하다.
② 보통소포의 주소기표지상 중량은 10g 단위로 절상표기한다.
③ 보험소포는 내용품의 전부 또는 일부가 분실, 도난, 훼손된 경우 보험가액 한도 내에서 실제로 발생된 손해액을 배상하는 소포이며, 주소기표지상 중량은 100g 단위로 절상표기한다.
④ 보험소포는 소포우편물 가격의 전부도 보험가입이 가능하며, 보험가액은 한번 작성 후에도 정정이 가능하므로 잘못 적었을 경우 주소기표지를 수정할 수 있다.

20

난이도 상중하

국제보통소포우편물 접수 시 유의할 사항으로 옳지 않은 것은?

① 용적 및 중량 제한 저촉 여부를 검사한다.
② 내용품이 금지물품인지 검사한다.
③ 검사결과 잘못을 발견하면 발송인에게 보완을 요구할 수 있으나 불응 시에도 접수는 거절할 수 없다.
④ 접수 우체국 보관용은 복사내용이 희미하더라도 덧쓰는 일이 없도록 하며, 자르거나 하지 말고 원형대로 보관한다.

21 빈출문제

난이도 상중하

국제보통소포우편물의 주소기표지 작성에 대한 설명으로 옳지 않은 것은?

2014 계리직 9급(변형)

① 주소기표지에는 도착국가에서 필요한 서식(송장, 세관신고서)이 포함되어 있지 않기 때문에 발송인은 통관 수속에 필요한 서류를 첨부해야 한다.
② 내용품의 중량을 측정하는 경우 100g 미만의 단수는 100g 단위로 절상한다.
③ 주소기표지의 제2면은 접수우체국에서 보관하고, 제3면은 발송인에게 교부하며, 제1면, 제4면, 제5면은 소포우편물에 붙여 발송한다.
④ 주소기표지는 발송인 작성이 원칙이다.

22 빈출문제

난이도 상중하

국제우편 종류별 접수방법에 대한 설명으로 옳은 것은?

2019 계리직 9급(변형)

① 보험소포우편물 취급 시 중량이 '8kg 883g'인 경우 '8,900g'으로 기록한다.
② 우편자루배달 인쇄물 접수 시 하나의 소포우편물로 취급하며, 우편요금과 별도로 통관절차대행수수료 4,000원을 징수한다.
③ 국제특급우편물(EMS)의 접수 시 보내는 사람 및 받는 사람의 전화번호, 우편번호 세관표지(CN22, 서류용 주소기표지), 세관신고서(CN23, 비서류용 주소기표지) 등은 접수우체국 기재 사항이다.
④ K-Packet의 발송인란에는 통관, 손해배상, 반송 등의 업무처리를 위해 반드시 한 명의 주소 및 성명을 기재해야 한다.

23

난이도 상중하

국제통상우편물의 접수에 대한 설명으로 옳지 않은 것은?

① 봉투 가장자리에 유색의 줄이 있는 봉투는 항공우편물에 한하여 사용한다.
② 우편자루배달 인쇄물(M-bag)은 접수 시 하나의 특급우편물로 취급한다.
③ 소형포장물 내용품의 가격이 300SDR 이하인 경우에는 세관표지(CN22)를 첨부하고, 300SDR을 초과하는 경우에는 세관신고서(CN23)를 첨부한다.
④ 시각장애인용 우편물을 등기로 접수할 때 등기취급수수료는 무료이다.

24 빈출문제

난이도 상중하

국제우편물의 종류별 접수에 대한 설명으로 옳은 것은?

2022 계리직 9급

① 우편자루배달 인쇄물의 등기취급은 미국, 캐나다 등 북미권역과 유럽, 아시아 등 만국우편연합 회원국가 간 발송에 제한이 없다.
② 시각장애인이나 공인된 시각장애인 기관에서 발송하는 공무를 위한 모든 우편물은 시각장애인용 우편물로 취급 가능하다.
③ 소형포장물은 현실적이고 개인적인 통신문의 서류 동봉이 가능하며, 내용품의 탈락을 방지하기 위하여 단단히 밀봉하여야 한다.
④ 보험소포의 보험가액은 'Insured Value-words 보험가액-문자' 칸과 'Figures 숫자' 칸에 영문과 아라비아 숫자로 원화(KRW) 단위로 기재한다.

25

난이도 상중하

국제우편물의 접수에 대한 설명으로 옳지 않은 것은?

① 멸실성 생물학적 물질(Perishable Biological Substance)이 들어 있는 서장 및 방사성 물질이 들어 있는 우편물도 서장에 포함한다.
② 사제엽서는 관제엽서에 준하여 조제하되 우편요금을 표시하는 증표를 인쇄할 수 있다.
③ 국제소포우편물은 서장(Letters)과 통화 이외의 물건을 포장한 만국우편연합 회원국 또는 지역 상호 간에 교환하는 우편물이다.
④ K-Packet은 국내에서 등기소형포장물보다 우선 취급한다.

26

난이도 상 중 하

국제보통소포우편물의 접수요령으로 옳지 않은 것은?

① 검사결과 잘못을 발견하였을 때에는 발송인에게 보완을 요구하며, 만약 불응 시 접수를 거절한다.
② 발송인의 선택사항이 없거나 모순되는 경우에는 발송인이 우편물을 반송받기 원하지 않는 것으로 간주한다.
③ 주소기표지의 소포우편물 중량과 요금은 정정이 불가하며, 오기재 시 재작성하여야 한다.
④ 접수담당자는 발송인이 작성 제출한 주소기표지(운송장)에 실제중량(Actual Weight)과 부피중량(Volume Weight)을 명확히 기록한 후 두 가지 중량 중 높은 쪽의 중량에 해당하는 요금을 적용한다.

27

난이도 상 중 하

국제특급우편 보험에 대한 설명으로 옳은 것을 모두 고른 것은?

ㄱ. 우리나라와 EMS를 교환하는 모든 나라로 발송하는 EMS에 대하여 보험취급이 가능하다.
ㄴ. 내용품의 가치는 객관적인 가치를 의미한다.
ㄷ. 손해배상 금액에 납부한 우편요금은 포함되지 않는다.
ㄹ. 손해배상 금액에서 보험취급수수료는 제외된다.

① ㄱ, ㄴ ② ㄴ, ㄷ
③ ㄴ, ㄹ ④ ㄷ, ㄹ

28 빈출문제

난이도 상 중 하

국제 보험소포우편물 접수요령에 대한 설명으로 옳지 않은 것은?

① 보험소포우편물은 특히 포장을 튼튼히 한 후 쉽게 뜯지 못하도록 봉함하였는지 확인하여야 한다.
② 요금과 중량의 정정이 불가능한 점과 주소기표지를 붙이고 계인하는 점도 보통소포우편물의 경우와 같다.
③ 보험소포우편물의 중량은 100g 단위로 표시하고 100g 미만의 단수는 100g 단위로 절상한다.
④ 보험가액은 오기재하였다 하더라도 지우거나 정정할 수 없으므로 주소기표지를 다시 작성한다.

29

난이도 상 중 하

국제특급우편(EMS)에 대한 설명으로 옳은 것은?

2008 계리직 10급

① 국제특급우편물 접수는 전국 모든 우체국에서 가능하며, 업무취급조건, 취급관서 등은 관할 지역의 우정청장이 정하여 고시한다.
② 국제특급우편물은 항공 및 등기를 기본으로 하고, 배달통지, 보험취급을 부가하여 특수취급을 할 수 있다.
③ 이용자와 우편관서 간 이용계약의 종류는 정기특급우편, 부정기특급우편 및 임시특급우편이 있다.
④ 송금환(Money Remittances), 유가증권류(Negotiable Articles)는 국제특급우편물로 보낼 수 있다.

30 빈출문제

난이도 상중하

국제특급우편(EMS)의 기표지 기재요령에 대한 설명으로 옳지 않은 것은?

① 중량은 10g 단위로 기재하며, 우편물의 가로(cm) · 세로(cm) · 높이(cm), Actual Weight(실중량), Volume Weight(부피중량) 등을 접수 담당자가 명확하게 기재한다.
② 도착국명은 영문과 한글로 기재한다.
③ 받는 사람의 전화번호는 기재대상이 아니므로 보내는 사람의 전화번호만 반드시 기재한다.
④ 성명 · 주소, 전화번호, 세관표지 또는 세관신고서 기재 내용에 틀림이 없음을 확인하는 것이므로 반드시 발송인이 직접 서명한다.

31

난이도 상중하

국제특급우편(EMS: Express Mail Service)에 부가할 수 있는 특수취급의 종류가 아닌 것은? 2010 계리직 10급(변형)

① 배달통지　② 보험취급
③ 배달보장 서비스　④ 국제속달

32 빈출문제

난이도 상중하

〈보기〉에서 국제특급우편(EMS)으로 보낼 수 있는 물품은? 2012 계리직 10급

보기

ㄱ. 송금환	ㄴ. 마그네틱 테이프
ㄷ. 마이크로 필름	ㄹ. 상품 견본
ㅁ. 상업용 서류	ㅂ. 가공하지 않은 금

① ㄱ, ㄴ, ㄷ, ㄹ　② ㄴ, ㄷ, ㄹ, ㅁ
③ ㄴ, ㄹ, ㅁ, ㅂ　④ ㄱ, ㄷ, ㅁ, ㅂ

33

난이도 상중하

국제특급우편에 대한 설명으로 옳지 않은 것은?

① 서류와 비서류로 구분된다.
② 세관검사를 거쳐야 한다.
③ 서적, CD 등은 서류용으로 취급된다.
④ 서류용은 CN22(서류용 주소기표지)를 이용하고, 비서류용은 CN23(비서류용 주소기표지)을 사용한다.

34

난이도 상중하

국제특급우편에 대한 설명으로 옳지 않은 것은?

① 실물수단에 의한 가장 신속한 우편업무로서 다른 우편물보다 우선취급하게 되며, 통신문, 서류 또는 물품을 매우 짧은 시간 내에 수집 · 발송 · 배달하는 우편업무이다.
② 항공 및 등기를 기본으로 하고, 배달통지, 보험취급 등의 특수취급을 부가할 수 있다.
③ EMS로 보낼 수 없는 물품으로는 업무용 · 상업용 서류, 상품 견본 등이 있다.
④ 마약류 및 향정신성 물질은 접수 금지 물품이다.

35

난이도 상중하

국제특급우편(EMS)에 대한 설명으로 옳지 않은 것은?

① 국제특급우편(EMS)은 내용품에 따라 서류와 비서류로 구분한다.
② 종이로 된 문서 형식의 편지류, 계약서, 입학서류, 서류와 함께 보내는 팸플릿 등 홍보용 첨부물은 서류로 취급한다. 단, 서적, CD, 달력 등은 비서류로 취급한다.
③ EMS 기표지의 중량은 10g 단위로 기재한다.
④ EMS 보험취급수수료는 주소기표지에 우편요금과 별도로 기재한다.

36

난이도 상중하

국제특급우편(EMS)에 대한 설명으로 옳지 않은 것은?

① 도착국가 약호는 영문자 2자로 된 국가약호를 기재한다.
② 내용품 가액은 손해배상의 근거가 되므로 정확히 기재하도록 하며, 내용품 가액이 100만 원 이상인 경우 필요 보험가입을 안내한다.
③ 중국을 제외한 우리나라와 EMS를 교환하는 모든 나라로 발송하는 EMS에 대하여 보험취급이 가능하다.
④ 내용품의 가치는 객관적인 가치를 기재하며, 보험가액은 주소기표지 보험가액란에 '○○○원'으로 기재하고 보험취급수수료는 별도 기재 없이 요금에 포함하여 기재한다.

37

난이도 상중하

국제특급우편(EMS)에 대한 설명으로 옳지 않은 것은?

① 접수 시 보내는 사람뿐만 아니라 받는 사람의 전화번호도 반드시 기재해야 한다.
② 내용품에 따라 서류와 비서류로 구분하여 취급한다.
③ 발송인의 청구가 있는 경우 배달결과를 통보한다.
④ 배달예정일보다 24시간 이상 지연배달되었을 경우에 납부한 요금을 배상한다.

38

난이도 상중하

국제특급우편(EMS)의 부가서비스가 아닌 것은?

① EMS 프리미엄서비스
② 배달보장 서비스
③ 고중량서비스(Heavy Weight)
④ 수입우편물 발송확인 서비스

39

난이도 상중하

국제특급우편(EMS)의 주요 부가서비스 및 제도에 대한 설명으로 옳은 것은? 2019 계리직 9급(변형)

① 수출우편물 발송확인 서비스 대상 우편물의 경우, 발송인은 수리일 다음 날로부터 30일 내에 해당 우편물을 선적 또는 기적해야 한다.
② EMS 프리미엄서비스는 1~5개 지역과 러시아 지역으로 구분되며, 서류와 비서류로 구분한다. 또한 최고 7천만 원까지 내용품의 가액에 한해 보험취급이 가능하다.
③ EMS 프리미엄의 부가서비스인 고중량 서비스는 전국 총괄우체국(5급국 이상)에서 접수 가능하며, 우체국과 계약 여부에 상관 없이 누구나 이용할 수 있다.
④ 2003년부터 EMS 배달보장 서비스가 시행되어 운영 중이며, 도착국가에서 통관 보류나 수취인 부재 등의 사유로 인한 미배달은 배달완료로 간주한다.

40

난이도 상중하

국제우편에서 사용되는 국가명과 해당 국가의 약호가 바르게 연결된 것은 모두 몇 개인가? 2014 계리직 9급

ㄱ. 홍콩 – CN	ㄴ. 오스트레일리아 – AU
ㄷ. 캐나다 – CA	ㄹ. 인도네시아 – IN
ㅁ. 영국 – GB	ㅂ. 괌 – US

① 2개 ② 3개
③ 4개 ④ 5개

41
난이도 ㉯㉰❸

국가 약호가 옳지 않은 것은?

① 인도: ID　② 영국: GB
③ 중국: CN　④ 독일: DE

42
난이도 ❶㉰㉱

특수취급우편물에 대한 설명으로 옳지 않은 것은?

① 항공우편은 수송시간이 단축된다는 데 그 특징이 있으며, 국제우편에 많이 이용된다. 국내우편에서는 송달시간을 단축하는 특수취급의 방법으로 항공우편이 이용된다. 따라서 항공편을 이용하는 것이 오히려 늦어지는 경우에는 이용가치가 없어진다. 따라서 우선적 취급이 아니라 특수취급우편서비스에 해당한다.
② 등기는 우편물마다 접수번호를 부여하고 접수한 때로부터 배달되기까지의 취급과정을 기록취급하여 우편물취급 및 송달의 확실성을 보장하기 위한 제도로서, 분실·도난·파손의 경우에 손해배상을 청구할 수 있다.
③ 국제속달은 우편물 발송인의 청구에 따라 우편물을 수취인에게 배달하고 수취인으로부터 수령 확인을 받아 발송인에게 통지하여 주는 국제우편서비스 제도이다.
④ 보험서장은 유가증권·금전적 가치가 있는 서류나 귀중품 등이 들어 있는 서장 우편물을 발송인이 신고한 가액에 따라 보험취급하여 교환하고, 분실·도난 또는 파손된 경우 보험가액의 범위 내에서 실제로 발생된 손해액을 배상하는 제도이다.

43
난이도 ㉯❷㉱

특수취급우편물의 접수에 대한 설명으로 옳지 않은 것은?

① 모든 통상우편물은 등기로 발송할 수 있다.
② 등기는 도착국의 국내법이 허용하는 경우 봉함된 등기서장에 각종 지참인불유가증권, 여행자수표, 백금, 금, 은, 가공 또는 비가공의 보석 및 기타 귀중품을 넣을 수 있다.
③ 등기 접수 시 접수우체국이 국제등기번호표 CN07을 우편물 앞면의 적정한 위치에 붙인다.
④ 배달통지(A.R.)는 발송인이 로마문자로 서식의 여러 해당 항목을 정확히 기록하며, 모든 우편물(통상우편물, 소포우편물, 특급우편물)이 취급대상이다.

44 빈출문제
난이도 ㉯㉰❸

국제우편물의 부가취급 종류에 해당하는 것은?

① 배달통지　② 항공서신
③ 인쇄물　④ 우편자루

45
난이도 ㉯❷㉱

특수취급우편의 일종인 등기(Registered)에 대한 설명으로 옳은 것은?

① 우편물 접수 시 발송인의 청구에 따라 우편물을 수취인에게 배달하고 수취인으로부터 수령 확인을 받아 발송인에게 통지하여 주는 제도이다.
② 모든 통상우편물은 등기로 발송할 수 없다.
③ 도착국의 국내법이 허용하는 경우 봉함된 등기서장에 각종 지참인불유가증권, 여행자수표, 백금, 금, 은, 가공 또는 비가공의 보석 및 기타 귀중품을 넣을 수 있다.
④ 접수우체국은 국제등기번호표 CN07을 우편물 앞면의 적정한 위치에 붙인다.

46

난이도 상**중**하

특수취급우편물의 보험취급에 대한 설명으로 옳지 않은 것은?

① 은행권, 수표 등의 유가증권, 금전적 가치가 있는 서류나 귀중품 등이 들어 있는 서장우편물을 발송인이 신고한 가액에 따라 보험취급하여 교환하고, 분실·도난 또는 파손된 경우 보험가액의 범위 내에서 실제로 발생된 손해액을 배상하는 제도이다.

② 보험가액은 내용품의 실제 가치를 초과할 수 없으며, 이를 위반하면 보험사기로 취급한다.

③ 내용품의 일부가치만을 보험취급할 수도 있다.

④ 귀금속 및 보석류는 보험취급하여 발송할 수 있는 물건이 아니다.

47

난이도 상**중**하

국제보험소포우편물 접수 시 유의할 사항으로 옳지 않은 것은?

① 포장을 튼튼히 한 후 쉽게 뜯지 못하도록 봉함하였는지 확인한다.

② 보험소포우편물의 중량은 10g 단위로 표시하고, 10g 미만의 단수는 10g으로 절상한다.

③ 발송우체국은 발송인이 원화로 기재한 보험가액을 SDR로 환산하여 주소기표지의 해당란에 기재하여야 한다.

④ 보험가액을 잘못 기재했을 경우 주소기표지를 다시 작성할 필요 없이 보험가액을 정정할 수는 있으나 연필로 기재하면 안 된다.

해설편 ▶ P.41

CHAPTER

03 국제우편요금

파트 내 출제비중 10%

01

난이도 상중하

국제우편요금에 대한 설명으로 옳지 않은 것은?

① 국제우편요금은 만국우편연합에서 정한 범위 안에서 우정사업본부장이 정한다.

② 운송편별에 따라 선편요금과 항공요금으로 구분한다.

③ 우편물 종별에 따라 통상우편물요금, 소포우편물요금, 국제특급우편요금 등으로 구분하고, 부가취급에 따른 부가취급수수료가 있다.

④ 구성내용에 따라 국내취급비, 도착국까지의 운송요금과 도착국 내에서의 취급비로 구분한다.

02 빈출문제

난이도 상중하

국제우편요금의 별납에 대한 설명으로 옳지 않은 것은?

① 한 사람이 한 번에 같은 우편물(동일무게)을 보낼 때에 우편물 외부에 요금별납(Postage Paid) 표시를 하여 발송하고 우편요금은 우표첩부 없이 별도로 즉납하는 제도이다.

② 취급우체국은 우편취급국을 포함한 모든 우체국이다.

③ 통상우편물은 10통 이상을 발송하는 우편물이어야 하며, 우편물의 종별, 무게, 우편요금 등이 같고 한 사람이 한 번에 발송하는 우편물이어야 한다.

④ 국제특급우편물과 소포우편물의 우편요금은 현금과 신용카드(혹은 체크카드)로 결제하므로 별납취급에 특별한 요건이 없다.

03

난이도 상중하

국제우편요금의 별납에 대한 설명으로 옳지 않은 것은?

① 우편물 앞면 오른쪽 윗부분에 요금별납표시를 하여 발송한다.

② 발송인이 표시를 하지 아니한 경우 우체국 보관 요금별납인을 날인한다.

③ 접수 및 입회 확인절차는 국내우편 요금별납의 취급 예에 의한다.

④ 접수된 우편물은 국내우편물류센터 앞으로 별도 우편자루를 이용한 체결·발송을 원칙으로 한다.

04 빈출문제

난이도 상중하

국제우편요금의 후납에 대한 설명으로 옳지 않은 것은?

① 국제우편물의 요금(특수취급수수료 포함)을 우편물을 접수할 때에 납부하지 않고 발송우체국의 승인을 얻어 2개월간 발송예정 우편물 요금액의 2배에 해당하는 금액을 담보금으로 제공하고 2개월간의 요금을 다음 달 20일까지 납부하는 제도이다.

② 한 사람(후납승인을 받은 사람)이 매월 100통 이상 발송하는 통상 및 국제 소포우편물을 대상으로 한다.

③ 취급우체국은 우편취급국을 포함하여 후납계약을 맺은 우체국이다.

④ 우편물의 발송인은 국제우편요금후납우편물 발송신청서를 작성하여 우편물과 함께 요금후납 계약우체국에 제출한다.

05

난이도 상중하

국제우편요금의 후납에 대한 설명으로 옳지 않은 것은?

① 우편물 검사 시 우편물의 오른쪽 윗부분의 요금별(후)납(Postage Paid) 표시를 확인해야 한다.

② 요금후납우편물의 접수담당자는 접수담당책임자가 보는 앞에서 확인 · 접수한다.

③ 요금후납우편물 발송신청서는 요금별납우편물 접수 및 입회 확인방법에 준하여 상호 확인인을 날인한다.

④ 요금후납우편물에는 우편날짜도장 날인을 생략할 수 없다.

06 빈출문제

난이도 상중하

IBRS(International Business Reply Service) EMS에 대한 설명으로 옳지 않은 것은?

2018 계리직 9급

① 수취인이 요금을 부담하는 제도이다.

② 모든 우체국에서 취급하며, 통당 요금은 5,000원이다.

③ 접수 중량은 최대 2kg까지이며, 일본에만 발송이 가능하다.

④ 해외 인터넷 쇼핑몰에서 구매한 상품을 반품할 때 이용하는 국제우편상품이다.

07

난이도 상중하

국제우편요금 별납 및 요금후납 제도에 대한 설명으로 옳은 것은?

2021 계리직 9급

① 국제우편요금 별납 및 요금후납은 우편취급국을 포함한 모든 우체국에서 접수가 가능하다.

② 국제우편요금 후납은 동일인이 동일 우편물을 매월 10통 이상 발송하는 국제통상우편물 및 국제소포우편물을 대상으로 한다.

③ 요금별납 및 요금후납우편물에는 우편날짜도장 날인을 생략한다.

④ 접수된 요금후납우편물은 별도 우편자루 체결 · 발송을 원칙으로 한다. 다만, 물량이 적을 경우에는 단단히 묶어서 다른 우편물과 함께 발송한다.

08 빈출문제

난이도 상중하

국제우편요금수취인부담(IBRS)에 대한 설명으로 옳지 않은 것은 몇 개인가?

ㄱ. 우편물을 외국으로 발송하는 자가 수취인 또는 제3자로부터 해당 우편물의 회신을 받고자 하는 경우 국내 배달우체국과 계약을 체결하여 회신요금을 자신이 부담할 수 있도록 하는 제도이다.
ㄴ. 집배우체국에 한하여 취급한다.
ㄷ. 취급 대상 우편물의 종류는 인쇄물(봉투)과 엽서에 한한다.
ㄹ. 취급 대상 우편물의 최대중량은 500g이다.
ㅁ. 수취인이 우편을 받을 때 요금을 납부하며, 후납취급은 가능하지 않다.
ㅂ. IBRS의 이용계약을 체결하려는 자는 신청서와 수취할 우편물의 견본 2매를 발송우체국에 제출한다.
ㅅ. IBRS 접수 우체국은 유효기간이 만료된 IBRS우편물을 발송인에게 반환한다.
ㅇ. IBRS의 유효기간은 IBRS를 이용할 수 있는 날부터 1년을 초과할 수 없다. 단, 국가기관, 지방자치단체, 정부투자기관은 유효기간 제한을 받지 않는다.

① 2개 ② 3개
③ 4개 ④ 없음

09

난이도 상중하

국제회신우표권(IRC)에 대한 설명으로 옳은 것의 총 개수는?

2022 계리직 9급

> ㄱ. 수취인의 회신요금 부담 없이 외국으로부터 회답을 받는 제도이다.
> ㄴ. 만국우편연합 총회가 개최되는 매 4년마다 총회 개최지명으로 발행한다.
> ㄷ. 만국우편연합 관리이사회(CA)에서 발행하며 각 회원국에서 판매한다.
> ㄹ. 현재 필요한 상태에 있지 않으면서 다량 구매를 요구하는 경우는 판매제한과 거절사유에 해당된다.
> ㅁ. 국제회신우표권 판매 시 교환개시일 안내를 철저히 해야 한다.
> ㅂ. 우리나라에서는 1매당 1,450원에 판매하고, 교환은 850원에 해당하는 우표류와 교환한다.

① 3개 ② 4개
③ 5개 ④ 6개

10 빈출문제

난이도 상중하

국제회신우표권(International Reply Coupons)에 대한 설명으로 옳은 것은 몇 개인가?

> ㄱ. 국제회신우표권은 수취인에게 회신요금의 부담을 지우지 아니하고 외국으로부터 회답을 받는 데 편리한 제도이다.
> ㄴ. 국제회신우표권은 각 국의 체신행정청에서 발행한다.
> ㄷ. 판매 시에는 국제회신우표권의 오른쪽 해당란에 우편날짜도장을 날인한다.
> ㄹ. 외국에서 판매한 국제회신우표권은 항공보통서장의 4지역 2g 요금에 해당하는 우표류와 교환해 준다.
> ㅁ. 우리나라에서 판매된 국제회신우표권은 우리나라에서 교환할 수 있다.
> ㅂ. 국제회신우표권은 우표류에 속하며 할인판매가 가능하다.
> ㅅ. 다량 판매를 요구할 때에는 신청서에 신청인의 주소·성명과 사용 용도를 기록하도록 한다.
> ㅇ. 한 사람이 하루에 20매 초과 수량을 요구할 경우 구체적인 사용 목적을 확인한 후에 판매한다.

① 3개 ② 4개
③ 5개 ④ 없음

11

난이도 상중하

국제회신우표권(International Reply Coupons)에 대한 설명으로 옳지 않은 것은?

① 세계 각 나라마다 항공서장 기본요금이 다름에 따라 이용자의 편의를 도모하기 위하여 UPU 국제사무국에서 발행하여 시행하는 제도이다.
② 국제회신우표권은 우표류에 속하므로 할인판매가 가능하다.
③ 수취인에게 회신요금의 부담을 지우지 아니하고 외국으로부터 회답을 받는 데 편리한 제도이다.
④ 우리나라에서 판매된 국제회신우표권은 우리나라에서 교환할 수 없다.

12

난이도 상중하

국제우편에 대한 설명으로 옳지 않은 것은?

2016 계리직 9급(변형)

① 국제회신우표권(International Reply Coupons)은 만국우편연합 국제사무국에서 발행한다.
② 국제우편요금수취인부담(International Business Reply Service) 우편물은 선편, 항공 등의 부가취급을 할 수 있다.
③ EMS 배달보장 서비스는 제공된 배달예정일보다 지연된 사실이 확인된 경우 절차를 거쳐 우편요금을 배상한다.
④ EMS 프리미엄서비스는 국제우편서비스 경쟁력 제고를 위해 2001년 TNT(민간특송업체)와의 전략적 제휴로 만들어졌으며, TNT와의 계약 종료 후 2012년부터 UPS(글로벌 특송업체)를 제휴사업자로 선정하여 운영하고 있다.

13

난이도 상 중 하

국제우편에 대한 설명으로 옳지 않은 것은?

① 국제우편요금 등은 협약에서 정한 범위 안에서 과학기술정보통신부장관이 정한다.
② 국제우편요금 등은 그 일부를 감액할 수 있다.
③ 발송우편물에 붙인 우표, 통관을 위하여 붙인 서류의 중량은 우편물의 중량에 포함하여 계산한다.
④ 우리나라에서 판매한 국제회신우표권은 국내 우체국에서 교환하지 아니한다.

14

난이도 상 중 하

국제우편요금의 반환에 대한 설명으로 옳지 않은 것은?

① 국제우편요금 등을 완납한 발송우편물을 수출금지, 기타 부득이한 사유로 인하여 발송인에게 반환한 경우에는 발송인의 청구에 따라 국제우편요금 등을 반환한다. 다만, 발송인의 고의 또는 중대한 과실이 있다고 인정될 때에는 그러하지 아니하다.
② 반환하는 국제우편요금 등은 현금으로 지급할 수 있다.
③ 반환 시 당해 우편물의 반환에 따른 국내우편에 관한 요금과 수수료에 해당하는 금액을 공제한다.
④ 반환요금의 청구는 발송한 날부터 2년 이내에 하여야 한다.

해설편 ▶ P.46

CHAPTER

04 부가서비스 및 제도

파트 내 출제비중
15%

01

난이도 상 중 **하**

국제특급우편(EMS)의 부가서비스 및 프리미엄 서비스가 아닌 것은?

① EMS 배달보장 서비스
② EMS 프리미엄서비스(민간 국제특송사 제휴서비스)
③ 고중량서비스
④ 수입우편물 발송확인 서비스

02 빈출문제

난이도 상 **중** 하

다음은 국제특급우편(EMS) 부가서비스 중 무엇에 대한 설명인가?

> EMS 배달보장일 계산프로그램에 따라 발송지(접수우체국)와 수취인의 우편번호를 입력하면 상대국 공휴일, 근무일 및 항공스케줄 등이 고려된 배달보장 일자가 제공되고, 제공된 배달예정일자보다 늦어진 경우 지연사실을 확인하여 우편요금을 배상해 주는 보장성 서비스이다.

① EMS 프리미엄서비스(민간 국제특송사 제휴서비스)
② 고중량화물서비스(Worldwide Express Freight)
③ 인터넷접수(e-shipping) 시스템
④ EMS 배달보장 서비스

03

난이도 상 **중** 하

다음은 국제특급우편(EMS) 부가서비스 중 무엇에 대한 설명인가?

> 우정사업본부가 국제특송의 고객 이용편익 증대를 위하여 UPS(글로벌 특송업체)와 제휴하여 서비스를 제공한다.

① 국제우편 스마트 접수
② 이용자 실비지급제도
③ EMS 프리미엄서비스(민간 국제특송사 제휴서비스)
④ 국제특급우편(EMS) 요금감액제도

04

난이도 상 중 **하**

다음은 국제특급우편(EMS) 부가서비스 중 무엇에 대한 설명인가?

> 우편물의 분실이나 파손에 대비하여 최고 5,000만 원까지 내용품 가액에 대한 보험을 가입하는 서비스이다.

① EMS 프리미엄서비스(민간 국제특송사 제휴서비스)
② 보험취급(Declared Value)
③ 이용자 실비지급제도
④ 국제특급우편(EMS) 요금감액제도

05

난이도 상중하

다음은 국제특급우편(EMS) 부가서비스 중 무엇에 대한 설명인가?

> 이용고객의 권리보호를 위하여 한 발송인에게 월 2회 이상 손실이나 분실이 생긴 때 무료발송권(1회 10kg까지)을 지급하고, EMS 우편물 종·추적 조사나 손해배상을 청구한 때 3일 이상 지연 응대한 경우 무료발송권(1회 3만 원권)을 지급한다.

① 인터넷접수(e-shipping) 시스템
② 수출우편물 발송확인 서비스
③ 국제초특급 서비스(TCS)
④ 이용자 실비지급제도

06

난이도 상중하

〈보기〉에서 설명한 EMS 배달보장 서비스에 관한 내용 중 옳은 것을 모두 고른 것은? 2010 계리직 10급(변형)

> 보기
>
> ㄱ. 접수 가능 국가로 일본, 미국, 중국, 호주 등이 있다.
> ㄴ. 배달예정일보다 48시간 이상 지연 시 실제 손해액을 배상한다.
> ㄷ. 상대국 통관 보류 혹은 수취인 부재 등의 사유로 미 배달 시는 배달완료로 간주한다.
> ㄹ. 별도의 취급수수료를 납부해야 한다.

① ㄱ, ㄴ ② ㄱ, ㄷ
③ ㄴ, ㄷ ④ ㄷ, ㄹ

07

난이도 상중하

국제우편물 사전 통관정보 제공에 대한 설명으로 옳지 않은 것은? 2022 계리직 9급(변형)

① 우리나라의 HS코드는 10자리이며, 그중 앞자리 6개 숫자는 국제 공통 분류에 해당한다.
② 우편취급국을 포함한 전국 모든 우체국이 적용대상 관서이다.
③ 대상 우편물은 EMS(비서류), 항공소포, 소형포장물, K-Packet으로 한정하며, 포스트넷 입력 시 숫자 이외의 문자는 모두 영문으로 입력하여야 한다.
④ 대상국가는 미국, 캐나다, 브라질 등 50개국이다.

08

난이도 상중하

〈보기〉에서 사전 통관정보 제공에 따른 필수 통관정보항목의 총 개수는? 2023 계리직 9급

> 보기
>
> ㄱ. 발송인 성명, 상세주소, 우편번호
> ㄴ. 발송인 전화번호
> ㄷ. 발송인 이메일
> ㄹ. 수취인 성명, 상세주소, 우편번호
> ㅁ. 수취인 전화번호
> ㅂ. 수취인 이메일
> ㅅ. 내용품유형
> ㅇ. 내용품명
> ㅈ. HS Code
> ㅊ. 순중량
> ㅋ. 개수
> ㅌ. 생산지
> ㅍ. 가격

① 9개 ② 10개
③ 11개 ④ 12개

09

난이도 상중하

국제우편 요금감액제도에 대한 설명으로 옳지 않은 것은?

2023 계리직 9급

① 국제특급 요금감액은 계약특급, 수시특급, 일괄특급으로 나눌 수 있다.

② 특별감액의 장기이용고객 조건에 해당할 경우, 3%의 요금감액률을 적용한다.

③ 계약국제특급의 18% 이상 감액률은 우정사업본부장의 승인 후 적용한다.

④ 발송비용절감 요금감액은 EMS, EMS프리미엄, K−Packet, 소형 포장물, 한·중 해상특송우편물에 대해서 적용한다.

10

난이도 상중하

국제우편스마트접수에 대한 설명으로 옳지 않은 것은?

2022 계리직 9급(변형)

① 접수대상 우편물은 EMS(EMS 프리미엄), 국제소포(항공·선편), 등기소형포장물(항공)이다.

② 국제우편스마트접수 우편물에 대해서는 우편물 종별에 관계 없이 스마트 접수 요금할인이 5% 적용된다.

③ 국제우편스마트접수 우편물 중 대상 우편물에 따라 방문(픽업) 접수가 가능한 우편물과 그렇지 못한 우편물이 있다.

④ 국제우편 접수채널의 다양화를 통해 이용고객의 편의증진 및 접수창구요원의 접수부담 경감에 기여한다.

해설편 ▶ P.47

CHAPTER

05 EMS 프리미엄서비스

파트 내 출제비중 5%

01 빈출문제 난이도 상중하

EMS 프리미엄서비스(민간 국제특송사 제휴서비스)에 대한 설명으로 옳지 않은 것은?

① 우정사업본부가 국제특송의 고객 이용편익 증대를 위하여 민간 국제특송사와 제휴서비스를 제공한다.
② 전국 모든 우체국(우편취급국 포함)에서 접수할 수 있다.
③ 중량은 포스트넷에서 국가별 접수중량 제한기준을 확인하여 접수하되 일반적으로 70kg까지 가능하다.
④ 실중량과 체적중량 중 가벼운 중량을 적용한다.

02 난이도 상중하

EMS 프리미엄서비스(민간 국제특송사 제휴서비스)에 대한 설명으로 옳지 않은 것은?

① 상업송장의 물품가격이 200만 원(미화 약 2천 불)을 초과하거나 운송장에 '수출'이라고 표시한 경우에는 정식으로 수출신고를 한 후에 발송한다.
② 비서류의 취급한도는 70kg까지이다.
③ 종이로 된 문서형식의 편지류, 계약서, 선적·입학서류는 서류 접수에 해당한다.
④ 발송동의서를 작성 및 첨부한 경우라도 사서함 주소(P.O. Box)로는 접수할 수 없다.

03 난이도 상중하

국제특급우편(EMS)에 대한 설명으로 옳지 않은 것은?

① 서류, 상품, 상품 견본 등을 취급한다.
② EMS 프리미엄의 보험한도액은 5,000만 원이다.
③ EMS 프리미엄 접수 시 원칙적으로 사서함 발송이 불가하다.
④ 배달예정일보다 지연배달되었을 경우에 납부한 요금액을 배상한다.

04 난이도 상중하

EMS 프리미엄서비스의 특징으로 옳지 않은 것은?

① 통관대행 및 관세, 제반비용의 대납 서비스를 제공한다.
② Export, Import 수취인 요금부담 서비스는 모든 고객을 대상으로 한다.
③ 전국 모든 우체국에서 접수 가능하다.
④ 포스트넷 국가별 접수중량 제한기준을 확인하여 70kg까지 접수 가능하며, 6급 이하 관서는 30kg까지 접수 가능하다.

05 빈출문제 난이도 상중하

EMS 이용자 실비지급제도의 범위와 지급액에 대한 설명으로 옳지 않은 것은?

① 한 발송인에게 EMS 손실이나 분실이 월 2회 이상 생긴 때 무료발송권은 1회 10kg까지이다.
② EMS 우편물 종·추적 조사나 손해배상을 청구했으나 3일 이상 지연응대한 경우 무료발송권은 1회 3만 원권이다.
③ EMS 무료발송권의 액면금액 전부 또는 일부를 현금으로 교환하는 것도 가능하다.
④ 민원접수일자를 기준으로 2일 이내 국제우편물류센터에서 1회 이상 민원인에게 회신한 경우는 지급제외 대상이다.

06

난이도 상중하

국제특급우편(EMS) 요금감액제도의 감액 대상이 아닌 것은 몇 개인가?

> ㄱ. 계약특급우편: 우편관서와 발송인과의 이용계약에 따라 특급우편(EMS · EMS 프리미엄)을 발송하는 이용자
> ㄴ. 수시특급우편: 별도의 이용계약을 맺지 않고 특급우편(EMS · EMS 프리미엄)을 발송하는 창구 접수 이용자
> ㄷ. 일괄특급우편: 우편관서와 발송인과의 이용계약에 따라 접수우체국을 통해 특급우편(EMS · EMS 프리미엄)을 발송하는 본사와 지사, 협회와 회원사, 다문화가정 이용자, 공공기관과 연계된 중소기업지원사업자
> ㄹ. K-Packet: 우편관서와 발송인과의 이용계약에 따라 K-Packet을 전산시스템으로 접수(e-shipping)하여 발송하는 이용자
> ㅁ. 소형포장물: 우편관서와 발송인이 이용계약을 하거나 별도의 이용 계약을 맺지 않고 소형포장물을 발송하는 이용자

① 3개 ② 4개
③ 5개 ④ 없음

07 빈출문제

난이도 상중하

국제특급우편(EMS) 요금감액 대상 요건 중 ( )에 들어갈 내용으로 옳은 것은? 2021 계리직 9급(변형)

> 계약국제특급우편 이용자가 1개월에 (ㄱ)만 원을 초과하여 EMS 우편물을 발송하는 경우에 적용한다. 단, (ㄴ)% 이상 감액률은 우정사업본부장의 승인 후 적용한다.

	ㄱ	ㄴ
①	30	16
②	30	18
③	50	16
④	50	18

08

난이도 상중하

국제특급우편(EMS) 요금감액제도에 대한 설명으로 옳지 않은 것은 몇 개인가?

> ㄱ. 특급우편물(EMS, EMS 프리미엄) 요금감액제도는 계약특급우편 요금감액과 수시특급우편 요금감액, 일괄특급우편 요금감액이 있다.
> ㄴ. 계약국제특급우편은 6급 이하 우체국(별정국, 우편취급국 포함)만이 이용자와 계약을 체결할 수 있다.
> ㄷ. 계약국제특급우편의 대상요건은 월 5만 원 이상 EMS 우편물을 발송하는 이용자이다.
> ㄹ. 계약특급의 15% 이상 감액률은 해당 지방우정청장의 승인 후 적용하며, 특별감액을 포함한 총 감액률은 25%를 초과하지 아니한다.
> ㅁ. 감액 시 기준금액은 고시된 요금[EMS 프리미엄은 「EMS 프리미엄서비스 요금 및 이용에 관한 수수료」(과학기술정보통신부 고시)] 기준이며, 수수료는 제외한다.

① 2개 ② 3개
③ 4개 ④ 없음

해설편 ▶ P.48

CHAPTER

06 각종 청구제도

파트 내 출제비중 10%

01 빈출문제 난이도 상중하

행방조사청구제도에 대한 설명으로 옳지 않은 것은 몇 개인가?

ㄱ. 행방조사란 발송인이나 수취인의 청구에 따라 국제우편물 행방을 추적 조사하고 그 결과를 청구자에게 알려주는 제도로서, 조사 결과 우편관서에서 취급하던 중 일어난 사고로 판명되어 손해배상 대상이 될 경우 청구에 따라 손해배상을 한다.
ㄴ. 청구대상 우편물은 등기우편물, 소포우편물, 국제특급우편물 등이다.
ㄷ. 청구기한은 우편을 발송하는 날부터 계산하여 6개월 이내이다. 단, EMS는 4개월 이내, EMS 프리미엄서비스는 3개월, 배달보장 서비스는 30일 이내이다.
ㄹ. 행방조사의 종류는 우편을 이용하는 행방조사, 모사전송(팩스)을 이용하는 행방조사, 전자우편 · 전자전송방식(인터넷, 모바일 우체국어플)을 이용하는 행방조사가 있다.
ㅁ. 청구할 수 있는 국가는 발송국가, 도착국가(배달국가)에서 청구할 수 있으나 제3국(외국)에서는 청구할 수 없다.
ㅂ. 항공우편에 의한 행방조사청구는 원칙적으로 유료이다.

① 2개 ② 3개
③ 4개 ④ 없음

02 난이도 상중하

국제우편 행방조사청구제도와 손해배상제도에 대한 설명으로 옳지 않은 것은? 2016 계리직 9급

① 우편물 발송국가 및 도착국가는 물론, 제3국(외국)에서도 행방조사를 청구할 수 있다.
② 행방조사청구가 기한 내에 이루어져야 하는 것은 손해배상 요건 중 하나이다.
③ 국제특급우편물 분실, 파손 등으로 지급된 손해배상금은 사고에 대한 책임이 있는 해당 우정당국이 부담하는 것을 원칙으로 한다.
④ 손해배상 청구권자는 원칙적으로 수취인에게 배달되기 전까지는 발송인이며, 배달된 후에는 수취인에게 청구 권한이 있다.

03 난이도 상중하

국제우편 행방조사청구에 대한 설명으로 옳은 것은? 2021 계리직 9급

① 우편물 분실의 경우에는 발송인만 청구가 가능하다.
② 발송국가와 도착국가(배달국가)에서만 청구가 가능하다.
③ 청구기한은 우편물을 발송한 날부터 계산하여 6개월이다.
④ 청구대상 우편물은 보통통상우편물, 등기우편물, 소포우편물, 국제특급우편물이다.

04 난이도 상중하

국제우편 손해배상제도에 대한 설명으로 옳지 않은 것은?

① 손해배상 청구는 발송인을 제외한 수취인과 제3자는 불가능하다.
② 지연배달 등으로 인한 간접적 손실은 배상하지 않는다.
③ 행방조사 결과 우편물의 분실 및 파손 등으로 발송인 또는 수취인이 재산상으로 손해를 입은 것으로 확정되었을 때 일정한 조건과 규정에 따라 손해를 보전하는 제도이다.
④ 행방조사청구가 정해진 기한 내에 이루어져야 손해배상을 받을 수 있다.

05 빈출문제

난이도 상중하

국제우편 손해배상제도에 대한 설명으로 옳지 않은 것은 몇 개인가?

ㄱ. 행방조사 결과 우편물의 분실 및 파손 등으로 발송인 또는 수취인이 재산상으로 손해를 입은 것으로 확정되었을 때 일정한 조건과 규정에 따라 손해를 보전하는 제도이다.
ㄴ. 손해배상 청구권자는 발송인 또는 수취인이다. 즉, 수취인에게 배달되기 전까지는 발송인이 청구권자이며, 배달된 후에는 수취인에게 청구 권한이 있다.
ㄷ. 손해배상금의 부담은 우편물의 분실, 파손 또는 도난 등의 사고에 대한 책임이 있는 우정당국이 진다.
ㄹ. 행방조사청구가 우편물 발송 익일부터 3개월(특급은 2개월) 이내에 이루어지지 않았을 경우에는 손해배상책임이 면책된다.

① 1개 ② 2개
③ 3개 ④ 없음

06 빈출문제

난이도 상중하

국제우편 손해배상제도에 대한 설명으로 옳지 않은 것은 몇 개인가?

ㄱ. 도착국가의 국내법에 따라 압수된 경우는 손해배상책임이 면책된다.
ㄴ. 내용품의 실제가격을 초과 사기하여 보험에 든 경우 손해배상책임이 면책된다.
ㄷ. 우편물에 실질적인 손해가 발생하지 않아도 손해배상책임을 져야 한다.
ㄹ. 지연배달 등으로 인한 간접적인 손실은 배상하지 않는다.
ㅁ. 우편관서의 과실이 있을 것을 요하지 않는다.
ㅂ. 행방조사청구가 기한 내에 이루어져야 한다.

① 1개 ② 2개
③ 3개 ④ 없음

07

난이도 상중하

국제우편물 손해배상의 면책사유가 되지 않는 것은?

① 화재, 천재지변 등 불가항력에 의해 발생한 경우
② 발송국가의 국내법에 따라 압수된 경우
③ 발송인의 포장 부실이나 내용품의 성질상 훼손된 경우
④ 내용품의 실제가격을 초과 사기하여 보험에 든 경우

08

난이도 상중하

〈보기〉와 같이 접수된 국제우편물이 상대 국가에서 분실되어 손해배상을 해야 할 경우, 〈조건〉에 따른 배상금액으로 옳은 것은? 2014 계리직 9급

보기

우편물 번호	EM 052 683 101 KR
우편물 종류	EMS
중량	10kg
내용품	책 4권, 바지 2벌, 티셔츠 1벌
내용품 가격	160,000원
우편 요금	56,200원

조건

- 접수 시 보험취급되지 않았다.
- 행방조사 청구료 등 기타 비용은 발생하지 않았다.
- 손해배상 기준은 「우정사업본부 고시 제2012-28호」에 의거한다.

① 160,000원 ② 204,900원
③ 212,500원 ④ 216,200원

09

난이도 상중하

〈보기〉의 국제우편물이 일부 훼손된 경우, 손해배상 금액 계산으로 옳은 것은? 2023 계리직 9급

보기

ㄱ. 보통소포우편물(항공)
ㄴ. 중량: 10kg
ㄷ. 우편요금: 52,000원
ㄹ. 물품가: 300,000원

① 52,500원 + 70,800원 금액 범위 내(123,300원)의 실손해액
② 52,500원 + 78,700원 금액 범위 내(131,200원)의 실손해액
③ 70,000원 + 70,800원 금액 범위 내(140,800원)의 실손해액
④ 70,000원 + 78,700원 금액 범위 내(148,700원)의 실손해액

해설편 ▶ P.49

CHAPTER 07

국제우편물 및 국제우편요금의 반환

파트 내 출제비중 0%

01 빈출문제

난이도 상 **중** 하

국제우편요금의 반환에 대한 설명으로 옳지 않은 것은?

① 국제우편요금 등을 완납한 발송우편물이 수출금지 대상이거나 그 밖에 부득이한 사유로 발송인에게 반환된 경우에는 발송인의 청구에 따라 완납한 국제우편요금 등에서 해당 우편물의 반환에 따른 국내우편요금 및 수수료를 공제한 금액을 반환한다. 다만, 발송인이 고의 또는 중대한 과실이 있다고 인정되는 경우에는 반환하지 아니한다.

② 반환하는 국제우편요금 등은 발송 당시의 우편 수수료에 해당하는 동종의 우표로만 지급을 해야 한다.

③ 우편관서의 과실로 과다징수한 경우에는 그 과다징수한 국제우편요금 등을 반환한다.

④ 국제우편요금 등의 반환청구는 발송한 다음 날부터 1년 이내에 하여야 한다.

02

난이도 상 **중** 하

국제우편요금 등에 대한 설명으로 옳지 않은 것은?

① 발송우편물은 국내우편물 취급의 예에 따라 국제우편요금 등을 별납 또는 후납할 수 있고, 그 표시와 취급우체국 등에 관한 사항은 과학기술정보통신부장관이 정하여 고시한다.

② 국제우편요금 등은 우표로 납부하여야 한다. 다만, 특수취급우편물, 소포우편물 및 특급우편물, 별납 또는 후납취급우편물, 반송료 그 밖의 요금은 현금으로만 결제할 수 있다.

③ 국제우편요금 등의 전부 또는 일부가 납부되지 아니한 발송우편물에 대해서는 우편물을 접수한 우체국장이 그 납부되지 아니한 국제우편요금 등을 발송인에게 통지하고, 발송인으로부터 미납요금을 징수한 후 발송한다.

④ 발송인의 주소·성명이 명확하지 아니하거나 그 밖의 사유로 미납요금을 징수할 수 없는 경우에는 우편물 표면의 윗부분에 미납요금이 있는 우편물임을 표시하는 문자인 T 및 미납요금을 기재하여 발송한다.

03

난이도 상중하

국제우편물의 발송 및 반송에 대한 설명으로 옳지 않은 것은?

① 소포우편물 및 특급우편물, 부가취급이 필요한 우편물, 소형포장물, 통관을 하여야 하는 물품이 들어 있는 우편물, 항공으로 취급하는 시각장애인을 위한 우편물, 협약에 따른 우편요금 감면대상 우편물을 발송하려는 경우에는 우체국에 직접 접수해야 한다.

② 국제 소형포장물 및 특급우편물은 발송인의 요청에 따라 발송인을 방문하여 접수할 수 있다.

③ 위 ①의 우편물 외의 국제우편물을 발송하려는 경우에는 우체통에 투입할 수 있다.

④ 발송우편물 중 기준에 맞지 않는 우편물은 발송인에게 보완하여 제출하게 하거나 우편물로서의 취급을 거절할 수 있다.

04

난이도 상중하

국제우편요금의 반환에 대한 설명으로 옳지 않은 것은?

① 수취인의 주소와 성명이 정확하게 기재된 우편물은 우편관서의 과실로 발송인에게 반환한 경우 납부한 국제우편요금 등을 반환한다.

② 해당 우편물의 반환에 따른 국내우편요금과 수수료에 해당하는 금액을 공제한다.

③ 국제우편요금 등의 반환청구는 발송한 날부터 계산하여 2년 이내에 하여야 한다.

④ 금지물품으로서 압수에 의하여 반환되지 아니하는 우편물에 대한 국제우편요금 등은 반환하지 아니한다.

해설편 ▶ P.50

CHAPTER 08

국제우편 수수료 및 우편요금 고시

파트 내 출제비중 0%

01

난이도 상중하

국제우편의 수수료에 대한 설명으로 옳지 않은 것은?

① 국제회신우표권은 우리나라에서는 1,450원에 판매하여 도착국 항공서장 4지역 20g 해당 요금으로 교환한다.
② 우편자루배달 인쇄물의 통관절차대행수수료는 4,000원이다.
③ 항공우편과 국제특급우편(EMS)의 행방조사 청구료는 무료이다.
④ 국제우편요금 수취인 부담(IBRS) 취급 수수료는 인쇄물(봉투)의 경우 50g까지는 1,100원이고, 엽서는 500원이다.

02

난이도 상중하

국제우편 이용에 관한 수수료에 대한 설명으로 옳은 것은?

① 접수 익일까지 배달하는 국제특급우편(EMS) 중 초특급 서비스 수수료는 4,500원으로 홍콩, 베트남의 호치민과 하노이만을 대상으로 한다.
② EMS 방문접수 수수료는 계약고객을 제외하고 1회 방문 시 통수와 관계없이 3,000원이다.
③ 해외 전자상거래용 반품서비스(IBRS) 수수료의 적용 대상은 2kg 이하의 소형 물품으로, 일본에 한하여 통당 취급수수료 20,000원이다.
④ 특별인출권 환율(SDR)의 경우 원을 화폐단위로 하면 1SDR은 2,749원이다.

03

난이도 상중하

〈보기〉와 같이 접수된 국제우편물의 수수료 금액으로 옳은 것은?

보기

- 특급우편물(EMS)
- 홍콩으로 접수 익일 초특급 서비스 이용
- 보험료는 기본요금
- 계약고객이 아닌 자로서 1회 1통 외의 1통을 추가하는 EMS 방문접수를 이용

① 11,850원 ② 11,300원
③ 10,850원 ④ 10,300원

04

난이도 상중하

우리나라에서 국제초특급우편물을 발송할 수 있는 국가는?

2016 계리직 9급(변형)

① 프랑스 ② 싱가포르
③ 일본 ④ 베트남(하노이, 호치민)

해설편 ▶ P.51

실전동형
모의고사

제 1 회 실전동형 모의고사

1초 합격예측! 모바일 성적분석표

QR 코드로 접속하여 문제 풀이시간을 측정하고, 〈1초 합격예측 & 모바일 성적분석표〉 서비스를 통해 지금 바로! 실력을 점검해 보세요.
https://eduwill.kr/xLle

01

우편요금 등을 감액할 수 있는 우편물에 대한 설명으로 옳지 않은 것은?

① 발행주기를 일간·주간 또는 월간으로 하여 월 1회 이상 정기적으로 발송하는 것으로서 중량과 규격이 같은 요금별납 또는 요금후납 일반우편물은 감액대상이다.
② 우체국 창구에서 접수하는 우편물로서 감액기준 수량 이상 발송하는 우편물의 경우는 등기우편물만 감액대상이며, 일반우편물은 감액대상에서 제외된다.
③ 국회의원이 의정활동을 당해 지역구 주민에게 알리기 위하여 연간 3회의 범위에서 감액기준 수량 이상 발송하는 요금별납 또는 요금후납 일반우편물은 감액대상이다.
④ 표지를 제외한 쪽수가 48쪽 이상인 책자의 형태로 인쇄·제본되어 발행인·출판사 또는 인쇄소의 명칭 중 어느 하나와 쪽수가 각각 표시되어 발행된 서적으로서 요금별납 또는 요금후납 일반우편물은 감액대상이다.

02

우편이용관계에 대한 설명으로 옳지 않은 것은?

① 우편이용 당사자는 우편관서, 발송인, 수취인이다.
② 우편사업은 국가가 경영주체이며, 공익성을 띠고 있으나 우편이용관계의 법적 성질은 사법상의 계약관계이다.
③ 우편사업을 국가가 경영하는 이유는 취급의 안전성, 정확성, 통일성 등을 확보할 수 있기 때문이다.
④ 우편이용 계약의 성립 시기는 우편물을 우체국 창구에 접수하는 경우 접수 시, 방문접수 시는 영수증이나 접수증을 교부받은 경우 마지막으로 우체통에 투입한 때를 말한다.

03

배달우체국장이 요금수취인부담 이용계약을 해지할 수 있는 사유를 〈보기〉에서 모두 고른 것은?

보기

ㄱ. 우편요금 등의 납부를 최근 1년간 2회 이상 태만히 하여 요금후납 이용계약을 해지한 때
ㄴ. 정당한 사유 없이 요금수취인부담 우편물의 수취를 거부한 때
ㄷ. 수취인의 부재 기타 사유로 수취장소에 1월 이상 배달할 수 없을 때
ㄹ. 1월 이상 요금수취인부담 우편물을 이용하지 아니한 때

① ㄱ, ㄷ　② ㄱ, ㄹ
③ ㄴ, ㄷ　④ ㄴ, ㄹ

04

다음 중 (　) 안에 들어갈 말이 순서대로 바르게 나열된 것은?

우체국보관 우편물의 보관기간은 우편물이 도착한 다음 날부터 기산하여 (㉠)일로 한다. 다만, 교통이 불편하거나 기타의 사유로 인하여 수취인이 (㉡)일 이내에 우편물을 교부받을 수 없다고 인정될 때에는 (㉢)일의 범위 안에서 이를 연장할 수 있다.

① 5일, 5일, 10일　② 5일, 10일, 15일
③ 10일, 10일, 20일　④ 10일, 10일, 30일

05

선택적 우편역무의 종류에 대한 설명으로 옳지 않은 것은?

① 통화등기, 물품등기, 유가증권등기의 보험취급은 현금이나 고가의 물품을 발송할 때 집에서 받을 수 있도록 배달하는 서비스로 우체국의 과실로 분실했을 경우에는 표기금액을 배상한다.
② 배달증명은 등기취급을 전제로 우체국창구 또는 정보통신망을 통하여 발송인이 수취인에게 어떤 내용의 문서를 언제 발송하였다는 사실을 우체국이 증명하는 특수취급 제도이다.
③ 특별송달은 「민사소송법」이 정하는 방법에 따라 등기통상으로 송달하고 송달 사실을 우편송달통지서를 통해 발송인에게 알려주는 서비스이다.
④ 안심소포는 고가의 상품 등 등기소포우편물을 대상으로 하며, 손해가 생기면 해당 보험가액을 배상해주는 부가취급제도이다.

06

우편물의 손해배상과 손실보상에 대한 설명으로 옳은 것은?

① 우편물 배달결과 발생한 재산적 손해뿐만 아니라 정신적 손해도 배상한다.
② 손실보상 또는 보수의 결정에 대하여 불복할 경우 통보를 받은 날로부터 2월 이내에 민사소송을 제기하여야 한다.
③ 외부에 파손의 흔적이 없거나 중량이 차이가 없는 경우에도 내부 파손이 있는 경우에는 손해가 있는 것으로 본다.
④ 우편물 운송조력자의 보수청구는 조력의 사실이 있는 날로부터 1년 내에 해야 한다.

07

APPU의 기관 중 사무국의 감독기관은?

① 총회
② 관리이사회
③ 집행이사회
④ 우편운영이사회

08

국제우편으로서 서장으로 취급하지 않는 것은?

① 법규 위반 소형포장물과 인쇄물
② 우표 이외의 것을 붙이거나 넣어 발송한 항공서간
③ 과학기술정보통신부 고시 내용에 적합한 항공서간
④ 사제항공서간 조제 기준에 적합하지 않은 것

09

우편자루배달 인쇄물(M-bag)에 대한 설명으로 옳지 않은 것은?

① 10kg 이상 인쇄물에 한하여 접수하고 있으며 kg 단위로 요금을 계산한다. 다만, 우편자루 내 각 우편물의 중량은 2kg 이하여야 한다.
② 인쇄물의 각 묶음에는 수취인의 주소를 표시하지 않는다.
③ 부가취급(등기, 배달통지)이 가능하다.
④ 우편요금과 별도로 통관절차대행수수료 4,000원을 징수한다.

10

국제특급우편 보험에 대한 설명으로 옳은 것은?

① 우리나라와 EMS를 교환하는 모든 EMS에 대하여 보험취급이 가능하다.
② 내용품의 가치는 객관적인 가치를 의미한다.
③ 손해배상 금액은 보험가격 범위 내에서의 실손금액이므로 납부한 우편요금은 포함되지 않는다.
④ 손해배상 금액은 보험취급수수료를 포함한다.

11

국제우편물의 특수취급우편물에 대한 설명으로 옳지 않은 것은?

① 보험취급(Insured)이란 우편물에 등기번호를 부여하고 접수한 때부터 배달되기까지의 취급과정을 그 번호에 따라 기록하여 우편물 취급과 송달의 확실성을 보장하기 위한 제도이다.
② 등기(Registered) 우편물이 망실 · 도난 · 파손되었을 경우 손해배상 청구가 가능하다.
③ 배달통지(Advice of delivery)란 우편물 접수 시 발송인의 청구에 따라 우편물을 수취인에게 배달하고 수취인에게서 수령 확인을 받아 발송인에게 알려 주는 제도이다.
④ 보험취급(Insurance) 서비스에 관하여 국제통상과 달리 EMS(국제특급)는 보험취급 가능 품목은 10만 원 이상의 물품류, 우표 중 일부만이 가능하다.

12

국제우편요금수취인부담(International Business Reply Service: IBRS)에 대한 설명으로 옳지 않은 것은?

① 요금은 수취인이 우편물을 받을 때 납부하며, 후납 취급은 불가능하다.
② 우편물을 외국으로 발송하는 자가 국내 배달우체국과 계약을 체결하여 회신요금을 자신이 부담할 수 있도록 하는 제도이다.
③ 발송 유효기간이 끝난 다음에 발송한 IBRS 우편물은 발송인에게 돌려보낸다. 유효기간은 IBRS를 이용할 수 있는 날부터 2년을 초과할 수 없으나 국가기관, 지방자치단체, 정부투자기관은 유효 기간 제한을 받지 않는다.
④ 취급 대상 우편물은 인쇄물(봉투)과 엽서에 한하며 최대중량은 50g이다.

13

행방조사청구제도에 대한 설명으로 옳지 않은 것은?

① 일반적으로 우편물 발송 다음 날부터 계산하여 6개월 이내 청구해야 한다.
② EMS 프리미엄은 4개월 이내에 청구해야 한다.
③ 발송인 또는 수취인의 청구에 의하여 국제우편물 행방을 추적조사하고 그 결과를 청구인에게 알려주는 제도이다.
④ 조사 결과 우편관서 취급 중 발생된 사고로 판명되어 손해배상 대상이 될 경우 청구에 따라 손해배상을 한다.

14

다음 ( ) 안에 들어갈 우편물 송달기준으로 옳은 것은?

> • 특별송달은 일반등기우편과 국내특급우편으로 취급하며, 일반등기우편의 경우 접수한 다음 날부터 (㉠) 이내에 배달된다.
> • 민원우편은 모든 송달과정을 국내특급우편으로 취급한다.
> • 우편물의 보관교부지는 관할 지방우정청장이 정하여 고시하며, 그 우편물의 보관기간은 최장 (㉡)이다.

	㉠	㉡
①	3일	40일
②	4일	30일
③	4일	40일
④	3일	30일

15

서신송달업자 등의 관리에 대한 설명으로 옳지 않은 것은?

① 서신송달업을 하려는 자는 과학기술정보통신부장관에게 신고하여야 한다. 다만, 대통령령으로 정하는 기준에 해당하는 소규모 서신송달업을 하려는 자는 신고하지 아니하고 서신송달업을 할 수 있다.

② 서신송달업을 하려는 자는 서신(국가기관이나 지방자치단체에서 발송하는 등기취급 서신은 제외한다)의 중량이 350g을 넘거나 서신송달업을 하는 자가 서신 송달의 대가로 받는 요금이 대통령령으로 정하는 통상우편요금(5g~25g에 해당하는 300원)의 100배를 넘는 경우에는 타인을 위하여 서신을 송달하는 행위를 업으로 할 수 있다.

③ 서신송달업자는 서신송달업무의 운영과정에서 우편관서가 우편사업 운영과 관련하여 사용하는 우편, 우편물, 우체국 및 그와 유사한 명칭을 사용해서는 아니 된다.

④ 서신송달업자는 타인에게 자기의 성명 또는 상호를 사용하여 서신송달업을 경영하게 해서는 아니 된다.

16

우편서비스에 대한 설명으로 옳지 않은 것은?

① 우체국쇼핑은 전국 각 지역에서 생산되는 특산품과 중소기업 우수 제품을 우편망을 이용하여 주문자나 제3자에게 직접 공급하여 주는 서비스이다.

② 광고우편엽서는 우정사업본부에서 발행하는 우편엽서에 광고내용을 인쇄하여 광고주가 원하는 지역에서 판매하는 제도이다.

③ 우체국 축하카드는 축하·감사의 뜻이 담긴 축하카드를 한국우편사업진흥원 또는 배달우체국에서 만들어 수취인에게 배달하며, 문화상품권은 함께 발송할 수 없는 서비스이다.

④ 나만의 우표는 개인의 사진, 기업의 로고·광고 등 고객이 원하는 내용을 신청 받아 우표를 인쇄할 때 비워놓은 여백에 컬러복사를 하거나 인쇄하여 신청고객에게 판매하는 IT 기술을 활용한 신개념의 우표 서비스이다.

17

5년 이하의 징역 또는 5,000만 원 이하의 벌금에 해당하는 우편법상 위반사항은 모두 몇 개인가?

> ㄱ. 우편업무에 종사하는 자가 우편을 위한 용도로만 사용되는 물건이나 우편을 위한 용도로 사용 중인 물건에 손상을 주거나 그 밖에 우편에 장해가 될 행위를 하였을 경우
> ㄴ. 우편업무 또는 서신송달업무에 종사하는 자가 우편관서 및 서신송달업자가 취급 중인 우편물 또는 서신을 정당한 사유 없이 개봉, 훼손, 은닉 또는 방기하거나 고의로 수취인이 아닌 자에게 내준 경우
> ㄷ. 우편업무 및 서신송달업무에 종사하는 자가 우편관서 및 서신송달업자가 취급 중인 서신의 비밀을 침해한 경우
> ㄹ. '우편물 등의 비밀 보장' 규정을 위반하여 비밀을 누설한 경우

① 1개 ② 2개
③ 3개 ④ 모두 해당

18

사제엽서의 제조요건 중 종류·규격·형식 등에 관한 권한자로 옳은 것은?

① 과학기술정보통신부장관
② 우정사업본부장
③ 관할지방우정청장
④ 관할 우체국장

19

사서함 사용계약에 대한 설명으로 옳지 않은 것은?

① 사서함 사용자가 사서함 사용계약을 해지하려는 경우에는 별지 제2호 서식에 그 해지예정일 및 계약을 해지한 후의 우편물 수취장소 등을 기재하여 해지예정일 10일 전까지 계약우체국장에게 통보하여야 한다.
② 사서함에 배달된 우편물을 정당한 사유 없이 30일 이상 수령하지 아니한 때에는 사서함의 사용계약을 해지할 수 있다.
③ 계약이 해지된 사서함에 배달된 우편물은 그 해지통지를 한 날부터 30일 이내에 사서함을 사용하였던 자의 교부신청이 없는 때에는 발송인에게 이를 되돌려 주어야 한다.
④ 최근 3월간 계속하여 사서함에 배달한 우편물의 통수가 월 30통에 미달한 때에는 사서함의 사용계약을 해지할 수 있다.

20

우편수취함에 대한 설명으로 옳지 않은 것은?

① 고층건물우편수취함은 건물구조상 한 곳에 그 전부를 설치하기가 곤란한 경우에는 3층 이하의 위치에 3개소 이내로 분리하여 설치할 수 있다.
② 마을공동수취함앞 우편물에 대한 배달 및 관리등은 우정사업본부장이 정하는 바에 따라 배달우체국장과 마을공동수취함을 관리하는 자와의 계약에 의하여 이를 정한다.
③ 관할 지방우정청장은 설치된 고층건물우편수취함이 그 사용에 지장이 없도록 이를 관리하여야 한다.
④ 고층건물우편수취함이 훼손된 경우 훼손된 날부터 15일 이내에 이를 보수하지 아니한 때에는 이를 우편수취함으로 보지 아니한다.

해설편 ▶ P.52

제 2 회

실전동형 모의고사

1초 합격예측! 모바일 성적분석표

QR 코드로 접속하여 문제 풀이시간을 측정하고,
〈1초 합격예측 & 모바일 성적분석표〉 서비스를 통해
지금 바로! 실력을 점검해 보세요.
https://eduwill.kr/6cle

01

국제우편 기구 및 법규에 관한 설명으로 옳지 않은 것은?

① 만국우편연합(UPU) 총회는 최고 의결기관으로서 4년마다 개최되며 전 회원국의 전권대표로 구성된다.
② 만국우편연합(UPU)의 상설기관에는 관리이사회(CA), 우편운영이사회(POC), 국제사무국(IB)가 있다.
③ 만국우편연합(UPU)의 화폐단위는 SDR(Special Drawing Right)이고 공용어는 프랑스어와 영어이며, 업무용 언어로는 프랑스어만을 사용한다.
④ 국제특급우편(EMS)의 교환은 우리나라와 해당 국가(들) 사이에 맺은 표준다자간협정 또는 양자협정에 의해 이루어진다.

02

EMS 배달보장 서비스에 대한 설명으로 옳지 않은 것은?

① 접수 가능 국가로 일본, 미국, 중국, 호주 등이 있다.
② 배달예정일보다 48시간 이상 지연한 경우 실제 손해액을 배상한다.
③ 우편취급국을 포함한 모든 우체국에서 접수가 가능하다.
④ 별도의 취급수수료가 없다.

03

계약국제특급우편에 관한 이용의 계약기간은 몇 년인가?

① 1개월 ② 6개월
③ 1년 ④ 2년

04

시각장애인용 우편물(Items for the blind)에 대한 설명으로 옳지 않은 것은?

① 녹음물, 서장, 시각 장애인용 활자를 표시한 금속판을 포함하는 우편물이다.
② 항공부가요금을 제외한 모든 요금이 면제된다.
③ 봉투 겉표지에 “Items for the blind”를 고무인으로 날인한다.
④ 서장과 같이 취급하므로 무게한계는 2kg이다.

05

국제특급우편(EMS)에 대한 설명으로 옳지 않은 것은?

① 국제특급우편물 접수는 전국 모든 우체국에서 가능하며, 업무취급지역, 취급관서 등은 과학기술정보통신부장관이 고시한다.
② 국제특급우편물은 항공 및 등기를 기본으로 하고, 배달통지, 보험취급을 부가하여 특수취급을 할 수 있다.
③ 이용자와 우편관서 간 이용계약의 종류에는 정기특급우편, 부정기특급우편 및 임시특급우편이 있다.
④ 송금환(Money Remittances), 유가증권류(Negotiable Articles)는 국제특급우편물로 보낼 수 없다.

06

국제우편에서 인쇄물의 요건을 갖추지 않았으나 인쇄물(Printed papers)로 취급하는 것이 아닌 것은?

① 학교에서 학생들에게 보내는 통신강의록 및 학생들의 과제 원본과 채점 답안
② 판지에 2부 이상을 생산한 복사물
③ 소설 또는 신문의 원고
④ 필사한 악보

07

국제통상우편물에 대한 설명으로 옳지 않은 것은?

① 우편엽서(Postcard)는 직사각형이어야 한다.
② 항공서간(Aerogramme)은 등기로 발송할 수 있다.
③ 소설 또는 신문의 원고는 인쇄물(printed papers)로 취급할 수 있다.
④ 소형포장물(Small Packet)은 발송절차가 소포에 비해 복잡하다.

08

국제우편요금의 반환에 대한 설명으로 옳지 않은 것은?

① 국제우편요금 등을 완납한 발송우편물이 수출금지 그 밖의 부득이한 사유로 발송인에게 반환된 경우에는 발송인의 청구에 의하여 국제우편요금 등을 반환한다. 다만, 발송인의 고의 또는 중대한 과실이 있다고 인정될 때에는 반환하지 아니한다.
② 해당우편물의 반환에 따른 국내우편요금과 수수료에 해당하는 금액을 공제한다.
③ 반환요금의 청구는 발송한 날부터 2년 이내에 하여야 한다.
④ 금지물품으로서 압수에 의하여 반환되지 아니하는 우편물에 대한 국제우편요금은 반환하지 아니한다.

09

우편에 관한 법률에 대한 설명이다. 다음 ( ) 안에 들어갈 기간으로 옳은 것은?

> 제23조(요금 등의 제척기간) 요금 등의 납부의무는 요금 등을 내야 하는 날부터 ( ) 내에 납부의 고지를 받지 아니한 경우에는 소멸한다. 다만, 불법으로 면탈한 요금에 대하여는 그러하지 아니하다.

① 1개월 ② 3개월
③ 6개월 ④ 1년

10

국내우편물 체납 요금 등의 징수방법에 대한 설명으로 옳지 않은 것은?

① 체납 요금 등에 대하여는 대통령령으로 정하는 바에 따라 연체료를 가산하여 징수한다.
② 체납 요금 등과 연체료는 조세를 제외한 다른 채권에 우선한다.
③ 우편에 관하여 이미 냈거나 초과하여 낸 요금은 대통령령으로 정하는 경우 외에는 되돌려 준다.
④ 재해복구를 위하여 설치된 구호기관이 이재민의 구호를 위하여 발송하는 것은 우편요금을 무료로 할 수 있다.

11

우편물 손해배상에 대한 설명으로 옳지 않은 것은?

① 우편역무 중 취급과정을 기록하는 우편물을 잃어버리거나 못 쓰게 하거나 지연배달한 경우에는 그 손해를 배상하여야 하지만, 우편물을 잘못 배달한 경우는 해당하지 않는다.
② 우편물의 손해가 발송인 또는 수취인의 과오로 인한 것이거나 해당 우편물의 성질, 결함 또는 불가항력으로 인하여 발생한 것일 때에는 정부는 그 손해를 배상하지 아니한다.
③ 우편물을 교부할 때에 외부에 파손의 흔적이 없고 중량에 차이가 없을 때에는 손해가 없는 것으로 본다.
④ 손해배상을 청구할 수 있는 자는 그 우편물의 발송인에 한한다.

12

봉함하지 않아도 되는 통상우편물이 아닌 것은?

① 우정사업본부장이 발행하는 우편엽서
② 규격 외 사제엽서
③ 팩스우편물
④ 상품의 가격·기능·특성 등을 문자·사진·그림으로 인쇄한 18쪽 이상(표지를 포함한다)인 책자 형태의 상품안내서

13

우편특권 침해의 죄로서 우편물 운송원의 통행을 방해한 자에 대한 벌금은?

① 10만 원 이하의 벌금
② 50만 원 이하의 벌금
③ 100만 원 이하의 벌금
④ 150만 원 이하의 벌금

14

우편요금 등을 감액할 수 있는 우편물이 아닌 것은?

① 우편물의 종류, 무게 및 규격이 같고, 우편요금 감액요건을 갖춰 접수하는 요금별납 또는 요금후납 일반우편물
② 우체국 창구에서 접수하는 소포우편물로서 감액기준 수량 이상 발송하는 일반 또는 등기우편물
③ 발송인을 방문하여 접수하는 소포우편물로서 감액기준 수량 이상 발송하는 등기우편물
④ 상품안내서로서 중량과 규격이 같고, 감액기준 수량 이상 발송하는 요금별납 일반우편물

15

국내우편물 손해배상 및 손실보상 등에 대한 설명으로 옳지 않은 것은?

① 손해배상에 관한 과학기술정보통신부장관의 결정에 불복하는 자는 그 손해배상금결정서를 통지받은 날부터 1년 내에 소송을 제기할 수 있다.
② 손해배상은 우편물을 발송한 날부터 1년 내에 행사하지 않으면 시효가 완성된다.
③ 운송원 등의 조력 청구권과 우편운송원 등의 통행권에 따른 보상은 그 사실이 있었던 날부터 1년 내에 행사하지 않으면 시효가 완성된다.
④ 손해배상을 청구할 수 있는 자는 그 우편물의 발송인이나 그 승인을 받은 수취인으로 한다.

16

우편물 배달의 특례에 대한 설명으로 옳지 않은 것은?

① 우편물은 관할 배달우편관서에서 그 우편물의 표면에 기재된 곳에 배달한다. 이 경우 2인 이상을 수취인으로 정한 우편물은 그중 1인에게 배달한 후 다른 수취인에게 통지를 해야 한다.
② 동일건축물 또는 동일구내의 수취인에게 배달할 우편물로서 그 건축물 또는 구내의 관리사무소, 접수처 또는 관리인에게 배달하는 경우에는 우편물의 표면에 기재된 곳 외에 관리사무소, 접수처 또는 관리인에게 배달할 수 있다.
③ 사서함을 사용하고 있는 수취인에게 배달할 우편물로서 사서함 번호를 기재하지 아니한 것을 그 사서함에 배달하는 경우에는 우편물의 표면에 기재된 곳 외에 배달할 수 있다.
④ 우편물에 "우체국보관" 표시가 있는 것으로서 과학기술정보통신부령이 정하는 바에 의하여 당해 배달우편관서 창구에서 수취인에게 교부하는 경우에는 배달우편관서 창구에서 교부할 수 있다.

17

요금후납에 대한 설명으로 옳지 않은 것은?

① 우편물의 요금을 우편물을 발송할 때에 납부하지 않고 1개월간 발송 예정 우편요금액의 2배에 해당하는 금액을 담보금으로 제공받고, 1개월간의 요금을 다음 달 20일까지 납부하는 제도이다.
② 취급대상 우편물은 한 사람이 매월 100통 이상 발송하는 통상 및 소포우편물 등이다.
③ 요금후납을 하는 자는 발송우체국장과 발송인과의 계약에 따라 접수하는 등기취급 소포우편물의 경우를 포함하여 매월 이용한 우편물의 우편요금 등을 다음 달 20일까지 발송 우체국에 납부하여야 한다.
④ 국가나 지방자치단체에서 발송하는 우편물은 발송 우체국장이 후납조건을 따로 정할 수 있다.

18

우편물의 처분에 대한 설명으로 옳지 않은 것은?

① 발송인의 주소나 성명이 불분명하여 되돌려 보낼 수 없는 우편물은 우편관서에서 그 주소·성명을 알기 위하여 이를 개봉해서는 안 되고 폐기해야 한다.
② 개봉하여도 배달하거나 되돌려 보낼 수 없는 우편물과 제32조 제1항 단서에 따라 되돌려 보내지 아니하는 우편물이 유가물(有價物)이면 보관한 날부터 1개월간 해당 우편관서의 게시판 등에 그 사실을 게시하여야 한다.
③ 보관한 우편물로서 유가물이 아닌 경우에는 보관하기 시작한 날부터 3개월 내에 내줄 것을 청구하는 자가 없을 때에는 폐기한다.
④ 유가물과 매각대금은 그 우편물을 보관한 날부터 1년 내에 내줄 것을 청구하는 자가 없을 때에는 국고에 귀속한다.

19

국내소포우편물의 취급조건과 접수에 대한 설명으로 옳은 것은?

① 소포우편물은 가로·세로·높이를 합하여 35cm 이내이어야 한다.
② 노트, 서신, 거래통장, 사진은 소포로 취급할 수 있다.
③ 접수 시 내용품을 문의하고 우편물의 포장상태를 검사한다.
④ 소포우편물의 표면 오른쪽 중간에 '소포' 표시를 하며, 요금별·후납 등기소포는 우편물의 표면 왼쪽 윗부분에 요금별·후납 표시인을 날인한다.

20

등기취급을 전제로 한 부가우편역무에 대한 설명을 바르게 연결한 것은?

ㄱ. 긴급한 우편물을 통상의 송달 방법보다 더 빠르게 송달하기 위하여 접수된 우편물을 약속한 시간 내에 신속히 배달하는 특수취급제도
ㄴ. 「민사소송법」 제176조에 따라 지정된 서류에 한하여 취급하며, 등기통상 우편물을 송달하고 그 송달의 사실을 우편송달통지서로 발송인에게 알려주는 부가취급제도
ㄷ. 등기취급 소포우편물과 계약등기우편물 등의 요금을 발송인이 신청할 때 납부하지 않고 우편물을 배달받은 수취인이 납부하는 제도

	ㄱ	ㄴ	ㄷ
①	국내특급우편	민원우편	착불배달 우편물
②	착불배달 우편물	국내특급우편	유가증권등기
③	국내특급우편	특별송달	착불배달 우편물
④	착불배달 우편물	특별송달	국내특급우편

해설편 ▶ P.56

제3회 실전동형 모의고사

1초 합격예측! 모바일 성적분석표

QR 코드로 접속하여 문제 풀이시간을 측정하고, 〈1초 합격예측 & 모바일 성적분석표〉 서비스를 통해 지금 바로! 실력을 점검해 보세요.
https://eduwill.kr/Fcle

01

광고우편으로 게재할 수 있는 광고에 해당하는 것은?

① 특정단체의 정치적 목적을 위한 광고
② 국민의 건전한 소비생활을 권장하는 광고
③ 우편사업에 지장을 주는 광고
④ 공공의 질서와 선량한 풍속을 저해하는 광고

02

요금수취인부담 우편물에 대한 설명으로 옳지 않은 것은?

① 요금수취인부담 우편물은 발송 유효기간 내에 한하여 발송할 수 있다.
② 수취인의 부재 기타 사유로 수취 장소에 1월 이상 배달할 수 없을 때와 1월 이상 요금수취인부담 우편물을 이용하지 아니한 때에는 이용계약을 해지할 수 있다.
③ 요금수취인부담 우편물에는 우편날짜도장을 찍지 아니한다.
④ 요금수취인부담을 이용하는 자가 요금수취인부담 이용계약을 해지하고자 할 때에는 해지하기 15일 전까지 배달우체국에 해지통보를 하여야 한다.

03

우편물의 손해배상에 대한 설명으로 옳지 않은 것은?

① 잃어버리거나 못쓰게 된 우편물 중 통상우편물은 10만 원, 등기소포우편물은 50만 원, 민원우편물은 신고가액, 보험취급우편물은 표기금액이 손해배상금액이다.
② 등기우편물의 배달(반환을 포함)에 있어서 수취인 또는 발송인이 그 우편물에 손해가 있음을 주장하여 수취를 거부하고자 할 때에는 집배원 또는 배달우체국에 그 사유를 통보하여야 한다.
③ 배달우체국장은 우편물이 외부에 파손의 흔적이 없고 중량에 차이가 없어 손해가 없는 것으로 인정하는 때에는 그 사유를 기재한 조서와 함께 수취를 거부한 자에게 우편물을 교부하여야 하며, 그러하지 아니하다고 인정하는 때에는 수취를 거부한 다음 날부터 15일 이내에 기일을 정하여 수취를 거부한 자 또는 손해배상 청구권자의 출석을 요구하고 그 출석하에 동 우편물을 개봉하여 손해의 유무를 검사해야 한다.
④ 수취를 거부한 자 또는 손해배상청구권자가 지정기일에 출석하지 아니한 때에는 당해인에게 그 우편물을 배달하여야 한다.

04

국내소포우편물의 취급조건과 접수에 대한 설명으로 옳지 않은 것은?

① 소포우편물의 최대 용적은 가로·세로·높이를 합하여 160cm 이내이어야 한다. 단, 어느 길이도 1m를 초과할 수 없다.
② 서신, 통화는 원칙상 소포우편물의 대상이 아니다. 다만, 물건과 관련된 납품서, 영수증, 설명서, 감사인사 메모 등은 함께 보낼 수 있다.
③ 소포우편물의 접수 시 포장상태 검사로서 폭발물, 인화물질, 마약류 등의 우편금지물품의 포함 여부, 다른 우편물에 손상을 주지 않으며 튼튼하게 포장하였는지를 확인해야 한다.
④ 소포우편물의 표면 왼쪽 중간에 '소포' 표시를 하며, 요금별·후납 등기소포는 우편물의 표면 오른쪽 윗부분에 요금별·후납 표시인을 날인한다.

05

보험취급에 대한 설명으로 옳지 않은 것은?

① 통화를 우편물로 발송하고자 하는 자는 민원우편의 경우와 동일하게 통화등기로 하여야 한다.
② 물품등기는 신고가액 10원 이상 300만 원 이하의 귀금속, 보석류, 주관적 가치가 있다고 신고되는 것을 그 취급대상으로 한다.
③ 물품등기의 물품 가액은 발송인이 정한다.
④ 유가증권등기는 액면 또는 권면가액이 2천만 원 이하의 송금수표·국고수표·우편환증서·자기앞수표·상품권·선하증권·창고증권·화물상환증·주권·어음 등의 유가증권으로 취급할 수 있다.

06

우편사업에서 보호되고 있는 사항으로 옳지 않은 것은?

① 과학기술정보통신부장관은 철도·궤도 사업을 경영하는 자, 일반 교통에 이용하기 위해 노선을 정하여 정기 또는 임시로 자동차·선박·항공기 운송사업을 경영하는 자에게 대통령령으로 정하는 바에 따라 우편물의 운송을 명할 수 있다.
② 우편업무를 집행 중인 우편운송원, 우편집배원과 우편 전용 항공기·차량·선박 등은 도선장(渡船場), 운하, 도로, 교량이나 그 밖의 장소를 통행할 때에 통행요금을 지급하지 아니하고 통행할 수 있다.
③ 선박이 위험에 처했을 때 선장은 적하되어 있는 우편물을 처분할 수 있으나 그 우편물에 대하여 손해를 분담시킬 수 없다.
④ 우편을 위한 용도로만 사용되는 물건과 우편을 위한 용도로 사용 중인 물건은 압류할 수 없으나, 우편을 위한 용도로만 사용되는 물건(우편에 관한 서류를 포함한다)이라 하더라도 각종 세금 및 공과금의 부과 대상이 된다.

07

사서함 우편물 배달에 대한 설명으로 옳지 않은 것은?

① 사서함앞 우편물로서 등기우편물, 요금수취인부담 우편물, 요금 등이 미납되거나 부족한 우편물 또는 용적이 크거나 수량이 많아 사서함에 넣을 수 없는 우편물은 이를 따로 보관하고, 우편물 배달증용지 또는 우편물을 따로 보관하고 있다는 뜻을 기재한 표찰을 사서함에 넣어야 한다.
② 계약우체국장은 사서함 사용자가 우편관계법령의 규정에 위반한 때와 관계없이 사서함에 배달된 우편물을 정당한 사유 없이 30일 이상 수령하지 아니한 때, 최근 3월간 계속하여 사서함에 배달한 우편물의 통수가 월 30통에 미달한 때에는 사서함의 사용계약을 해지할 수 있다.
③ 사서함의 사용계약이 해지된 사서함에 배달된 우편물은 그 해지통지를 한 날부터 10일 이내에 사서함을 사용하였던 자의 교부신청이 없는 때에는 발송인에게 이를 되돌려 주어야 한다.
④ 사서함 사용자가 사서함 사용계약을 해지하려는 경우에는 그 해지예정일 및 계약을 해지한 후의 우편물 수취장소 등을 기재하여 해지예정일 10일 전까지 계약우체국장에게 통보하여야 한다.

08

다음 우편서비스 중 일반적인 송달기준일이 같은 것을 모두 고른 것은?

ㄱ. 등기통상우편	ㄴ. 등기소포우편
ㄷ. 민원우편	ㄹ. 일반소포우편

① ㄱ, ㄴ ② ㄱ, ㄷ
③ ㄴ, ㄷ ④ ㄷ, ㄹ

09

우체국소포에 대한 설명으로 옳지 않은 것은?

① 방문접수소포(우체국소포)는 소포우편물 방문접수의 브랜드로 업무의 표장이다. 전화 및 인터넷을 이용한 방문접수를 실시하고 있다.
② 계약소포는 일반 계약, 연합체 발송계약, 다수지 발송계약과 반품계약을 6개월 단위로 우체국과 별도로 체결하는 서비스에 해당한다.
③ 한시적 발송계약은 각종 행사 등 3개월 이내에 한시적으로 계약소포를 발송하기 위해 체결하는 계약이다.
④ 방문접수의 종류로는 개별택배(개인 고객의 방문접수 신청 시 해당 우체국에서 픽업)와 계약택배(우체국과 사전계약을 통해 별도의 요금을 적용하고 주기적으로 픽업)가 있다.

10

우편법상 '서신'에 해당하는 것은?

① 보도 · 논평 · 여론 및 정보 등을 전파하기 위하여 같은 명칭으로 월 2회 이상 발행하는 간행물인 신문
② 보도 · 논평 · 여론 및 정보 등을 전파하기 위하여 동일한 제호로 월 1회 이하 정기적으로 발행하는 책자 형태의 간행물
③ 표지를 제외한 48쪽 이상인 책자의 형태로 인쇄 · 제본된 것으로서 발행인 · 출판사나 인쇄소의 명칭 중 어느 하나가 표시되어 있고, 쪽수가 표시된 서적
④ 2kg 이하의 봉함된 통상우편물

11

〈보기〉에서 설명하는 우편역무의 종류로 옳은 것은?

> 보기
>
> 등기번호 및 발행번호가 부여된 증지를 우체국 창구에서 구매하여 첩부하면 창구 외(우체통, 무인접수)에서도 등기 우편물을 접수할 수 있도록 하는 서비스

① 우편주소 정보제공 ② 착불배달(요금수취인지불)
③ 선납라벨 서비스 ④ 본인지정배달

12

우편물 배달에 대한 설명으로 옳지 않은 것은?

① 수취인이 동일 집배구(우편집배원이 우편물을 수집하고 배달하는 구역)에 거주하는 자를 대리수령인으로 지정하여 배달우편관서에 신고한 경우에는 그 대리수령인에게 등기우편물을 배달할 수 있다.
② 보관교부지 우편물의 보관기간은 우편물이 도착한 날부터 기산하여 30일로 하고, 보관교부지는 관할지방우정청장이 정하여 공고하여야 한다.
③ 여러 형태의 우편물을 함께 넣을 때에는 작업을 쉽게 하기 위하여 '일반소포 → 등기소포 → 일반통상 → 등기통상 → 중계우편물'의 순으로 적재한다.
④ 소포우편물은 무거운 것을 아래쪽에, 가벼운 것이나 망가지기 쉬운 것을 위에 적재한다.

13

국내우편물의 접수 및 처리에 대한 설명으로 옳지 않은 것은?

① 발송인이 우편물 내용의 신고 또는 개봉을 거부할 때에는 그 우편물을 접수하지 아니할 수 있다.

② 우편물의 반환청구는 발송인이 우편물을 보낸 후, 그 우편물이 배달되지 않아야 하는 이유가 생겼을 때 우편관서에 요청하는 청구이다.

③ 내용증명 우편물의 수취인 주소 · 성명을 변경할 경우, 우편물을 반환한 뒤 새로운 내용물로 다시 작성하여 발송하거나, 봉투와 원본 · 등본의 내용을 모두 같게 고친 후 발송하여야 한다.

④ 소형우편물의 최소 용적은 가로 · 세로 · 높이 세 변을 합하여 35cm이다. 단, 가로는 17cm 이상, 세로는 12cm 이상이어야 한다.

14

다음은 국제특급우편(EMS) 부가서비스 중 무엇에 대한 설명인가?

> 국제우편서비스 경쟁력 제고를 위해 2001년 TNT와의 전략적 제휴로 시작되었으며, TNT와의 계약종료 후 2012년부터 UPS를 제휴사업자로 선정하여 운영하고 있다.

① EMS 프리미엄서비스(민간 국제특송사 제휴서비스)

② 국제우편 스마트 접수

③ EMS 배달보장 서비스

④ 국제특급우편(EMS) 요금감액제도

15

국제회신우표권(International Reply Coupons)에 대한 설명으로 옳지 않은 것은?

① 국제회신우표권은 수취인에게 회신요금의 부담을 지우지 아니하고 외국으로부터 회답을 받는 데 편리한 제도이다.

② 국제회신우표권은 우표류에 속하나 할인판매가 불가능하다.

③ 국제회신우표권은 각 국의 우정사업을 담당하는 기관에서 발행한다.

④ 다량 판매를 요구할 때에는 신청서에 최소한 신청인의 주소 · 성명과 사용 용도를 기록하도록 한다.

16

특수취급우편물의 접수에 대한 설명으로 옳지 않은 것은?

① 보험취급은 수표 등의 유가증권, 금전적 가치가 있는 서류나 귀중품 등이 들어있는 우편물을 내용품의 실제적 · 객관적 가치에 따라 보험취급하여 송달하고, 분실 · 훼손되거나 도난당한 경우 보험가액의 범위에서 실제로 생긴 손해액을 배상하는 제도이다.

② 보험취급의 보험가액은 내용품의 실제 가치를 초과할 수 없으며, 이를 위반하면 보험사기로 취급한다.

③ 등기 접수 시 접수우체국에서는 국제등기번호표 CN07을 우편물 앞면의 알맞은 자리에 붙인다.

④ 배달통지는 우편물 접수 시 발송인의 청구에 따라 우편물을 수취인에게 배달하고 수취인에게서 수령 확인을 받아 발송인에게 알려주는 제도로써 모든 우편물(통상우편물, 소포우편물, 특급우편물)에 배달통지가 가능하다.

17

국제우편에 대한 설명으로 옳지 않은 것은?

① 국제우편요금 등은 협약에서 정한 범위에서 과학기술정보통신부장관이 정하여 고시한다.

② 국제우편요금 등은 그 일부를 감액할 수 있는데, 국제우편요금 등을 감액할 수 있는 우편물의 종류 · 수량 · 취급요건 · 감액범위 등에 관한 사항은 협약에서 정한 범위에서 과학기술정보통신부장관이 정하여 고시한다.

③ 발송우편물에 붙인 부가표시물 및 서류의 중량은 그 우편물의 중량에 포함하여 계산한다. 그러나 우표, 운송장 및 통관을 위하여 붙인 서류의 중량은 포함하지 아니한다.

④ 만국우편연합 국제사무국에서 발행한 국제회신우표권은 외국으로 발송되는 항공보통서장의 최대요금에 해당하는 우표와 교환한다.

18

국제우편요금의 반환에 대한 설명으로 옳지 않은 것은?

① 국제우편요금 등을 완납한 발송우편물이 수출금지 그 밖의 부득이한 사유로 발송인에게 반환된 경우에는 발송인의 청구에 의하여 국제우편요금 등을 환부한다. 다만, 발송인의 고의 또는 중대한 과실이 있다고 인정될 때에는 반환하지 아니한다.

② 반환하는 국제우편요금 등은 발송 당시의 우편 수수료에 해당하는 동종의 우표로만 지급해야 한다.

③ 우편관서의 과실로 인하여 과다징수한 경우에는 그 과다징수한 국제우편요금을 반환한다.

④ 국제우편요금 등의 반환청구는 발송한 다음 날부터 1년 이내에 하여야 한다.

19

국제특급우편의 취급에 대한 설명으로 옳지 않은 것은?

① 국제특급우편물의 부가취급의 종류에는 배달통지, 보험취급 등이 있다.

② 국제특급우편의 종류는 계약국제특급우편과 수시국제특급우편으로 구분한다.

③ 국제특급우편물의 행방조사 결과 우체국의 잘못으로 배달소요일수보다 24시간 이상 지연배달된 것으로 판정된 경우에는 납부한 우편요금은 환불된다.

④ 국제특급우편의 금지물품 내용은 관계국과의 약정에 따르고, 같은 약정에 정하지 아니한 사항은 「만국우편협약」에 따른다.

20

국제우편요금의 요금 반환 요건으로 옳지 않은 것은?

① 부가취급 국제우편물의 국제우편요금 등을 받은 후 우편관서의 과실로 부가취급을 하지 아니한 경우 – 부가취급 수수료

② 항공서간을 선편으로 발송한 경우 – 항공서간 요금과 해당 지역의 선편 보통서신 최저요금의 차액

③ 수취인의 주소 · 성명이 정확하게 기재된 우편물을 우편관서의 과실로 발송인에게 반환한 경우 – 납부한 국제우편요금 등

④ 외국으로 발송하는 부가취급되지 아니한 통상우편물이 우편관서의 취급과정에서 모두 파손된 경우 – 부가취급 수수료

해설편 ▶ P.59

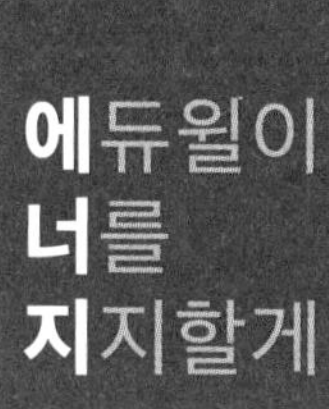

ENERGY

삶의 순간순간이
아름다운 마무리이며
새로운 시작이어야 한다.

– 법정 스님

START

편저자 정인영

■ 약력

- 현) 에듀윌 계리직 우편일반 · 예금일반 대표 교수
- 전) 공단기 행정법/헌법 전임 교수
- 전) 윈플스 행정법/헌법 전임 교수
- 전) 윌비스 행정법/헌법 전임 교수
- 전) 베리타스M 행정법/헌법 전임 교수
- 전) 합격의 법학원 고등고시 행정법/헌법 전임 교수

에듀윌 계리직공무원 단원별 기출&예상 문제집 우편일반

발 행 일	2024년 3월 15일 초판
편 저 자	정인영
펴 낸 이	양형남
펴 낸 곳	(주)에듀윌
등록번호	제25100-2002-000052호
주 소	08378 서울특별시 구로구 디지털로34길 55 코오롱싸이언스밸리 2차 3층

* 이 책의 무단 인용 · 전재 · 복제를 금합니다.

www.eduwill.net
대표전화 1600-6700

여러분의 작은 소리
에듀윌은 크게 듣겠습니다.

본 교재에 대한 여러분의 목소리를 들려주세요.
공부하시면서 어려웠던 점, 궁금한 점,
칭찬하고 싶은 점, 개선할 점, 어떤 것이라도 좋습니다.

에듀윌은 여러분께서 나누어 주신 의견을
통해 끊임없이 발전하고 있습니다.

에듀윌 도서몰 book.eduwill.net
- 부가학습자료 및 정오표: 에듀윌 도서몰 → 도서자료실
- 교재 문의: 에듀윌 도서몰 → 문의하기 → 교재(내용, 출간) / 주문 및 배송

에듀윌에서 꿈을 이룬 합격생들의 진짜 합격스토리

에듀윌 강의·교재·학습시스템의 우수성을
합격으로 입증하였습니다!

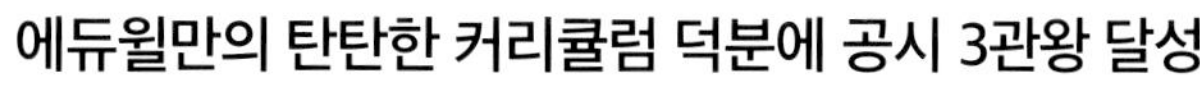

에듀윌만의 탄탄한 커리큘럼 덕분에 공시 3관왕 달성

김○은 국가직 9급 일반행정직 최종 합격

혼자서 공부하다 보면 지금쯤 뭘 해야 하는지, 내가 잘하고 있는지 걱정이 될 때가 있는데 에듀윌 커리큘럼은 정말 잘 짜여 있어 고민할 필요 없이 그대로 따라가면 되는 시스템이었습니다. 커리큘럼이 기본이론-심화이론-단원별 문제풀이-기출 문제풀이-파이널로 풍부하게 구성되어 인강만으로도 국가직, 지방직, 군무원 3개 직렬에 충분히 합격할 수 있었습니다. 혼자 공부하다 보면 내 위치를 스스로 가늠하기 어려운데, 매달 제공되는 에듀윌 모의고사를 통해서 제 수준이 어느 정도인지 파악할 수 있어서 좋았습니다.

아케르 시스템으로 생활 패턴까지 관리해 주는 에듀윌

황○규 국가직 9급 세무직 최종 합격

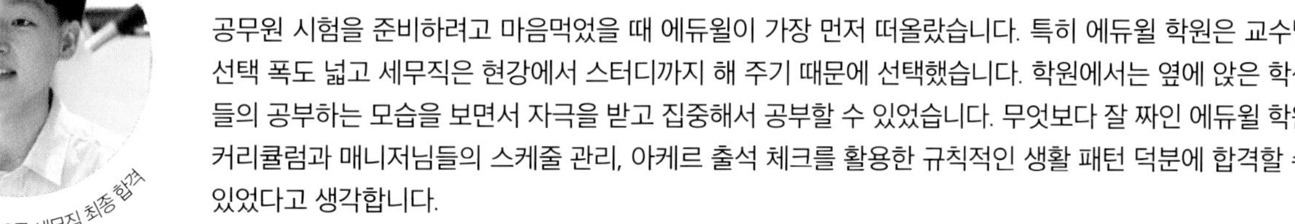

공무원 시험을 준비하려고 마음먹었을 때 에듀윌이 가장 먼저 떠올랐습니다. 특히 에듀윌 학원은 교수님 선택 폭도 넓고 세무직은 현강에서 스터디까지 해 주기 때문에 선택했습니다. 학원에서는 옆에 앉은 학생들의 공부하는 모습을 보면서 자극을 받고 집중해서 공부할 수 있었습니다. 무엇보다 잘 짜인 에듀윌 학원 커리큘럼과 매니저님들의 스케줄 관리, 아케르 출석 체크를 활용한 규칙적인 생활 패턴 덕분에 합격할 수 있었다고 생각합니다.

편○혁 일반 순경 최종 합격

에듀윌의 강의로 경찰 공무원 합격

에듀윌 교수님들이 수업 시간에 친절하고 자세하게 설명해 주셔서 초반에 어려움 없이 학업을 이어갈 수 있었습니다. 열심히 하다 보면 붙는다는 말이 처음에는 미덥지 않았지만, 열심히 하다 보니까 합격까지 오게 되었습니다. 여러분들도 에듀윌을 믿고 따라가다 보면 분명히 합격할 수 있을 것입니다.

다음 합격의 주인공은 당신입니다!

더 많은
합격스토리

합격자 수 2,100% 수직 상승!
매년 놀라운 성장

에듀윌 공무원은 '합격자 수'라는 확실한 결과로 증명하며
지금도 기록을 만들어 가고 있습니다.

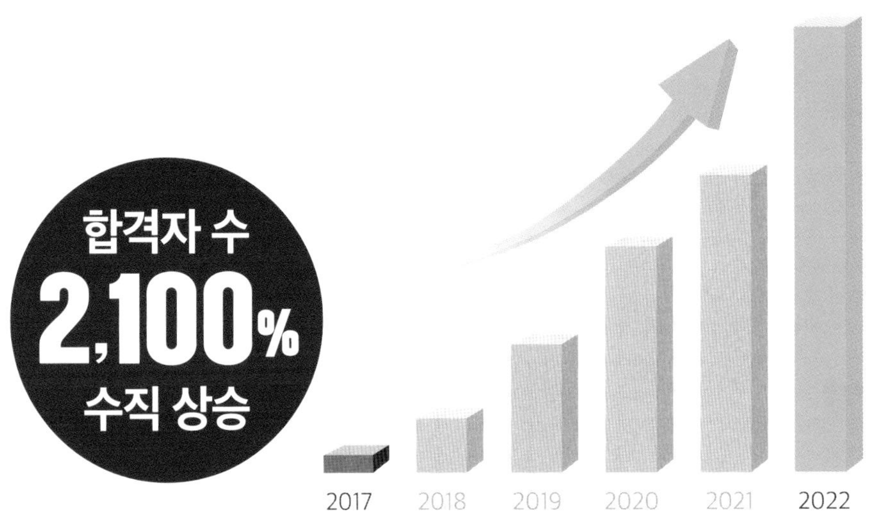

합격자 수를 폭발적으로 증가시킨 0원 평생패스

합격 시
수강료 0원

+

합격할 때까지
평생 무제한 수강

+

24년 시험 대비
개정 학습자료 모두 제공

※ 환급내용은 상품페이지 참고. 상품은 변경될 수 있음.

상품
페이지

* 2017/2022 에듀윌 공무원 과정 최종 환급자 수 기준

에듀윌
계리직공무원
단원별 기출&예상 문제집
우편일반

해설편

eduwill

에듀윌
계리직공무원
단원별 기출&예상 문제집

우편일반

에듀윌 계리직공무원
단원별 기출&예상 문제집

우편일반 | 해설편

정답과 해설

PART I

국내우편

챕터별 키워드 & 취약영역 체크

CHAPTER 01 국내우편 총론				CHAPTER 02 우편서비스 종류와 이용조건				CHAPTER 03 우편물의 접수	
틀린개수 ______ / 34개				틀린개수 ______ / 48개				틀린개수 ______ / 4개	
01	우편의 개념	31	위임 사항	01	보편적 우편역무	31	국내소포우편물의 취급조건과 접수	01	우편물의 포장방법
02	우편사업의 특성	32	「우편법」 위반에 대한 벌칙	02	보편적 우편역무	32	우편엽서의 발행방법	02	통상우편물의 제한 용적 및 중량
03	우편의 이용관계	33	「우편법」 위반에 대한 벌칙	03	보편적 우편역무의 대상	33	우편엽서의 규격 외 엽서	03	국내우편물 제한 부피 및 무게
04	우편의 이용관계	34	기본통상우편요금	04	선택적 우편역무	34	사제엽서의 제조요건	04	우편금지물품
05	서신독점권			05	선택적 우편역무	35	우편물의 발송요건		
06	서신 제외 대상			06	선택적 우편역무의 대상	36	띠종이 등으로 묶어서 발송하는 정기간행물		
07	우편사업의 관장 주체			07	선택적 우편역무	37	우체국소포		
08	우편사업의 특성			08	선택적 우편역무의 대상	38	우체국소포		
09	우편사업의 특성			09	선택적 우편역무의 대상	39	우체국소포		
10	우편사업의 특성			10	선택적 우편역무의 대상	40	우체국소포		
11	우편사업의 특성			11	우편서비스 종류와 이용조건	41	우체국소포		
12	우편사업의 관계법률			12	우편물 접수	42	우체국소포		
13	우편사업의 위탁			13	우편물 송달기준	43	우체국소포		
14	우편 이용 계약			14	우편물 송달기준	44	보편적 우편역무		
15	우편사업의 운영			15	우편물 송달기준	45	군사우편		
16	우편사업의 운영			16	우편물 송달기준	46	우편물의 제한용적 및 중량		
17	우편사업의 분류			17	우편물 송달기준	47	소포우편물의 제한용적 및 중량		
18	우편사업의 보호규정			18	통상우편물의 규격요건	48	통상우편서비스의 요금		
19	우편사업의 보호규정			19	우편물 배달기한				
20	우편사업의 보호규정			20	통상우편물의 규격요건				
21	우편사업의 보호규정			21	통상우편물의 규격요건				
22	우편사업의 보호규정			22	통상우편물의 발송요건				
23	우편사업의 보호규정			23	통상우편물의 발송요건				
24	우편사업의 보호규정			24	우편물의 외부표시(기재) 사항				
25	우편사업의 보호규정			25	우편물의 규격요건				
26	운송원 등의 조력 청구권			26	등기소포와 일반소포				
27	용어 정의			27	등기소포와 일반소포				
28	제한능력자의 우편이용			28	국내우편물의 접수 및 처리				
29	「우정사업 운영에 관한 특례법」			29	국내소포우편물의 취급조건과 접수				
30	용어 정의			30	소포우편물				

☑ 챕터별 키워드로 본인의 취약영역 확인 후, 취약영역에 해당하는 문제와 이론은 꼼꼼하게 다시 점검하세요!

CHAPTER 04 국내우편물의 부가서비스				CHAPTER 05 그 밖의 우편서비스		CHAPTER 06 우편에 관한 요금				CHAPTER 07 손해배상 및 손실보상		CHAPTER 08 그 밖의 청구와 계약	
틀린개수 ______ / 48개				틀린개수 ______ / 16개		틀린개수 ______ / 32개				틀린개수 ______ / 22개		틀린개수 ______ / 7개	
01	선택적 우편역무의 종류	31	특급취급	01	국내우편서비스의 종류	01	요금별납	31	무료우편물	01	국내우편물 손해배상	01	국내우편물의 처리
02	등기취급제도	32	국내 소포우편물의 송달기준	02	국내우편서비스	02	요금별납	32	요금후납	02	국내우편물 손해배상	02	변경청구 및 반환청구
03	등기우편물의 부가취급	33	특급취급	03	국내우편서비스의 종류	03	요금후납			03	국내우편물 손해배상	03	우편사서함 사용계약
04	계약등기서비스	34	우편서비스의 요금	04	국내우편서비스의 종류	04	요금후납			04	손해배상청구	04	우편사서함 사용계약
05	계약등기서비스	35	국내특급우편	05	부가우편서비스	05	요금별납 및 요금후납			05	손해배상청구	05	우편사서함 사용계약
06	계약등기우편물의 부가취급서비스	36	특수취급	06	전자우편서비스	06	우편물의 수취인부담			06	우편물 손해배상	06	우편사서함 사용계약
07	선택적 우편역무의 종류	37	특수취급	07	부가우편서비스	07	요금수취인부담			07	우편물 손해배상	07	사서함 우편물 배달
08	등기취급의 대상	38	부가서비스	08	부가우편서비스	08	요금수취인부담			08	우편물 손해배상의 대상		
09	선택등기서비스	39	부가서비스	09	전자우편서비스	09	국내 요금수취인부담 우편물			09	지연배달에 대한 배상금액		
10	선납라벨서비스	40	선택적 우편역무의 종류	10	우체국 축하카드	10	우편요금			10	손해배상		
11	보험취급	41	선택적 우편역무의 종류	11	부가우편서비스	11	소포우편물의 감액			11	손실보상		
12	선택적 우편역무의 종류	42	민원우편	12	모사전송(팩스) 우편서비스	12	우편요금의 감액 대상			12	손실보상		
13	내용증명	43	특별송달	13	광고우편	13	우편요금의 감액 대상			13	손실보상의 절차		
14	내용증명	44	보험취급 업무	14	사서함 사용계약	14	환부불필요 감액			14	손해배상과 손실보상		
15	내용증명	45	보험취급 우편물	15	고층건물의 우편수취함 설치	15	서적우편물			15	손해배상 발생사유		
16	특수취급서비스	46	특수취급제도	16	고층건물 우편수취함의 관리 · 보수	16	요금제도			16	이용자 실비지급제도		
17	민원우편 서비스	47	등기취급하는 우편물			17	요금제도			17	이용자 실비지급제도		
18	통화등기	48	증명취급			18	요금제도			18	이용자 실비지급제도		
19	보험취급					19	요금제도			19	이용자 실비지급제도		
20	통화등기					20	체납 요금 등의 징수방법			20	이용자 실비지급제도의 신고기한		
21	특수취급제도					21	우편요금 등의 반환			21	손해배상 및 이용자 실비지급		
22	물품등기					22	우편요금 등의 반환			22	우편물의 손해배상		
23	유가증권등기					23	우편요금 등의 반환						
24	보험취급					24	우표류의 정가판매						
25	물품등기와 유가증권등기					25	우편 수수료						
26	증명취급					26	반환취급수수료						
27	보험취급					27	우표류 판매						
28	특급취급					28	우표류의 관리						
29	특급취급					29	우편요금의 제척기간						
30	부가서비스					30	우편요금						

➡ 나의 취약영역: ______

CHAPTER 01 | 국내우편 총론

문제편 P.12

01	①	02	②	03	②	04	④	05	④
06	④	07	④	08	③	09	③	10	①
11	①	12	②	13	②	14	②	15	④
16	②	17	③	18	④	19	④	20	③
21	①	22	②	23	③	24	②	25	④
26	②	27	④	28	②	29	④	30	③
31	④	32	③	33	③	34	③		

01 국내우편 총론 > 우편의 개념 답 ①

| 정답해설 | ① 우편은 주요 통신수단의 하나로, 정치·경제·사회·문화·행정 등의 모든 분야에서 정보를 전달하는 중추신경과 같은 임무를 수행한다.

02 국내우편 총론 > 우편사업의 특성 답 ②

| 정답해설 | ② 우편 이용 관계자의 법적 성질은 우편이용자와 우편관서 상호 간의 송달계약을 내용으로 하는 사법상의 계약관계(통설)이다.

03 국내우편 총론 > 우편의 이용관계 답 ②

| 정답해설 | ② 우편관서는 우편물 송달의 의무, 요금·수수료 징수권 등을 가진다. 발송인은 송달요구권, 우편물 반환청구권 등을 가지며, 수취인은 우편물 수취권, 수취거부권 등을 가진다.

04 국내우편 총론 > 우편의 이용관계 답 ④

| 정답해설 | ④ 우편 이용 계약의 성립 시기는 우편물을 우체국 창구에 접수하는 경우에는 접수 시, 우체통을 이용할 경우에는 우체통 투입 시, 방문접수와 집배원이 접수한 경우에는 영수증 교부 시이다.

05 국내우편 총론 > 서신독점권 답 ④

| 정답해설 | ④ "서신"이란 의사전달을 위하여 특정인이나 특정 주소로 송부하는 것으로서 문자·기호·부호 또는 그림 등으로 표시한 유형의 문서 또는 전단을 말한다. 다만, 신문, 정기간행물, 서적, 상품안내서 등 대통령령으로 정하는 것은 제외한다(「우편법」 제1조의2 제7호).

06 국내우편 총론 > 서신 제외 대상 답 ④

| 정답해설 | ④ 무게 350g 이하, 통상우편요금 10배 이하의 봉함된 통상우편물은 서신 제외 대상에 해당하지 않는다.

함께 보는 법령 | 「우편법」

제1조의2(정의) 이 법에서 사용하는 용어의 뜻은 다음과 같다.

7. "서신"이란 의사전달을 위하여 특정인이나 특정 주소로 송부하는 것으로서 문자·기호·부호 또는 그림 등으로 표시한 유형의 문서 또는 전단을 말한다. 다만, 신문, 정기간행물, 서적, 상품안내서 등 대통령령으로 정하는 것은 제외한다.

함께 보는 법령 | 「우편법 시행령」

제3조(서신 제외 대상) 「우편법」(이하 "법"이라 한다) 제1조의2 제7호 단서에서 "신문, 정기간행물, 서적, 상품안내서 등 대통령령으로 정하는 것"이란 다음 각 호의 어느 하나를 말한다.

1. 「신문 등의 진흥에 관한 법률」 제2조 제1호에 따른 신문
2. 「잡지 등 정기간행물의 진흥에 관한 법률」 제2조 제1호 가목에 따른 정기간행물
3. 다음 각 목의 요건을 모두 충족하는 서적
   가. 표지를 제외한 48쪽 이상인 책자의 형태로 인쇄·제본되었을 것
   나. 발행인·출판사나 인쇄소의 명칭 중 어느 하나가 표시되어 발행되었을 것
   다. 쪽수가 표시되어 발행되었을 것
4. 상품의 가격·기능·특성 등을 문자·사진·그림으로 인쇄한 16쪽 이상(표지를 포함한다)인 책자 형태의 상품안내서
5. 화물에 첨부하는 봉하지 아니한 첨부서류 또는 송장
6. 외국과 주고받는 국제서류
7. 국내에서 회사(「공공기관의 운영에 관한 법률」에 따른 공공기관을 포함한다)의 본점과 지점 간 또는 지점 상호 간에 주고받는 우편물로서 발송 후 12시간 이내에 배달이 요구되는 상업용 서류
8. 「여신전문금융업법」 제2조 제3호에 해당하는 신용카드

07 국내우편 총론 > 우편사업의 관장 주체 답 ④

| 정답해설 | ④ 우편사업은 국가가 경영하며, 과학기술정보통신부장관이 관장한다. 다만, 과학기술정보통신부장관은 우편사업의 일부를 개인, 법인 또는 단체 등으로 하여금 경영하게 할 수 있으며, 그에 관한 사항은 따로 법률로 정한다(「우편법」 제2조 제1항).

08 국내우편 총론 > 우편사업의 특성 답 ③

| 정답해설 | ③ 콜린 클라크는 우편사업을 제3차 산업으로 보았다. 1940년에 영국의 경제학자 콜린 클라크는 산업을 제1차, 제2차, 제3차 산업으로 분류하고, 한 나라의 경제가 발전함에 따라 노동인구와 소득의 비중이 제1차 산업에서 제2차 산업으로, 다시 제3차 산업으로 이동한다는 페티의 법칙이 역사적인 경향을 띠고 있다고 통계로 실증했다. 이것은 산업구조의 변화를 최초로 3분류법으로 분석한 것이다.

09 국내우편 총론 > 우편사업의 특성 답 ③

| 정답해설 | ③ 우편사업은 독립채산제를 채택하여 특별회계를 사용하고 있다. 국가활동의 범위가 확대되고 특히 정부의 기업적 활동이 증대되자, 국가의 모든 세입·세출을 단일회계에 계상하는 것은 재정수지를 복잡하게 할 뿐 아니라, 특정한 사업이나 자금의 운용실적을 불명료하게 하므로 일반회계와 구별되는 많은 특별회계를 설정하고 있다. 그중 우편사업도 특별회계를 사용함으로써 운영의 효율성을 증대하고 있다.

10 국내우편 총론 > 우편사업의 특성 답 ①

| 정답해설 | ① 우편은 서신이나 물건 등을 송달하는 운송수단과 관계되므로 통신업이 아닌 운송업에 해당한다.

11 국내우편 총론 > 우편사업의 특성 답 ①

| 정답해설 | ① 우편사업의 회계제도는 특별회계로서, 독립채산제를 채택하여 공익성과 기업성을 함께 실현해야 하는 과제를 안고 있다.

| 오답해설 | ② 우편 이용 계약의 성립시기는 우체국 창구에 접수하거나 우체통에 투입한 때, 또는 방문접수와 집배원 접수의 경우에는 영수증을 교부한 때이다.

12 국내우편 총론 > 우편사업의 관계법률 답 ②

| 정답해설 | ② 「별정우체국법」은 개인이 국가의 위임을 받아 운영하는 별정우체국의 업무, 직원 복무·급여 등에 대한 사항을 규정한 법령이다. 국민의 통신 및 대화의 비밀과 자유를 보장하기 위하여 범죄수사와 국가안보를 위하여 필요한 경우에만 엄격한 법적 절차를 거쳐 검열과 감청을 할 수 있도록 함으로써 「헌법」에 보장된 국민 사생활의 비밀과 통신의 자유가 보장되도록 하기 위하여 제정한 것은 「통신비밀보호법」이다.

13 국내우편 총론 > 우편사업의 위탁 답 ②

| 정답해설 | ② 교통이 불편한 지역에서 우편물을 집배·운송 또는 발착하는 업무는 과학기술정보통신부장관이 과학기술정보통신부령으로 정하는 자에게 위탁할 수 있다.

| 함께 보는 법령 | 「우편법 시행령」

제4조(우편업무의 위탁) ① 과학기술정보통신부장관은 법 제2조 제5항 단서에 따라 다음 각 호의 어느 하나에 해당하는 업무를 과학기술정보통신부령이 정하는 자에게 위탁한다.

1. 우편이용자를 방문하여 우편물을 접수하는 업무
2. 교통이 불편한 지역 기타 우편물의 집배업무·운송업무 또는 발착업무(우편물을 구분 및 정리하는 업무를 말한다. 이하 같다)상 특히 필요하다고 인정하는 지역에서 우편물을 집배·운송 또는 발착하는 업무
3. 우표류(우표, 우편요금을 표시하는 증표와 우표책, 우편물의 특수취급에 필요한 봉투 및 국제반신우표권을 말한다. 이하 같다)를 조제하는 업무
4. 그 밖에 우편이용의 편의, 우편물의 원활한 송달 및 우편사업 운영의 효율을 제고하기 위하여 과학기술정보통신부령이 정하는 업무

14 국내우편 총론 > 우편 이용 계약 답 ②

| 정답해설 | ② 우편 이용 계약의 성립시기는 다음과 같다.

- 우체국 창구에서 직원이 접수한 때
- 우체통에 투입한 때
- 방문접수나 집배원이 접수한 경우는 영수증을 교부한 때

15 국내우편 총론 > 우편사업의 운영 답 ④

| 정답해설 | ④ 우편업무를 국가가 경영하는 이유는 전국에 체계적인 조직을 갖춰 적정한 요금의 우편서비스를 신속하고 정확하게 제공하기 위해서이다.

16 국내우편 총론 > 우편사업의 운영 답 ②

| 정답해설 | ② 영리성 확보는 우편사업을 국가가 경영하는 이유가 아니다.

17 국내우편 총론 > 우편사업의 분류 답 ③

| 정답해설 | ③ 콜린 클라크는 현대 노동집약적 사업으로서 우편사업을 제3차 산업에 해당한다고 보았다.

18 국내우편 총론 > 우편사업의 보호규정 답 ④

| 정답해설 | ④ 우편물의 압류거부권은 우편관서에서 운송 중이거나 발송 준비를 마친 우편물에 대해서 압류를 거부할 수 있는 권리이다. 따라서 우편물의 발송 준비를 마치기 전이라면 압류를 거부할 수 없다.

| 오답해설 | ①③ 우편을 위한 용도로만 사용되는 물건과 우편을 위한 용도로 사용 중인 물건은 압류할 수 없으며(「우편법」 제7조 제1항), 우편을 위한 용도로만 사용되는 물건(우편에 관한 서류를 포함한다)은 각종 세금 및 공과금의 부과 대상이 되지 아니한다(「우편법」 제7조 제2항).

② 우편물과 그 취급에 필요한 물건은 해손(海損)을 부담하지 아니한다(「우편법」 제7조 제3항).

19 국내우편 총론 > 우편사업의 보호규정 답 ④

| 정답해설 | ④ 우편물과 그 취급에 필요한 물건은 해손(海損)을 부담하지 아니한다(「우편법」 제7조 제3항).

| 오답해설 | ① 우편업무를 집행 중인 우편운송원, 우편집배원과 우편 전용 항공기·차량·선박 등은 도로의 장애로 통행이 곤란할 경우에는 담장이나 울타리가 없는 택지, 전답, 그 밖의 장소를 통행할 수 있다. 이 경우 우편관서는 피해자의 청구에 따라 손실을 보상하여야 한다(「우편법」 제5조 제1항).

② 우편물을 운송 중인 우편운송원, 우편집배원은 언제든지 도선장에서 도선(渡船)을 요구할 수 있으며(「우편법」 제5조 제3항), 요구를 받은 자는 정당한 사유 없이 이를 거부할 수 없다(「우편법」 제5조 제4항). 우편업무를 집행 중인 우편운송원, 우편집배원과 우편 전용 항공기·차량·선박 등은 도선장(渡船場), 운하, 도로, 교량이나 그 밖의 장소를 통행할 때에 통행요금을 지급하지 아니하고 통행할 수 있다. 다만, 청구권자의 청구가 있을 때에는 우편관서는 정당한 보상을 하여야 한다(「우편법」 제5조 제2항).

③ 우편을 위한 용도로만 사용되는 물건과 우편을 위한 용도로 사용 중인 물건은 압류할 수 없으며(「우편법」 제7조 제1항), 우편을 위한 용도로만 사용되는 물건(우편에 관한 서류를 포함한다)은 각종 세금 및 공과금의 부과 대상이 되지 아니한다(「우편법」 제7조 제2항).

20 국내우편 총론 > 우편사업의 보호규정 답 ③

| 정답해설 | ③ 제시된 내용은 서신독점권에 관한 설명이다.

| 함께 보는 법령 | 「우편법」

제2조(경영주체와 사업의 독점 등) ① 우편사업은 국가가 경영하며, 과학기술정보통신부장관이 관장한다. 다만, 과학기술정보통신부장관은 우편사업의 일부를 개인, 법인 또는 단체 등으로 하여금 경영하게 할 수 있으며, 그에 관한 사항은 따로 법률로 정한다.

② 누구든지 제1항과 제5항의 경우 외에는 타인을 위한 서신의 송달 행위를 업(業)으로 하지 못하며, 자기의 조직이나 계통을 이용하여 타인의 서신을 전달하는 행위를 하여서는 아니 된다.

21 국내우편 총론 > 우편사업의 보호규정 답 ①

| 정답해설 | ㄱ. 국가기관이나 지방자치단체에서 발송하는 등기취급 서신은 위탁이 불가하다.

ㄷ. 우편물의 발송·수취나 그 밖에 우편 이용에 관하여 제한능력자가 우편관서에 대하여 행한 행위는 능력자가 행한 것으로 본다(「우편법」 제10조).

| 오답해설 | ㄴ. 우편업무를 위해서만 사용하는 물건에는 국세·지방세 등의 각종 세금 및 공과금을 부과하지 않는다.

ㄹ. 상품의 가격, 기능, 특성 등을 문자, 사진, 그림으로 인쇄한 16쪽 이상(표지 포함)인 책자 형태의 상품안내서는 서신독점의 대상이 아니다.

22 국내우편 총론 > 우편사업의 보호규정 답 ②

| 정답해설 | ② 우편을 위한 용도로만 사용되는 물건(우편에 관한 서류를 포함한다)은 각종 세금 및 공과금의 부과 대상이 되지 아니한다(「우편법」 제7조 제2항).

23 국내우편 총론 > 우편사업의 보호규정 답 ③

| 정답해설 | ③ 우편사업의 보호규정은 공동해상 손해분담이 아니라 공동해상 손해부담의 면제이다. 공동해상 손해부담은 선박이 위험에 직면한 경우에 선장이 적하된 물건을 처분 시 그 선박의 화주 전원이 적재화물 비례로 공동 분담하는 것을 의미하는데, 이 경우에도 우편물에 대하여는 손해를 분담시킬 수 없다.

| 오답해설 | ①②④ 우편사업의 보호규정으로는 서신 등의 보호규정(「우편법」 제2조 제2항), 우편물운송요구권(「우편법」 제3조의2, 「우편법 시행령」 제4조의2), 운송원 등의 조력 청구권(「우편법」 제4조), 우편운송원 등의 통행권(「우편법」 제5조 제1항), 운송원 등의 통행료 면제(「우편법」 제5조 제2항), 우편 전용 물건의 압류 금지(「우편법」 제7조 제1항), 우편 전용 물건의 세금 및 공과금 부과 면제(「우편법」 제7조 제2항), 우편물의 해손불분담(「우편법」 제7조 제3항), 우편물의 압류거부권(「우편법」 제8조), 우편물의 우선검역권(「우편법」 제9조), 제한능력자의 행위에 관한 의제(「우편법」 제10조) 등이 있다.

24 국내우편 총론 > 우편사업의 보호규정 답 ②

| 정답해설 | ② 우편물과 그 취급에 필요한 물건은 해손(海損)을 부담하지 아니한다(「우편법」 제7조 제3항).

25 국내우편 총론 > 우편사업의 보호규정 답 ④

| 정답해설 | ④ 통지를 받은 날부터 3개월 내에 소송을 제기할 수 있다.

| 함께 보는 법령 | 「우편법」

제3조의2(우편물의 운송 명령) ① 과학기술정보통신부장관은 다음 각 호의 어느 하나에 해당하는 자에게 대통령령으로 정하는 바에 따라 우편물의 운송을 명할 수 있다.

1. 철도·궤도 사업을 경영하는 자
2. 일반 교통에 이용하기 위하여 노선을 정하여 정기적으로 또는 임시로 자동차·선박·항공기의 운송사업을 경영하는 자

② 과학기술정보통신부장관은 제1항에 따라 우편물을 운송한 자에게 정당한 보상을 하여야 한다.

제4조(운송원 등의 조력 청구권) ② 전시·사변이나 이에 준하는 국가 비상사태 시에 국가기관과 지방자치단체 상호 간에 주고받는 행정우편을 취급하는 운송원 등은 우편관서 외의 다른 기관과 소속 직원에게 행정우편을 운송하기 위하여 필요한 교통수단의 제공이나 그 밖의 도움을 요구할 수 있다.

제43조(배상 및 보수 등의 단기소멸시효) 이 법에 따른 보수 또는 손실보상, 손해배상의 청구권은 과학기술정보통신부장관이 지정한 우편관서에 대하여 다음 각 호의 구분에 따른 기간 내에 행사하지 아니하면 소멸시효가 완성된다.

1. 제4조 제1항 후단에 따른 보수와 제5조 제1항 · 제2항에 따른 보상은 그 사실이 있었던 날부터 1년
2. 제38조에 따른 배상은 우편물을 발송한 날부터 1년

제44조(보수 등의 결정에 대한 불복의 구제) 제4조 제1항 후단에 따른 보수, 제5조 제1항 · 제2항에 따른 보상 및 제38조에 따른 손해배상에 관한 과학기술정보통신부장관의 결정에 불복하는 자는 그 통지를 받은 날부터 3개월 내에 소송을 제기할 수 있다.

26 국내우편 총론 > 운송원 등의 조력 청구권 답 ②

| 정답해설 | ② 조력 요구를 받은 자는 정당한 사유 없이 거부할 수 없다.

| 함께 보는 법령 | 「우편법」

제4조(운송원 등의 조력 청구권) ① 우편업무를 집행 중인 우편운송원, 우편집배원과 우편물을 운송 중인 항공기 · 차량 · 선박 등이 사고를 당하였을 때에 우편운송원, 우편집배원 또는 우편관서의 공무원으로부터 도와줄 것을 요구받은 자는 정당한 사유 없이 그 요구를 거부할 수 없다. 이 경우 우편관서는 도움을 준 자의 청구에 따라 적절한 보수를 지급하여야 한다.

27 국내우편 총론 > 용어 정의 답 ④

| 정답해설 | ④ "서신"이란 의사전달을 위하여 특정인이나 특정 주소로 송부하는 것으로서 문자 · 기호 · 부호 또는 그림 등으로 표시한 유형의 문서 또는 전단을 말한다. 다만, 신문, 정기간행물, 서적, 상품안내서 등 대통령령으로 정하는 것은 제외한다(「우편법」 제1조의2 제7호).

28 국내우편 총론 > 제한능력자의 우편이용 답 ②

| 정답해설 | ② 우편 이용관계에 있어서는 제한능력자의 행위라도 능력자의 행위와 동일한 효력이 있으며, 제한능력자의 행위임을 이유로 우편관서에 대하여 이용관계의 무효를 주장할 수 없다.

29 국내우편 총론 > 「우정사업 운영에 관한 특례법」 답 ④

| 정답해설 | ④ 제시문은 「우정사업 운영에 관한 특례법」에 관한 설명이다.

| 함께 보는 법령 | 「우정사업 운영에 관한 특례법」

제1조(목적) 이 법은 우정사업의 조직, 인사, 예산 및 운영 등에 관한 특례를 규정함으로써 우정사업의 경영합리화를 도모하여 우정서비스의 품질을 향상시키고 국가경제의 발전에 이바지함을 목적으로 한다.

30 국내우편 총론 > 용어 정의 답 ③

| 정답해설 | ③ 우편요금의 선납과 우표수집 취미의 문화를 확산시키기 위하여 발행하는 증표는 "우표"이다(「우편법」 제1조의2 제5호). "우편요금을 표시하는 증표"란 우편엽서, 항공서신, 우편요금 표시 인영(印影)이 인쇄된 봉투(연하장이나 인사장이 딸린 것을 포함한다)를 말한다(「우편법」 제1조의2 제6호).

31 국내우편 총론 > 위임 사항 답 ④

| 정답해설 | ④ 우편구의 지정 · 고시는 과학기술정보통신부장관이 지방우정청장에게 위임할 수 있는 사항이다(「우편법 시행령」 제9조의2 제2항 제9호).

| 오답해설 | ①②③ 과학기술정보통신부장관이 우정사업본부장에게 위임할 수 있는 사항이다(「우편법 시행령」 제9조의2 제1항).

| 함께 보는 법령 | 「우편법 시행령」

제9조의2(권한의 위임) ① 과학기술정보통신부장관은 법 제12조의3에 따라 다음 각 호의 권한을 우정사업본부장에게 위임한다.

1. 법 제2조 제5항 단서에 따른 우편업무의 위탁
1의2. 법 제2조 제7항에 따른 범죄경력자료의 조회 요청
2. 법 제3조의2에 따른 우편물의 운송 명령(제2항 제1호의 업무는 제외한다)
3. 법 제6조에 따른 우편물이용의 제한 및 우편업무의 일부정지
4. 법 제12조의2에 따른 우편작업 효율화를 위한 지원 등
5. 법 제14조에 따른 보편적 우편역무의 제공
6. 법 제15조에 따른 선택적 우편역무의 제공
6의2. 법 제15조의2에 따른 우편업무의 전자화에 관한 업무
7. 법 제16조 제1항에 따른 군사우편역무의 제공
8. 법 제17조에 따른 우편금지물품의 결정(변경결정을 포함한다. 이하 같다) · 고시, 우편물의 취급용적 · 중량 · 포장의 결정 · 고시 및 우편역무의 제공 거절 · 제한
9. 법 제21조 제1항에 따른 우표와 우편요금을 표시하는 증표의 발행
10. 법 제26조의2 제1항에 따른 우편물 요금 등의 감액
11. 법 제28조 제2항 본문에 따른 우편관서의 지정
11의2. 법 제31조의2에 따른 우편물의 전송
12. 법 제38조 제3항에 따른 국제우편물에 관한 손해배상액의 결정 및 고시
13. 법 제43조에 따른 우편관서의 지정
14. 삭제
15. 제5조에 따른 우편번호의 결정 · 고시
16. 제7조에 따른 우편업무에 관한 새로운 제도(제도의 변경을 포함한다)의 시험적 실시
17. 제7조의2에 따른 업무수탁
18. 제9조 제1항 제7호 및 같은 조 제2항 제4호에 따라 우편작업의 효율화를 위한 지원대상자 및 지원사항 인정
19. 제10조의3 제1항에 따른 군사우편 요금수납
20. 제10조의5에 따른 해외특수지역 군사우편에 관한 업무
21. 제13조 제1항 전단에 따른 우표류의 발행 · 판매에 관한 공고
22. 제25조 제2항에 따른 우편요금 등을 따로 납부할 수 있는 우편물의 종류 · 수량 및 취급우편관서 그 밖에 필요한 사항의 결정 · 고시
23. 제33조 제2항에 따른 수취인으로부터의 우편요금 등을 징수하고 우편물을 배달할 수 있는 경우의 인정
24. 다음 각 목의 사항의 결정 · 고시
   가. 제42조 제3항 제1호에 따라 무인우편물보관함 또는 전자 잠금장치가 설치된 우편수취함에서 제공하는 배달확인이 가능한 증명자료로 수령사실의 확인을 갈음할 수 있는 등기우편물에서 제외되는 우편물
   나. 제42조 제3항 제2호 후단에 따른 등기우편물의 배달방법, 증명자료 및 적용기간 등

24의2. 제42조 제4항에 따른 등기우편물로서 소포우편물의 수령사실 확인 방법의 결정·고시
25. 제43조 제3호의2에 따른 무인우편물보관함에서 우편물을 교부하는 경우의 본인확인방법, 수취인에 대한 통지방법 및 보관기간 등의 결정·고시
26. 제43조 제10호에 따른 수취인이 우편물의 표면에 기재된 곳 외의 곳으로 배달을 청구할 수 있는 우편물의 결정·고시
27. 제43조 제4호에 따른 우편물배달 특례지역의 인정
② 과학기술정보통신부장관은 법 제12조의3에 따라 다음 각 호의 권한을 지방우정청장에게 위임한다.
1. 법 제3조의2에 따른 우편물의 운송 명령 중 국내우편물의 관내운송 명령
1의2. 삭제
2. 법 제45조의2에 따른 서신송달업의 신고 및 변경신고 수리
3. 법 제45조의4에 따른 서신송달업의 휴업·폐업 및 재개업 신고 수리
4. 법 제45조의5에 따른 서신송달업자에 대한 사업개선 명령
5. 법 제45조의6에 따른 서신송달업자에 대한 영업소 폐쇄 및 사업정지 명령
6. 법 제45조의7에 따른 서신송달업자 또는 서신송달을 위탁한 자의 보고 및 조사 등
7. 법 제45조의8에 따른 서신송달업자의 청문
8. 법 제54조의2에 따른 과태료의 부과·징수
9. 제5조에 따른 우편구의 지정·고시(변경하는 경우를 포함한다)

32 국내우편 총론 > 「우편법」 위반에 대한 벌칙 답 ③

| 정답해설 | ③ 우편업무 및 서신송달업무에 종사하는 자가 우편관서 및 서신송달업자가 취급 중인 서신의 비밀을 침해하는 행위를 하였을 경우에는 5년 이하의 징역 또는 5천만 원 이하의 벌금에 처한다(「우편법」 제51조 제2항).

33 국내우편 총론 > 「우편법」 위반에 대한 벌칙 답 ③

| 오답해설 | ① 우편업무에 종사하는 자가 정당한 사유 없이 우편물의 취급을 거부하거나 이를 고의로 지연시키게 한 경우에는 1년 이하의 징역 또는 1천만 원 이하의 벌금에 처한다(「우편법」 제50조).

② 우편관서 및 서신송달업자가 취급 중인 우편물 또는 서신을 정당한 사유 없이 개봉, 훼손, 은닉 또는 방기하거나 고의로 수취인이 아닌 자에게 내준 자는 3년 이하의 징역 또는 3천만 원 이하의 벌금에 처한다(「우편법」 제48조 제1항).

④ 우편금지물품을 우편물로서 발송한 자는 2년 이하의 징역 또는 2천만 원 이하의 벌금에 처하고 그 물건을 몰수한다(「우편법」 제52조).

34 국내우편 총론 > 기본통상우편요금 답 ③

| 정답해설 | ③ 「우편법」 제2조 제3항에서 "대통령령으로 정하는 통상우편요금"이란 제12조에 따라 고시한 통상우편물요금 중 중량이 5g 초과 25g 이하인 규격우편물의 일반우편요금을 말한다(「우편법 시행령」 제3조의2).

CHAPTER 02 | 우편서비스 종류와 이용조건 문제편 P.19

01	④	02	③	03	④	04	②	05	④
06	③	07	④	08	④	09	④	10	④
11	①	12	①	13	①	14	①	15	①
16	④	17	①	18	①	19	①	20	③
21	④	22	①	23	①	24	①	25	②
26	②	27	④	28	④	29	②	30	①
31	③	32	②	33	②	34	②	35	③
36	④	37	③	38	④	39	④	40	②
41	④	42	④	43	②	44	④	45	②
46	④	47	③	48	④				

01 우편서비스 종류와 이용조건 > 보편적 우편역무 답 ④

| 정답해설 | ④ 과학기술정보통신부장관은 과학기술정보통신부령으로 정하는 바에 따라 보편적 우편역무 제공에 필요한 우편물의 수집·배달 횟수, 우편물 송달에 걸리는 기간, 이용조건 등에 필요한 사항을 정하여 고시하여야 한다(「우편법」 제14조 제3항).

| 함께 보는 법령 | 「우편법」

제14조(보편적 우편역무의 제공) ① 과학기술정보통신부장관은 전국에 걸쳐 효율적인 우편송달에 관한 체계적인 조직을 갖추어 모든 국민이 공평하게 적정한 요금으로 우편물을 보내고 받을 수 있는 기본적인 우편역무(이하 "보편적 우편역무"라 한다)를 제공하여야 한다.
② 제1항에 따른 보편적 우편역무의 대상은 다음 각 호와 같다.
1. 2킬로그램 이하의 통상우편물
2. 20킬로그램 이하의 소포우편물
3. 제1호 또는 제2호의 우편물의 기록취급 등 특수취급우편물
4. 그 밖에 대통령령으로 정하는 우편물
③ 과학기술정보통신부장관은 과학기술정보통신부령으로 정하는 바에 따라 보편적 우편역무 제공에 필요한 우편물의 수집·배달 횟수, 우편물 송달에 걸리는 기간, 이용조건 등에 필요한 사항을 정하여 고시하여야 한다.

02 우편서비스 종류와 이용조건 > 보편적 우편역무 답 ③

| 정답해설 | ③ 보편적 우편역무는 통상우편물과 소포우편물로 구분한다.

03 우편서비스 종류와 이용조건 > 보편적 우편역무의 대상 답 ④

| 정답해설 | ④ 「우편법」 제14조 제2항 제4호에 따르면 '그 밖에 대통령령으로 정하는 우편물'이 보편적 우편역무의 대상에 해당한다.

04 우편서비스 종류와 이용조건 > 선택적 우편역무 답 ②

| 정답해설 | ② 중량이 25kg인 쌀자루를 송달하는 경우가 선택적 우편역무에 해당한다.

| 오답해설 | ①③④는 보편적 우편역무에 해당한다.

| 함께 보는 이론 | 선택적 우편역무의 대상(「우편법」 제15조 제2항)

- 2kg을 초과하는 통상우편물
- 20kg을 초과하는 소포우편물
- 2kg 초과 통상우편물 또는 20kg 초과 소포우편물의 우편물의 기록취급 등 특수취급우편물
- 우편(통신×)과 다른 기술 또는 역무가 결합된 역무
  예 전자우편, 팩스우편, 우편물 방문접수 등
- 우편시설, 우표, 우편엽서, 우편요금 표시 인영이 인쇄된 봉투 또는 우편차량 장비 등을 이용하는 역무
- 우편 이용과 관련된 용품의 제조 및 판매
- 그 밖에 우편역무에 부가하거나 부수하여 제공하는 역무

05 우편서비스 종류와 이용조건 > 선택적 우편역무 답 ④

| 정답해설 | ④ 우체국 꽃배달은 선택적 우편역무에 해당하지 않는다.

| 오답해설 | ①②③ 광고우편, 민원우편, 본인지정배달은 선택적 우편역무에 해당한다.

| 함께 보는 법령 | 「우편법 시행규칙」

제25조(선택적 우편역무의 종류 및 이용조건 등) ① 법 제15조 제3항에 따른 선택적 우편역무의 종류는 다음 각 호와 같이 구분한다.

1. 등기취급
우편물의 접수에서 배달까지 모든 단계의 취급과정을 기록하는 우편물의 특수취급제도

1의2. 준등기취급
우편물의 접수에서 배달 전(前) 단계까지의 취급과정을 기록하는 우편물의 취급제도

1의3. 선택등기취급
등기취급 및 제112조의2에 따른 우편물의 반환거절을 전제로 우편물을 배달하되, 그 우편물을 수취인에게 배달할 수 없는 경우에는 준등기취급에 따라 우편물을 배달하는 특수취급제도

2. 보험취급
가. 보험통상: 등기취급을 전제로 보험등기 취급용 봉투를 이용하여 유가증권, 통화 또는 소형포장우편물 등의 통상우편물을 배달하는 특수취급제도
나. 보험소포: 등기취급을 전제로 사회통념상 용적에 비하여 가격이 높다고 발송인이 신고한 것으로서 그 취급에 특히 유의할 필요가 있는 고가품·귀중품 등의 소포우편물을 배달하는 특수취급제도

3. 삭제

4. 증명취급
가. 내용증명: 등기취급을 전제로 우체국 창구 또는 정보통신망을 통하여 발송인이 수취인에게 어떤 내용의 문서를 언제 발송하였다는 사실을 우체국이 증명하는 특수취급제도
나. 삭제
다. 배달증명: 등기취급을 전제로 우편물의 배달일자 및 수취인을 배달우체국에서 증명하여 발송인에게 통지하는 특수취급제도

5. 국내특급우편
등기취급을 전제로 국내특급우편 취급지역 상호 간에 수발하는 긴급한 우편물로서 통상적인 송달방법보다 빠르게 송달하기 위하여 접수된 우편물을 약속한 시간 내에 신속히 배달하는 특수취급제도

6. 특별송달
등기취급을 전제로 「민사소송법」 제176조의 규정에 의한 방법으로 송달하는 우편물로서 배달우체국에서 배달결과를 발송인에게 통지하는 특수취급제도

7. 민원우편
우정사업본부장이 정하여 고시하는 민원서류 발급을 위하여 등기취급을 전제로 우편 또는 정보통신망을 통하여 발급신청에 필요한 서류와 발급수수료를 송부하고 그에 따라 발급된 민원서류와 발급수수료 잔액 등을 우정사업본부장이 발행하는 민원우편봉투에 함께 넣어 송달하는 특수취급제도

8. 삭제

9. 팩스우편
우체국에서 서신·서류·도화 등의 통신문을 접수받아 수취인의 팩스에 전송하는 제도

10. 우편주문판매
등기취급을 전제로 우체국 창구나 정보통신망, 방송채널 등을 통하여 전국 각 지역에서 생산되는 특산품이나 소상공인 및 중소·중견기업 제품 등을 생산자나 판매자에게 주문하고 생산자나 판매자는 우편을 통하여 주문자에게 직접 공급하는 제도

11. 광고우편
우정사업본부장이 조제한 우표류 및 우편차량 또는 우편시설 등에 개인 또는 단체로부터 의뢰받아 광고를 게재하거나 광고물을 부착하는 제도

12. 전자우편
우체국 창구나 정보통신망을 통하여 전자적 형태로 접수된 통신문 등을 발송인이 의뢰한 형태로 출력·봉함하여 수취인에게 배달하는 제도

13. 우편물방문접수
발송인의 요청 또는 발송인과 발송인 소재지역을 관할하는 우체국장과 사전계약에 따라 발송인을 방문하여 우편물을 접수하는 제도

14. 삭제

15. 삭제

16. 착불배달
영 제29조 제1항 제2호에 따른 등기우편물에 대하여 그 요금을 배달 시 수취인으로부터 수납하는 특수취급제도

17. 계약등기
등기취급을 전제로 우체국장과 발송인과의 별도의 계약에 따라 접수한 통상우편물을 배달하고 그 배달결과를 발송인에게 전자적 방법 등으로 통지하는 특수취급제도

18. 회신우편
등기취급을 전제로 우체국과 발송인과의 별도의 계약에 따라 수취인을 직접 대면하여 우편물을 배달하면서 서명이나 도장을 받는 등 응답을 필요로 하는 사항을 받거나 서류를 인수받아 발송인이나 발송인이 지정하는 자에게 회신하는 특수취급제도

19. 본인지정배달
등기취급을 전제로 우편물을 수취인 본인에게만 배달하여 주는 특수취급제도

20. 우편주소 정보제공
등기취급을 전제로 이사 등 거주지 이전으로 우편주소가 변경된 경우에 우편물을 변경된 우편주소로 배달하고 수취인의 동의를 받아 발송인에게 변경된 우편주소정보를 제공하는 특수취급제도

21. 우편물의 반환 정보 제공
수취인에게 배달할 수 없거나 수취인이 수취를 거부하여 발송인에게 되돌려 보내는 우편물의 목록, 봉투를 스캔한 이미지 및 반환 사유 등 우편물의 반환 정보를 발송인에게 제공하는 제도
22. 선거우편
「공직선거법」, 「국민투표법」, 그 밖에 선거 또는 투표 관련 법령에서 정하는 우편물로서 통상적인 우편물보다 정확하고 신속하게 송달하기 위하여 우선적으로 우편물을 취급 및 배달하는 특수취급제도

06 우편서비스 종류와 이용조건 > 선택적 우편역무의 대상 답 ③

| 정답해설 | ③ 선택적 우편역무가 아닌 것은 ㄴ, ㄷ, ㄹ이다. 2kg 이하의 통상우편물(ㄴ), 20kg 이하의 소포우편물(ㄹ)은 보편적 우편역무에 해당하며, 우편자루배달(ㄷ)은 지금은 삭제되어 없어진 우편역무이다.

07 우편서비스 종류와 이용조건 > 선택적 우편역무 답 ④

| 정답해설 | ④ 선택적 우편역무의 종류와 그 이용조건은 과학기술정보통신부령으로 정한다(「우편법」 제15조 제3항).

| 함께 보는 법령 | 「우편법」

제15조(선택적 우편역무의 제공) ① 과학기술정보통신부장관은 고객의 필요에 따라 제14조에 따른 보편적 우편역무 외의 우편역무(이하 "선택적 우편역무"라 한다)를 제공할 수 있다.
② 제1항에 따른 선택적 우편역무의 대상은 다음 각 호와 같다.
1. 2킬로그램을 초과하는 통상우편물
2. 20킬로그램을 초과하는 소포우편물
3. 제1호 또는 제2호의 우편물의 기록취급 등 특수취급우편물
4. 우편과 다른 기술 또는 역무가 결합된 역무
5. 우편시설, 우표, 우편엽서, 우편요금 표시 인영이 인쇄된 봉투 또는 우편차량장비 등을 이용하는 역무
6. 우편 이용과 관련된 용품의 제조 및 판매
7. 그 밖에 우편역무에 부가하거나 부수하여 제공하는 역무
③ 선택적 우편역무의 종류와 그 이용조건은 과학기술정보통신부령으로 정한다.

08 우편서비스 종류와 이용조건 > 선택적 우편역무의 대상 답 ④

| 정답해설 | ④ 모두 선택적 우편역무의 대상이다(「우편법」 제15조 제2항).

09 우편서비스 종류와 이용조건 > 선택적 우편역무의 대상 답 ④

| 정답해설 | ④ 「우편법」 제15조 제2항 제4호에 따르면 우편(통신 ×)과 다른 기술 또는 역무가 결합된 역무(예 전자우편, 팩스우편, 우편물방문접수 등)가 선택적 우편역무의 대상이다.

10 우편서비스 종류와 이용조건 > 선택적 우편역무의 대상 답 ④

| 정답해설 | ④ 20kg을 초과하는 소포우편물이 선택적 우편역무의 대상이다. 참고로, 보편적 우편역무는 20kg 이하의 소포우편물이 그 대상이다.

11 우편서비스 종류와 이용조건 > 우편서비스 종류와 이용조건 답 ①

| 정답해설 | ① 20kg 이하의 소포우편물이 보편적 우편서비스에 해당한다.

| 함께 보는 이론 | 보편적/선택적 우편역무

보편적 우편역무	1) 2kg 이하의 통상우편물 2) 20kg 이하의 소포우편물 3) 1) 또는 2)의 우편물의 기록취급 등 특수취급우편물 4) 그 밖에 대통령령으로 정하는 우편물
선택적 우편역무	1) 2kg을 초과하는 통상우편물 2) 20kg을 초과하는 소포우편물 3) 1) 또는 2)의 우편물의 기록취급 등 특수취급우편물 4) 우편과 다른 기술 또는 역무가 결합된 역무: 전자우편, 팩스우편, 우편물방문접수 등 5) 우편시설, 우표, 우편엽서, 우편요금 표시 인영이 인쇄된 봉투 또는 우편차량장비 등을 이용하는 역무 6) 우편 이용과 관련된 용품의 제조 및 판매 7) 그 밖에 우편역무에 부가하거나 부수하여 제공하는 역무

12 우편서비스 종류와 이용조건 > 우편물 접수 답 ①

| 정답해설 | ① 우편물의 접수시점은 우체국 창구에서 접수하거나 우체통에 우편물을 투입한 때, 방문접수는 영수증을 교부한 때이다. 따라서 이때부터 우편 이용 관계가 발생한다.

13 우편서비스 종류와 이용조건 > 우편물 송달기준 답 ①

| 정답해설 | ① 송달기준(배달기한)은 통상우편물의 경우 접수한 다음 날부터 3일 이내이고, 익일특급과 등기소포의 경우 접수한 다음 날(접수 익일)이다.

| 함께 보는 이론 | 배달기한

우정사업본부가 약속한 우편물 배달에 걸리는 시간을 말한다.

구분	배달기한	비고
통상우편물(등기포함) 일반소포	접수한 다음 날부터 3일 이내	
익일특급 등기소포	접수한 다음 날	제주 선편: D+2일 (D: 우편물 접수한 날)

14 우편서비스 종류와 이용조건 > 우편물 송달기준 답 ①

| 정답해설 | ① 송달기준의 접수시각은 관할 우체국장이 공고한 접수시간을 기준으로 한다.

15 우편서비스 종류와 이용조건 > 우편물 송달기준 답 ①

| 정답해설 | ① 특별송달은 특정한 우편물을 일반우편물과는 다른 절차(「민사소송법」 제176조)로 보내고, 보낸 사실을 보낸 사람에게 증명하는 제도로, 법원이 소송관계자 앞으로 보내는 서류 따위에 적용한다. 특별송달은 일반등기우편과 특급우편으로 취급한다. 일반등기우편의 경우 접수한 다음 날부터 3일 이내에 배달된다.

| 오답해설 | ② 등기소포는 접수한 다음 날이 송달기준이다.

③ 민원우편은 익일특급에 따라 송달하므로 접수한 다음 날이 송달기준이다.

④ 익일특급의 송달기준은 접수한 다음 날이다.

16 우편서비스 종류와 이용조건 > 우편물 송달기준 답 ④

| 정답해설 | ④ 주 5회 이상 발행되는 신문이다. 즉, 「신문 등의 진흥에 관한 법률」 제9조에 따라 등록된 일간신문(주 5회 이상 발행되는 신문으로 한정한다) 및 관보를 우편물정기발송계약에 따라 발송할 때에는 접수한 날의 다음 날까지 이를 송달할 수 있다(「우편법 시행규칙」 제14조).

| 오답해설 | ① 우편물의 송달기준이란 우편물 송달에 소요되는 기간, 즉 우편물을 접수한 날로부터 배달할 날까지의 기준일수를 말한다.

| 함께 보는 법령 | 「우편법 시행규칙」

제13조(도서·산간 오지 등의 우편물 송달기준) ① 우정사업본부장은 도서·산간 오지 등 교통이 불편하여 우편물의 운송이 특히 곤란한 지역에 대하여는 제12조에도 불구하고 지역별 또는 지역 상호 간에 적용할 우편물 송달기준을 달리 정할 수 있다.

② 1항에 따라 우편물 송달기준을 달리 정한 때에는 관할 지방우정청장은 그 지역과 세부적인 우편물 송달기준을 정하여 공고하여야 한다.

17 우편서비스 종류와 이용조건 > 우편물 송달기준 답 ①

| 정답해설 | ① 등기통상우편의 송달기준은 접수일로부터 3일 이내이다.

| 오답해설 | ② 등기소포우편은 접수한 날의 다음 날 배달이 원칙이다.

③④ 민원우편 배달은 익일특급에 준하여 배달하며, 익일특급은 접수한 날의 다음 날 배달이 원칙이다.

18 우편서비스 종류와 이용조건 > 통상우편물의 규격요건 답 ①

| 정답해설 | ① 봉투에 넣어 봉함하여 발송하는 우편물의 규격요건에 관하여 위반 시 규격 외 요금징수 대상인 것은 우편물의 크기, 모양, 무게, 재질, 우편번호 기재, 표면 및 내용물, 기계 처리를 위한 공백 공간 사항이다.

| 오답해설 | ②③④ 봉투에 넣어 봉함하여 발송하는 우편물의 규격요건에 관하여 위반 시 규격 외 요금징수 대상이 아닌 것은 봉투색상, 우표첩부위치, 지질 평량 및 불투명도 등이다.

| 함께 보는 이론 | 통상우편물(봉투에 넣어 봉함/발송)의 규격요건

요건	내용		위반 시 규격 외 요금징수 여부
크기	세로(D)	최소 90mm, 최대 130mm(허용 오차 ±5mm)	○
	가로(W)	최소 140mm, 최대 235mm(허용 오차 ±5mm)	
	두께(T)	최소 0.16mm, 최대 5mm(누르지 않은 자연 상태)	
모양	직사각형 형태		○
무게	최소 3g, 최대 50g		○
봉투색상	흰색 또는 밝은 색: 반사율 70% 이상		
재질	종이(창문봉투의 경우 다른 소재로 투명하게 창문제작)		○
우편번호 기재	• 수취인 주소와 우편번호(국가기초구역 체계로 개편된 5자리 우편번호)를 정확히 기재해야 하며, 일체의 가려짐 및 겹침이 없어야 함 • 수취인 우편번호 여백규격 및 위치 – 여백규격: 상·하·좌·우에 4㎜ 이상 여백 – 위치: 기계 처리를 위한 공백 공간 밖, 주소·성명 등의 기재사항보다 아래쪽 및 수취인 기재 영역 좌우 너비 안쪽의 범위에 위치 ※ 해당 영역에는 우편번호 외에 다른 사항 표시 불가 • 우편번호 작성란을 인쇄하는 경우에는 5개의 칸으로 구성하여야 함 ※ 단, 여섯 자리 우편번호 작성란이 인쇄(2019년 10월 이전)된 봉투를 이용한 통상우편물은 우편번호 숫자를 왼쪽 칸부터 한 칸에 하나씩 차례대로 기입하고 마지막 칸은 공란으로 두어야 함		○
우표첩부 위치	정해진 우표 첩부 위치에 우표를 붙이거나(가로봉투 우측상단 40mm × 74mm 이내) 우편요금 납부표시를 할 것		
표면 및 내용물	• 문자·도안 표시에 발광·형광·인광물질 사용 및 기계판독률을 떨어뜨릴 수 있는 배경 인쇄불가 • 봉할 때에는 풀, 접착제 사용(스테이플, 핀, 리벳 등 도드라진 것 사용 불가) • 우편물의 앞·뒤, 상·하·좌·우는 완전히 봉해야 함(접착식 우편물 포함) • 특정 부분의 튀어나옴, 눌러찍기, 돋아내기, 구멍뚫기 등이 없이 균일해야 함 ※ 종이·수입인지 등을 완전히 밀착하여 붙인 경우나 점자 기록은 허용		○

기계 처리를 위한 공백 공간(허용 오차 ±5㎜)	• 앞면: 오른쪽 끝에서 140㎜ × 밑면에서 17㎜, 우편번호 오른쪽 끝에서 20㎜ • 뒷면: 왼쪽 끝에서 140㎜ × 밑면에서 17㎜	○

19 우편서비스 종류와 이용조건 > 우편물 배달기한 답 ①

| 정답해설 | ㄱ. 익일특급우편물의 배달기한은 D+1이다.

ㄴ. 「관보규정」에 따른 관보는 배달기한 적용의 예외로서 D+1이다.

| 오답해설 | ㄷ. 등기통상의 배달기한은 D+3이고, 등기소포우편물의 배달기한은 D+1이다.

ㄹ. 교통 여건 등으로 인해 우편물 운송이 특별히 어려운 곳은 관할 지방우정청장이 별도로 배달기한을 정하여 공고한다.

20 우편서비스 종류와 이용조건 > 통상우편물의 규격요건 답 ③

| 정답해설 | ㄱ. 재질은 종이(창문봉투의 경우 다른 소재로 투명하게 창문제작)이어야 한다.

ㄷ. 우편번호는 5자리로 기재해야 한다.

ㄹ. 우편물의 두께는 누르지 않은 자연 상태에서 최소 0.16mm, 최대 5mm이어야 한다.

| 오답해설 | ㄴ은 규격요건에 해당하고 ㅁ, ㅂ은 권장요건에 해당한다.

21 우편서비스 종류와 이용조건 > 통상우편물의 규격요건 답 ④

| 정답해설 | ④ 발광물질을 사용하여 문자를 표시한 경우 규격 외 요금을 징수하여야 한다.

22 우편서비스 종류와 이용조건 > 통상우편물의 발송요건 답 ①

| 정답해설 | ① 통상우편물은 봉투에 넣어 발송하는 것이 원칙이며, 봉투에 넣어 봉함하기가 적절하지 않은 우편물은 우정사업본부장이 정하여 고시한 기준에 적합하도록 포장하여 발송할 수 있다.

23 우편서비스 종류와 이용조건 > 통상우편물의 발송요건 답 ①

| 정답해설 | ① 통상우편물의 경우 봉투에 넣어 봉함하여 발송하는 것이 원칙이다.

| 오답해설 | ②③④ 예외적으로 우정사업본부장이 발행하는 우편엽서와 사제엽서 제조요건에 적합하게 제조한 사제엽서 그리고 전자우편물은 특성상 봉함하지 않고 발송할 수 있다.

24 우편서비스 종류와 이용조건 > 우편물의 외부표시(기재) 사항 답 ①

| 오답해설 | ② 집배코드는 총 9자리로 도착집중국 2자리, 배달국 3자리, 집배팀 2자리, 집배구 2자리로 구성되어 있다.

③ 우체국과 협의되지 않은 우편요금 표시 인영, 개인정보보호법령에 따른 주민등록번호 등 고유식별정보는 우편물의 외부표시(기재) 금지사항이다.

④ 집배코드란 우편물의 구분·운송·배달에 필요한 구분정보를 가독성이 높은 단순한 문자와 숫자로 표기한 것이다. 우편물 구분을 편리하게 할 수 있도록 만든 일종의 코드로서, 문자로 기재된 수취인의 주소정보를 일정한 기준에 따라 숫자로 변환한 것은 우편번호이다.

25 우편서비스 종류와 이용조건 > 우편물의 규격요건 답 ②

| 정답해설 | ② 우편물의 봉투 뒷면과 우편엽서의 허락된 부분에는 광고를 기재할 수 있다.

26 우편서비스 종류와 이용조건 > 등기소포와 일반소포 답 ②

| 정답해설 | ② 등기소포, 일반소포 모두 우표첩부, 현금, 신용카드 결제가 가능하다.

27 우편서비스 종류와 이용조건 > 등기소포와 일반소포 답 ④

| 정답해설 | ④ 부가취급서비스에 대하여 등기소포는 가능하나 일반소포는 가능하지 않다.

| 함께 보는 이론 | 등기소포와 일반소포의 차이

구분	등기소포	일반소포
취급방법	접수에서 배달까지의 송달과정을 기록	기록하지 않음
요금납부 방법	우표납부, 우표첩부, 현금, 신용카드 결제 등	현금, 우표첩부, 신용카드 결제 등
손해배상	분실·훼손, 지연배달 시 손해배상청구 가능	청구할 수 없음
반송료	반송 시 반송수수료 (등기통상취급수수료) 징수	징수하지 않음
부가취급서비스	가능	불가능

28 우편서비스 종류와 이용조건 > 국내우편물의 접수 및 처리 답 ④

| 정답해설 | ④ 최소 용적이 가로·세로·높이 세 변을 합하여 35cm(단, 가로는 17cm 이상, 세로는 12cm 이상)인 것은 소포우편물이다. 소형포장우편물은 가로·세로·높이 세 변을 합하여 35cm 미만이다(서적·달력·다이어리는 90cm까지 허용).

29 우편서비스 종류와 이용조건 > 국내소포우편물의 취급조건과 접수 답 ②

| 정답해설 | ② 서신, 통화는 원칙상 소포우편물의 대상이 아니다(「우편법」 제1조의2 제2호·제3호). 다만, 물품과 관련된 납품서, 영수증, 설명서, 감사인사메모 등은 상품(물품)의 일부로 보아 동봉할 수 있다.

| 오답해설 | ① 소포우편물의 제한 중량은 30kg이며, 가로·세로·높이를 합하여 160cm 이내(단, 어느 길이도 1m를 초과할 수 없다)여야 한다.

③ 소포우편물의 접수 시 내용품 문의로서 폭발물·인화물질·마약류 등의 우편금지물품의 포함 여부, 다른 우편물을 훼손시키거나 침습을 초래할 가능성 여부에 관한 문의를 해야 한다. 또한 포장상태 검사로서 내용품이 송달 중에 파손되지 않고, 다른 우편물에 손상을 주지 않으며, 튼튼하게 포장하였는지를 확인해야 한다.

④ 소포우편물의 표면 왼쪽 중간에 "소포" 표시를 하며, 요금별·후납 등기소포는 우편물의 표면 오른쪽 윗부분에 요금별·후납 표시인을 날인해야 한다.

30 우편서비스 종류와 이용조건 > 소포우편물 답 ①

| 정답해설 | ① 가로·세로·높이의 어느 한 변도 1m를 초과할 수 없다.

31 우편서비스 종류와 이용조건 > 국내소포우편물의 취급조건과 접수 답 ③

| 정답해설 | ③ 포장상태의 검사로서는 내용품이 송달 중에 파손되지 않고, 다른 우편물에 손상을 주지 않으며, 튼튼하게 포장하였는지를 확인해야 한다.

| 함께 보는 이론 | 소포우편물의 접수 시 유의사항

내용품 문의	㉠ 폭발물, 인화물질, 마약류 등의 우편금지물품의 포함 여부 ㉡ 다른 우편물을 훼손시키거나 침습을 초래할 가능성 여부
의심우편물의 개봉 요구	㉠ 내용품에 대하여 발송인이 허위로 진술한다고 의심이 가는 경우 개봉을 요구하고 내용품을 확인함. ㉡ 발송인이 개봉을 거부할 경우 접수를 거절할 수 있음.

32 우편서비스 종류와 이용조건 > 우편엽서의 발행방법 답 ②

| 정답해설 | ② 우편엽서는 디지털 인쇄를 한다. 다만, 사제엽서는 예외이다.

| 함께 보는 이론 | 우편엽서의 발행방법

- 우편엽서의 허락된 부분에는 광고 기재가 가능하다.
- 디지털 인쇄를 한다(다만, 사제엽서는 제외).
- 표면은 편편하고 균일해야 한다.
- 앞면의 색상은 흰색이나 밝은 색으로 하고, 70% 이상의 반사율을 가져야 한다.

33 우편서비스 종류와 이용조건 > 우편엽서의 규격 외 엽서 답 ②

| 정답해설 | ② 수취인 우편번호 기재란의 상·하·좌·우에 5mm가 아니라 4mm 이상의 여백을 두지 않은 경우이다.

| 함께 보는 이론 | 우편엽서의 규격 외 엽서 추가 적용사항

- 수취인의 우편번호를 기재하지 않은 경우
- 수취인 우편번호 기재란의 상·하·좌·우에 4mm 이상의 여백을 두지 않거나 수취인 우편번호 기재란 아랫부분이 봉투표면의 오른쪽 끝에서 20mm, 밑면으로부터 17mm에 위치하지 않은 경우
- 「우편법 시행규칙」상 사제엽서의 제조요건인 다음 사항을 벗어난 경우
  - 발송인이 아닌 자의 광고를 게재하지 아니할 것
  - 우표에 갈음하는 우편요금 표시 인영을 인쇄하지 아니할 것
  - 우편엽서 표면의 윗부분 중앙에 '우편엽서' 또는 이에 상당하는 문자를 표시할 것

34 우편서비스 종류와 이용조건 > 사제엽서의 제조요건 답 ②

| 정답해설 | ② 우편엽서를 개인, 기관 또는 단체가 조제하는 경우에는 우정사업본부장이 정하여 고시하는 우편엽서의 종류·규격·형식 등에 적합하여야 한다(「우편법 시행규칙」 제20조).

35 우편서비스 종류와 이용조건 > 우편물의 발송요건 답 ③

| 정답해설 | ③ 우편물 정기발송계약을 맺은 정기간행물은 우정사업본부장이 정하는 요건에 따라 띠종이 등으로 묶어서 발송할 수 있다.

| 함께 보는 이론 | 통상우편물 발송요건

- 통상우편물은 봉투에 넣어 봉함하여 발송하여야 하며, 봉함하기가 적절하지 않은 것은 우정사업본부장이 고시한 기준에 적합하도록 포장하여 발송할 수 있다.
- 우정사업본부장이 발행하는 우편엽서, 사제엽서 제조요건에 적합하게 제조한 사제엽서, 전자우편물은 봉함하지 아니하고 발송할 수 있다.
- 우편물 정기발송계약을 맺은 정기간행물은 우정사업본부장이 정하는 요건에 따라 띠종이 등으로 묶어서 발송할 수 있다.
- 우편이용자는 우편물의 외부에 다음 사항을 표시하여 발송하여야 한다.
  - 발송인 및 수취인의 주소, 성명과 우편번호
  - 우편요금의 납부표시

36 우편서비스 종류와 이용조건 > 띠종이 등으로 묶어서 발송하는 정기간행물 답 ④

| 정답해설 | ④ 띠종이 앞면을 가로로 2등분한 윗부분과 띠종이 뒷면 전체에 발송인이 필요로 하는 사항을 표시할 수 있다.

37 우편서비스 종류와 이용조건 > 우체국소포 답 ③

| 정답해설 | ③ 우체국소포는 소포우편물 방문접수의 브랜드로 업무표장이다. 이는 개별방문소포와 계약소포로 나누어 서비스를

하고 있으며, 전화 및 인터넷을 이용한 방문접수를 실시하고 있다.

38 우편서비스 종류와 이용조건 > 우체국소포 답 ④

| 정답해설 | ④ 한시적 발송계약은 연간계약을 하는 계약소포의 종류에 해당하지 않는다.

| 오답해설 | ①②③ 연간계약을 하는 계약소포에는 일반계약, 연합체 발송계약, 다수지 발송계약, 반품계약이 있다.

39 우편서비스 종류와 이용조건 > 우체국소포 답 ④

| 오답해설 | ① 인터넷우체국을 이용하여 방문접수 신청이 가능하고, 요금수취인부담(요금 착불)도 신청이 가능하다.

② 초소형 특정 요금이란 초소형 계약소포에 대하여 규격·물량 단계별 요금 및 평균요금을 적용하지 않고 본부장 또는 지방우정청장 승인으로 적용하는 요금을 말한다. 단, 월 평균 10,000통 이상 발송업체 중 초소형 물량이 90% 이상인 경우 적용 가능하다.

③ 연합체 발송계약이란 상가나 시장 또는 농장 등 일정한 장소에 유사사업을 목적으로 연합되어 있는 법인, 임의단체의 회원들이 1개의 우편관서와 계약을 체결하고 한 장소에 집하하여 계약소포를 발송하는 것을 말한다.

40 우편서비스 종류와 이용조건 > 우체국소포 답 ②

| 정답해설 | ② 한시적 발송계약은 각종 행사 등 3개월 이내에 한시적으로 계약소포를 발송하기 위해 체결하는 계약이다.

41 우편서비스 종류와 이용조건 > 우체국소포 답 ④

| 정답해설 | ④ 방문접수 기표지 및 접수번호는 총괄국장이 창구접수 소포번호와 구분되게 부여한다.

42 우편서비스 종류와 이용조건 > 우체국소포 답 ④

| 정답해설 | ④ 우선 개당 500원씩 할인하여 감액요금을 적용하고, 다량 물량에 해당하는 할인율을 추가로 적용할 수 있다.

43 우편서비스 종류와 이용조건 > 우체국소포 답 ②

| 정답해설 | ② 소포우편물 방문접수와 관련한 일부 업무를 대표할 수 있는 명칭을 사용할 수 있다.

44 우편서비스 종류와 이용조건 > 보편적 우편역무 답 ④

| 정답해설 | ④ 우편 이용과 관련된 용품의 제조 및 판매는 선택적 우편역무에 해당한다(「우편법」 제15조 제2항 제6호).

| 함께 보는 법령 | 「우편법」

제14조(보편적 우편역무의 제공) ① 과학기술정보통신부장관은 전국에 걸쳐 효율적인 우편송달에 관한 체계적인 조직을 갖추어 모든 국민이 공평하게 적정한 요금으로 우편물을 보내고 받을 수 있는 기본적인 우편역무(이하 "보편적 우편역무"라 한다)를 제공하여야 한다.
② 제1항에 따른 보편적 우편역무의 대상은 다음 각 호와 같다.
1. 2킬로그램 이하의 통상우편물
2. 20킬로그램 이하의 소포우편물
3. 제1호 또는 제2호의 우편물의 기록취급 등 특수취급우편물
4. 그 밖에 대통령령으로 정하는 우편물
③ 과학기술정보통신부장관은 과학기술정보통신부령으로 정하는 바에 따라 보편적 우편역무 제공에 필요한 우편물의 수집·배달 횟수, 우편물 송달에 걸리는 기간, 이용조건 등에 필요한 사항을 정하여 고시하여야 한다.

제15조(선택적 우편역무의 제공) ① 과학기술정보통신부장관은 고객의 필요에 따라 제14조에 따른 보편적 우편역무 외의 우편역무(이하 "선택적 우편역무"라 한다)를 제공할 수 있다.
② 제1항에 따른 선택적 우편역무의 대상은 다음 각 호와 같다.
1. 2킬로그램을 초과하는 통상우편물
2. 20킬로그램을 초과하는 소포우편물
3. 제1호 또는 제2호의 우편물의 기록취급 등 특수취급우편물
4. 우편과 다른 기술 또는 역무가 결합된 역무
5. 우편시설, 우표, 우편엽서, 우편요금 표시 인영이 인쇄된 봉투 또는 우편차량장비 등을 이용하는 역무
6. 우편 이용과 관련된 용품의 제조 및 판매
7. 그 밖에 우편역무에 부가하거나 부수하여 제공하는 역무
③ 선택적 우편역무의 종류와 그 이용조건은 과학기술정보통신부령으로 정한다.

| 함께 보는 법령 | 「우편법 시행규칙」

제12조(보편적 우편역무의 제공기준 및 이용조건 등) ① 과학기술정보통신부장관은 법 제14조 제3항에 따라 보편적 우편역무의 제공을 위하여 1근무일에 1회 이상 우편물을 수집하고 배달하여야 한다. 다만, 지리, 교통, 사업 환경 등이 열악하여 부득이한 경우에는 이를 조정할 수 있다.
② 제1항에 따라 수집하거나 우체국 창구에 접수한 우편물의 송달에 걸리는 기간(이하 "우편물 송달기준"이라 한다)은 수집이나 접수한 날의 다음 날부터 3일 이내로 한다. 이 경우 수집이나 접수한 날이란 우편물의 수집을 관할하는 우체국장이 관할 지역의 지리·교통상황·우편물처리능력 및 다른 지역의 우편물 송달능력 등을 참작하여 공고한 시간 내에 우체통에 투입되거나 우체국 창구에 접수한 경우를 말한다.
③ 「관공서의 공휴일에 관한 규정」에 의한 공휴일 기타 다른 법령에 의한 유급휴일·토요일 및 우정사업본부장이 배달하지 아니하기로 정한 날은 이를 우편물 송달기준에 산입하지 아니한다.
④ 우정사업본부장은 우체국 및 우체통의 설치현황을 고시하여야 한다.

45 우편서비스 종류와 이용조건 > 군사우편 답 ②

| 정답해설 | ② 군사우편물의 요금은 일반우편요금의 2분의 1로 한다(「우편법」 제16조 제2항).

함께 보는 법령 | 「우편법」

제16조(군사우편) ① 과학기술정보통신부장관은 국방부장관의 요청에 따라 국군이 주둔하는 지역으로서 우체국의 기능이 미치지 아니하는 지역에 있는 부대(기관을 포함한다. 이하 같다)와 그 부대에 속하는 군인·군무원에 대한 우편역무(이하 "군사우편"이라 한다)를 제공할 수 있다.
② 군사우편물의 요금은 일반우편요금의 2분의 1로 한다.
③ 국방부장관은 군사우편을 취급하는 우체국(이하 "군사우체국"이라 한다)에 필요한 시설·장비를 제공하는 것 외에 용역의 일부를 지원할 수 있다. 부대의 이동에 따라 군사우체국을 이동하는 경우에도 또한 같다.
④ 국방부장관은 특별한 사유가 있는 경우 외에는 군사우체국 직원에게 영내(營內) 출입, 군(軍) 주둔지역의 통행, 그 밖의 업무 수행에 필요한 편의를 제공하여야 한다.
⑤ 제2항부터 제4항까지에 규정된 것 외에 군사우편에 필요한 사항은 대통령령으로 정한다.

46 우편서비스 종류와 이용조건 > 우편물의 제한용적 및 중량 답 ④

| 정답해설 | ④ 통상우편물의 중량은 최소 2g ~ 최대 6,000g이다.

47 우편서비스 종류와 이용조건 > 소포우편물의 제한용적 및 중량 답 ③

| 정답해설 | ③ 소포우편물의 중량은 30kg 이내이어야 한다.

48 우편서비스 종류와 이용조건 > 통상우편서비스의 요금 답 ④

| 정답해설 | ④ 50g 정도인 규격 외 엽서의 우편요금은 450원이다.

함께 보는 이론 | 통상우편물 요금

구분	중량	보통우편요금
규격 우편물	5g까지	400원
	5g 초과 25g까지	430원
	25g 초과 50g까지	450원
규격 외 우편물	50g까지	520원
	50g 초과 1kg까지	50g마다 120원 가산
	1kg 초과 2kg까지	200g마다 120원 가산
	2kg 초과 6kg까지	1kg마다 400원 가산

- 국내특급은 30kg까지(6kg 초과 1kg마다 400원 가산)
- 50g까지 규격 외 엽서는 450원(규격봉투 25g 초과 50g까지)

CHAPTER 03 | 우편물의 접수

문제편 P.28

01	④	02	③	03	③	04	①

01 우편물의 접수 > 우편물의 포장방법 답 ④

| 정답해설 | ④ 독약·극약·독물 및 극물은 액체·액화하기 쉬운 물건과 같이 안전누출방지용기에 넣어 내용물이 새어나오지 않도록 봉하고, 외부의 압력에 견딜 수 있는 튼튼한 상자에 넣는다. 만일, 용기가 부서지더라도 완전히 누출물을 흡수할 수 있도록 솜, 톱밥, 기타 부드러운 것으로 충분히 싸고 고루 다져 넣는다.

02 우편물의 접수 > 통상우편물의 제한 용적 및 중량 답 ③

| 오답해설 | ㄱ. 서신 등 의사전달물 및 통화의 경우 어느 길이나 60cm를 초과할 수 없다.
ㄷ. 소형포장우편물 중 서적·달력·다이어리 우편물은 가로·세로 및 높이를 합하여 90cm 미만이거나 원통형의 경우 '지름의 2배'와 길이를 합하여 1m까지 허용한다.

03 우편물의 접수 > 국내우편물 제한 부피 및 무게 답 ③

| 오답해설 | ㄱ. 통상우편물의 최대무게: 6,000g
ㄹ. 소포우편물의 최대부피: 가로·세로·높이 세 변을 합하여 160cm(단, 어느 변이나 1m를 초과할 수 없음)

04 우편물의 접수 > 우편금지물품 답 ①

| 정답해설 | ① 복사품은 우편금지물품에 해당하지 않는다.

함께 보는 법령 | 「우편법」

제17조(우편금지물품, 우편물의 용적·중량 및 포장 등) ① 과학기술정보통신부장관은 건전한 사회질서를 해치거나 우편물의 안전한 송달을 해치는 물건(음란물, 폭발물, 총기·도검, 마약류 및 독극물 등으로서 우편으로 취급하는 것이 부적절하다고 인정되는 물건을 말하며, 이하 "우편금지물품"이라 한다)을 정하여 고시하여야 한다.
② 과학기술정보통신부장관은 우편물의 취급 용적·중량 및 포장에 관한 사항을 정하여 고시하여야 한다.
③ 과학기술정보통신부장관은 우편금지물품과 제2항에 따라 고시한 기준에 맞지 아니한 물건에 대하여는 우편역무의 제공을 거절하거나 제한할 수 있다.

CHAPTER 04 | 국내우편물의 부가서비스 문제편 P.29

01	②	02	④	03	③	04	④	05	③
06	③	07	④	08	②	09	②	10	②
11	①	12	④	13	③	14	③	15	①
16	①	17	②	18	③	19	④	20	③
21	①	22	③	23	②	24	②	25	③
26	④	27	③	28	③	29	③	30	③
31	②	32	②	33	④	34	③	35	②
36	①	37	①	38	③	39	④	40	②
41	②	42	①	43	④	44	②	45	④
46	③	47	①	48	②				

01 국내우편물의 부가서비스 > 선택적 우편역무의 종류 답 ②

| 정답해설 | ② 등기취급제도에 대한 설명이다.

02 국내우편물의 부가서비스 > 등기취급제도 답 ④

| 정답해설 | ④ 법률에서 2kg 이하의 통상우편물과 20kg 이하의 소포우편물에 대한 등기취급을 보편적 우편역무로 정함으로써 국민의 권리를 보다 폭넓게 보장하게 되었다.

03 국내우편물의 부가서비스 > 등기우편물의 부가취급 답 ③

| 오답해설 | ① 특별송달우편물에 첨부된 우편송달통지서 용지의 무게는 우편물의 무게에 합산한다.

② 민원우편 발송 시 우정사업본부에서 발행한 민원우편 취급용 봉투(발송용·회송용)를 사용해야 한다.

④ 착불배달우편물이 반송된 경우, 발송인에게 우편요금 및 반송수수료를 징수한다. 다만, 맞춤형 계약등기의 경우에는 반송수수료 없이 우편요금(표준요금+중량구간별 요금)만 징수한다.

04 국내우편물의 부가서비스 > 계약등기서비스 답 ④

| 정답해설 | ④ 계약등기서비스에서 취급대상 물량기준으로 일반형 계약등기는 한 발송인이 1회 100통 이상, 월 5,000통 이상(두 요건 모두 충족)이며, 맞춤형 계약등기는 1회 및 월 발송물량에 제한이 없다.

| 함께 보는 이론 | 계약등기서비스의 구분 및 취급대상 물량기준

구분	취급대상 물량기준	요금체계
일반형	한 발송인이 1회 100통 이상이고 월 5,000통 이상	통상요금 + 등기취급수수료 + 부가취급수수료
맞춤형	1회 및 월 발송물량 제한 없음	표준요금 + 중량 구간별 요금 + 부가취급수수료

05 국내우편물의 부가서비스 > 계약등기서비스 답 ③

| 정답해설 | ③ 맞춤형이 물량기준으로 1회 및 월 발송물량의 제한이 없다.

| 오답해설 | ② 등기우편물을 반환하는 경우에는 발송인으로부터 반환취급수수료를 징수한다. 다만, 배달증명우편물·특별송달우편물·민원우편물 및 회신우편물의 경우에는 그러하지 아니하다. 이 규정에도 불구하고 우체국과 발송인과의 사전계약에 따라 발송하는 소포우편물 및 계약등기우편물을 반환하는 경우에는 그 계약에서 정한 반환취급수수료를 징수한다(「우편법 시행규칙」 제84조).

06 국내우편물의 부가서비스 > 계약등기우편물의 부가취급서비스 답 ③

| 정답해설 | ③ 제시된 설명은 회신우편에 대한 내용이다. 회신우편의 부가취급수수료는 1,500원이다.

| 함께 보는 이론 | 부가취급수수료

부가취급서비스	수수료	비고
회신우편	1,500원	일반형 및 맞춤형 계약등기
본인지정배달	1,000원	
착불배달	500원	
우편주소 정보제공	1,000원	
반송수수료 사전납부	반송수수료×반송률	일반형 계약등기

07 국내우편물의 부가서비스 > 선택적 우편역무의 종류 답 ④

| 정답해설 | ④ 선택적 우편역무의 종류 중 계약등기서비스에 대한 설명이다.

08 국내우편물의 부가서비스 > 등기취급의 대상 답 ②

| 정답해설 | ② 주관적으로 가치가 있다고 신고하는 것이 등기취급의 대상이다.

| 함께 보는 이론 | 등기취급의 대상

고객이 우편물의 취급과정을 기록할 필요가 있다고 판단한 우편물과 우편물의 내용이 통화, 귀중품, 주관적 가치가 있다고 신고하는 것

09 국내우편물의 부가서비스 > 선택등기서비스 답 ②

| 오답해설 | ① 취급대상은 6kg(특급취급 시 30kg 가능)까지의 통상우편물이다.

③ 배달기한은 접수한 다음 날부터 3일 이내이다.

④ 손실, 분실에 한하여 최대 10만 원까지 손해배상을 제공하며, 배달완료(우편함 등) 후에 발생된 손실, 분실은 손해배상 대상에서 제외한다.

10 국내우편물의 부가서비스 > 선납라벨서비스 답 ②

| 오답해설 | ㄴ. 훼손 정도가 심각하여 판매정보의 식별이 불가능한 경우에는 재출력(교환)이 불가하다.

ㄷ. 우편물 접수 시 우편요금보다 라벨 금액이 많은 경우 잉여금액에 대한 환불이 불가하다.

11 국내우편물의 부가서비스 > 보험취급 답 ①

| 정답해설 | ① 보험취급의 종류로는 통화등기, 물품등기, 유가증권등기, 외화등기가 있다.

| 오답해설 | ② 내용증명, 배달증명은 증명취급에 해당한다.

③ 국내특급은 특급취급에 해당한다.

④ 특별송달, 민원우편, 착불배달은 기타 부가취급에 해당한다.

12 국내우편물의 부가서비스 > 선택적 우편역무의 종류 답 ④

| 정답해설 | ④ 증명취급 중 내용증명에 대한 설명이다. 배달증명과 혼동하지 않도록 주의해야 한다.

13 국내우편물의 부가서비스 > 내용증명 답 ③

| 정답해설 | ③ 내용문서의 원본 또는 등본의 문자나 기호를 정정·삽입 또는 삭제한 때에는 '정정'·'삽입' 또는 '삭제'의 문자 및 자수를 난외 또는 말미 여백에 기재하고, 그곳에 발송인의 도장 또는 지장을 찍거나 서명을 해야 한다(「우편법 시행규칙」 제50조 제1항).

14 국내우편물의 부가서비스 > 내용증명 답 ③

| 오답해설 | ① 내용증명의 대상은 문서에 한정하며, 문서 이외의 물건(우표류, 유가증권, 사진, 설계도 등)은 그 자체 단독으로 내용증명의 취급대상이 될 수 없다.

② 내용문서의 크기가 A4 용지 규격보다 큰 것은 A4 용지의 크기로 접어서 총 매수를 계산하고, A4 용지보다 작은 것은 이를 A4 용지로 보아 매수를 계산한다.

④ 발송인이 재증명을 청구한 경우 문서 1통마다 재증명 당시 내용증명 취급수수료의 반액을 징수한다.

15 국내우편물의 부가서비스 > 내용증명 답 ①

| 오답해설 | ② 우편관서는 내용과 발송 사실만을 증명할 뿐, 그 사실만으로 법적 효력이 발생하는 것은 아니다.

③ 수취인에게 우편물을 배달하거나 교부한 경우 그 사실을 배달우체국에서 증명하여 발송인에게 통지하는 제도는 배달증명제도이다. 내용증명은 발송인이 수취인에게 어떤 내용의 문서를 언제 발송하였다는 사실을 우편관서가 공적으로 증명해주는 우편서비스이다.

④ 내용문서의 원본 또는 등본의 문자나 기호를 정정·삽입 또는 삭제한 때에는 '정정'·'삽입' 또는 '삭제'의 문자 및 자수를 난외 또는 말미 여백에 기재하고, 그곳에 발송인의 도장 또는 지장을 찍거나 서명을 해야 한다(「우편법 시행규칙」 제50조 제1항).

16 국내우편물의 부가서비스 > 특수취급서비스 답 ①

| 정답해설 | ① 민원우편은 우편이나 온라인으로 민원서류를 신청하고 그에 따라 발급된 민원서류와 발급수수료 잔액 등을 우정사업본부에서 발행하는 민원우편봉투에 함께 넣어 송달하는 특수취급제도이다.

17 국내우편물의 부가서비스 > 민원우편 서비스 답 ②

| 정답해설 | ② 회송용 민원우편물은 민원업무의 취급담당자(우체국 취급담당자가 아님)가 인장(지장) 또는 자필서명하여 봉함하여야 한다.

18 국내우편물의 부가서비스 > 통화등기 답 ③

| 정답해설 | ③ 통화등기의 취급 한도액은 100만 원 이하로서 10원 미만의 단수는 붙일 수 없다.

19 국내우편물의 부가서비스 > 보험취급 답 ④

| 정답해설 | ④ 안심소포의 경우는 등기소포를 전제로 보험가액 300만 원 이하의 고가품, 귀중품 등 사회통념상 크기에 비해 가격이 높다고 발송인이 신고한 것으로, 그 취급에 특히 유의할 필요가 있는 물품과 파손, 변질 등의 우려가 있는 물품을 취급대상으로 한다.

20 국내우편물의 부가서비스 > 통화등기 답 ③

| 정답해설 | ③ 10원 이상 100만 원 이하의 국내통화가 통화등기의 취급한도액이다.

21 국내우편물의 부가서비스 > 특수취급제도 답 ①

| 정답해설 | ① 내용증명은 수취인에게 어떤 내용의 문서를 언제 발송하였다는 사실을 우편관서가 공적으로 증명해주는 우편서비스이다. 한글이나 한자를 사용하는 것을 원칙으로 하며, 발송인은 내용문서의 원본과 등본 2통을 제출하여야 한다. 또한 원본과 등본은 양면으로 작성할 수 있으며, 등본은 원본을 복사하여 작성한다.

| 오답해설 | ② 물품가액은 발송인이 정하며, 접수 담당자는 가액 판단에 관여할 필요가 없다.

③ 특별송달이란 등기취급을 전제로 「민사소송법」이 정하는 방법에 따라 송달하는 우편물로서, 그 배달결과(송달 사실)를 우편송달통지서를 통해 발송인에게 알려주는 서비스이다.

④ 통화등기란 국내통화를 수취인에게 직접 배달하는 제도이다.

22 국내우편물의 부가서비스 > 물품등기 답 ③

| 정답해설 | ③ 물품가액은 발송인이 정한다.

23 국내우편물의 부가서비스 > 유가증권등기 답 ②

| 정답해설 | ② 취급 도중 잃어버리거나 못쓰게 된 경우 접수 당시 봉투 표면에 기재한 금액을 배상하게 된다.

24 국내우편물의 부가서비스 > 보험취급 답 ②

| 정답해설 | ② 통화등기는 100만 원 이하의 국내통화에 한하여 취급한다.

25 국내우편물의 부가서비스 > 물품등기와 유가증권등기 답 ③

| 정답해설 | ③ 유가증권등기를 취급 도중 잃어버리거나 못쓰게 된 경우에는 접수 당시 봉투 표면에 기재한 금액을 배상한다.

26 국내우편물의 부가서비스 > 증명취급 답 ④

| 정답해설 | ④ 배달증명은 수취인에게 우편물을 배달하거나 교부한 경우에 그 사실을 배달우체국에서 증명해서 발송인에게 통지하는 서비스로서, 발송할 때는 물론 발송을 한 뒤에도 청구할 수 있다.

27 국내우편물의 부가서비스 > 보험취급 답 ③

| 정답해설 | ③ 유가증권등기 취급 시 발송할 유가증권의 액면 금액과 봉투표기 금액을 대조하여 일치하는지 확인한다.

28 국내우편물의 부가서비스 > 특급취급 답 ③

| 정답해설 | ③ 국내특급우편은 전국 모든 우체국에서 접수 가능하다.

29 국내우편물의 부가서비스 > 특급취급 답 ③

| 정답해설 | ③ 국내특급은 등기취급하는 우편물에 한해 취급한다.

30 국내우편물의 부가서비스 > 부가서비스 답 ③

| 정답해설 | ③ ㄱ. 계약등기, ㄴ. 유가증권등기, ㄷ. 물품등기에 대한 설명이다.

31 국내우편물의 부가서비스 > 특급취급 답 ②

| 정답해설 | ② 통상우편물의 취급제한중량은 30kg까지이나, 소포우편물의 취급제한 중량은 20kg까지 취급할 수 있다.

32 국내우편물의 부가서비스 > 국내 소포우편물의 송달기준 답 ②

| 정답해설 | ② 일반소포는 등기·부가취급을 하지 않고 접수 다음날부터 3일(D+3일) 이내에 배달되며, 등기소포와 달리 기록취급이 되지 않으므로 분실 시 손해배상이 안 된다.

33 국내우편물의 부가서비스 > 특급취급 답 ④

| 정답해설 | ④ 국내특급의 접수마감시각 및 배달시간은 관할 지방우정청장이 정하여 고시한다.

34 국내우편물의 부가서비스 > 우편서비스의 요금 답 ③

| 정답해설 | ③ 일반 우편요금 430원 + 등기수수료 2,100원+유가증권등기 5만 원까지 1,000원 가산 + 익일특급 1,000원이다. 따라서 총 요금은 4,530원이다.

| 함께 보는 이론 | 우편수수료

종별	단위	수수료액	비고
등기	1통	2,100원	우편요금에 가산
통화등기, 물품등기, 유가증권등기	5만 원까지	1,000원	1. 우편요금 및 등기수수료에 가산 2. 취급한도액 – 통화등기: 10원 이상 100만 원 이하 – 물품등기: 10원 이상 300만 원 이하 – 유가증권등기: 10원 이상 2,000만 원 이하
	5만 원 초과 매 5만 원까지마다	500원	
선택등기	1통	2,100원	우편요금에 가산
내용증명	등본 최초 1매	1,300원	1. 우편요금 및 등기수수료에 가산 2. 동문내용증명: 내용문서 1통 초과마다 1,300원 3. 재증명, 열람수수료: 내용증명수수료의 반액
	등본 1매 초과마다	650원	
발송 시 배달증명	1통	1,600원	왕복우편요금 및 등기수수료에 가산
발송 후 배달증명	1통	1,600원	우편물 배달완료 후 신청 가능

특별송달	1통	2,000원	왕복우편요금 및 등기수수료에 가산
사설우체통의 수집	수집 주행거리 100m마다	5,000원	연액
국내특급 익일특급	1통	1,000원	우편요금 및 등기수수료에 가산
등기우편물의 반환	1통	등기수수료	등기우편물 반환(반송) 시 수수료 징수
민원우편	1통	발송 시(우편요금+등기수수료+익일특급수수료)+회송 시(50g 규격우편요금+등기수수료+익일특급수수료)	
요금수취인 부담	당해 우편요금의 100분의 10에 해당하는 금액 (우편관서의 장과 발송인 간 별도 계약 필요)		
모사전송(FAX)	최초 1매	500원	복사비(우체국 복사기 이용 시): 1매당 50원
	추가 1매마다	200원	

35 국내우편물의 부가서비스 > 국내특급우편 답 ②

| 정답해설 | ② 익일특급의 배달기한에 토요일과 공휴일(일요일)은 포함하지 않는다. 따라서 익일특급을 금요일에 접수하면 토요일 배달대상 우편물에서 제외되므로 다음 영업일에 배달된다.

36 국내우편물의 부가서비스 > 특수취급 답 ①

| 오답해설 | ② 민원우편은 우편이나 인터넷으로 신청하고 그에 따라 발급된 민원서류를 등기취급하여 송달하는 제도이며, 배달기한은 D+1이다.

③ 익일특급은 전국을 취급지역으로 하되, 접수 다음 날까지 배달이 곤란한 지역에 대해서는 별도의 추가 일수와 사유 등을 고시한다. 다만, 익일특급의 배달기한에 토요일과 공휴일(일요일)은 포함하지 않는다.

④ 착불배달 우편물은 우편물을 보낼 때 우편요금을 내지 않고 우편물을 받는 수취인이 납부하는 제도로 등기취급하는 소포우편물이나 계약등기우편물 등에 부가하여 서비스할 수 있다.

37 국내우편물의 부가서비스 > 특수취급 답 ①

| 정답해설 | ① 민원우편은 현금이 봉투에 들어갈 수 있는 유일한 서비스이며, 봉투에 넣게 되는 돈은 발급수수료 및 회송 시 민원발급 수수료 잔액으로서 송금액은 5,000원으로 제한한다(민원발급수수료가 건당 5,000원을 초과하는 경우에는 예외).

38 국내우편물의 부가서비스 > 부가서비스 답 ③

| 정답해설 | ③ 내용문서의 원본 또는 등본의 문자나 기호를 정정·삽입 또는 삭제한 때에는 정정·삽입 또는 삭제의 문자 및 자수를 난외 또는 끝부분 빈 곳에 기재하고 그곳에 발송인의 도장 또는 지장을 찍거나 서명을 해야 한다(「우편법 시행규칙」 제50조 제1항).

39 국내우편물의 부가서비스 > 부가서비스 답 ④

| 정답해설 | ㄱ. 본인지정배달은 수취인의 개인정보 누출이나 재산상의 피해를 예방하기 위하여 발송인이 수취인 본인에게 배달하도록 지정한 우편물이다.

ㄴ. 특별송달이란 「민사소송법」이 정하는 방법에 따라 등기통상으로 송달하고 송달 사실을 우편송달통지서를 통해 발송인에게 알려주는 서비스이다.

ㄷ. 유가증권등기란 현금과 교환할 수 있는 우편환증서나 수표 따위의 유가증권을 보험등기봉투에 넣어 직접 수취인에게 송달하는 서비스이다.

40 국내우편물의 부가서비스 > 선택적 우편역무의 종류 답 ②

| 정답해설 | ② 배달증명은 등기취급을 전제로 우편물의 배달일자 및 수취인을 배달우체국에서 증명하여 발송인에게 통지하는 특수취급제도이다. 선지의 내용은 내용증명에 대한 설명이다.

41 국내우편물의 부가서비스 > 선택적 우편역무의 종류 답 ②

| 정답해설 | ② 내용증명은 등기취급을 전제로 우체국 창구 또는 정보통신망을 통하여 발송인이 수취인에게 어떤 내용의 문서를 언제 발송하였다는 사실을 우체국이 증명하는 특수취급제도이다. 등기취급을 전제로 우편물의 배달일자 및 수취인을 배달우체국에서 증명하여 발송인에게 통지하는 특수취급제도는 배달증명이다(「우편법 시행규칙」 제25조 제1항 제4호).

| 오답해설 | ① 보험취급 중 보험통상에는 통화등기, 물품등기, 유가증권등기, 외화등기가 있다(「우편법 시행규칙」 제25조 제1항 제2호).

③ 특별송달은 등기취급을 전제로 「민사소송법」 제176조의 규정에 의한 방법으로 송달하는 우편물로서 배달우체국에서 배달결과를 발송인에게 통지하는 특수취급제도이다(「우편법 시행규칙」 제25조 제1항 제6호).

④ 전자우편은 우체국 창구나 정보통신망을 통하여 전자적 형태로 접수된 통신문 등을 발송인이 의뢰한 형태로 출력·봉함하여 수취인에게 배달하는 제도이다(「우편법 시행규칙」 제25조 제1항 제12호).

| 함께 보는 이론 | 보험취급

- 보험통상: 등기취급을 전제로 보험등기 취급용 봉투를 이용하여 유가증권, 통화 또는 소형포장우편물 등의 통상우편물을 배달하는 특수취급제도
- 보험소포: 등기취급을 전제로 사회통념상 용적에 비하여 가격이 높다고 발송인이 신고한 것으로서 그 취급에 특히 유의할 필요가 있는 고가품·귀중품 등의 소포우편물을 배달하는 특수취급제도

42 국내우편물의 부가서비스 > 민원우편 답 ①

| 정답해설 | ① 민원우편물을 발송·회송 및 배달하는 경우에는 국내특급우편물로 취급하여야 한다(「우편법 시행규칙」 제64조 제3항).

| 함께 보는 법령 | 「우편법 시행규칙」

제64조(민원우편물) ① 제25조 제1항 제7호의 규정에 의한 민원우편에 의하여 민원서류를 발급받고자 하는 자는 민원서류의 발급에 필요한 서류와 발급수수료를 우정사업본부장이 발행하는 민원우편발송용 봉투에 함께 넣어 발송하여야 한다. 다만, 정보통신망을 통하여 민원서류를 발급받고자 하는 경우에는 우정사업본부장이 따로 정하는 방법에 의한다.

② 민원서류를 발급한 기관은 발급된 민원서류와 민원인으로부터 우편으로 송부된 통화 중에서 발급수수료를 뺀 잔액의 통화를 우정사업본부장이 발행하는 민원우편회송용 봉투에 함께 넣어 회송해야 한다.

③ 민원우편물을 발송·회송 및 배달하는 경우에는 국내특급우편물로 취급하여야 한다. 민원우편물을 수취인부재 등의 사유로 배달하지 못하여 다시 배달하는 경우 및 배달하지 못한 민원우편물을 전송 또는 반환하는 경우에도 또한 같다.

제65조(민원우편물의 금액표기) 제64조 제1항 및 제2항의 규정에 의하여 통화를 발송하거나 회송하는 경우에는 그 민원우편의 발송용 봉투 또는 회송용 봉투의 해당란에 그 금액을 기재하여야 한다.

43 국내우편물의 부가서비스 > 특별송달 답 ④

| 정답해설 | ④ 특별송달우편물을 배달한 때에는 배달우체국에서 당해우편물에 첨부된 우편송달통지서에 송달에 관한 사실을 기재하여 발송인에게 등기우편으로 송부하여야 한다. 다만, 발송인이 원하는 경우에는 정보통신망을 통한 전자적 방법으로 송부할 수 있다(「우편법 시행규칙」 제63조 제3항).

| 함께 보는 법령 | 「우편법 시행규칙」

제62조(특별송달) ① 다른 법령에 의하여 「민사소송법」이 정하는 방법으로 송달하여야 할 서류를 내용으로 하는 등기통상우편물은 이를 제25조 제1항 제6호의 규정에 의한 특별송달로 할 수 있다.

② 특별송달우편물을 발송할 때에는 그 표면의 왼쪽 중간에 "특별송달"의 표시를 하고, 그 뒷면에 송달상 필요한 사항을 기재한 우편송달통지서용지를 첨부하여야 한다.

제63조(특별송달우편물의 배달) ① 특별송달우편물을 배달하는 때에는 우편송달통지서의 해당란에 수령인의 서명(전자서명을 포함한다) 또는 날인을 받아야 한다.

② 특별송달우편물의 수령을 거부하는 때에는 다음 각 호의 1에 해당하는 경우를 제외하고는 그 장소에 우편물을 두어 유치송달할 수 있다.

1. 수취인의 장기간 부재 등으로 대리수령인이 그 우편물을 수취인에게 전달할 수 없는 사유가 입증된 경우
2. 우편물에 기재된 주소지에 수취인이 사실상 거주하지 아니하는 경우

③ 특별송달우편물을 배달한 때에는 배달우체국에서 당해우편물에 첨부된 우편송달통지서에 송달에 관한 사실(제2항의 경우에는 유치송달의 사유 또는 제2항 각 호의 사유를 포함한다)을 기재하여 발송인에게 등기우편으로 송부하여야 한다. 다만, 발송인이 원하는 경우에는 정보통신망을 통한 전자적 방법으로 송부할 수 있다.

44 국내우편물의 부가서비스 > 보험취급 업무 답 ②

| 정답해설 | ② 증명취급은 보험취급 업무에 해당하지 않는다.

| 오답해설 | ①③④ 통화등기, 물품등기, 유가증권등기는 보험취급 우편물의 종류이다.

45 국내우편물의 부가서비스 > 보험취급 우편물 답 ④

| 오답해설 | ㄴ. 외화등기는 계약에 따라 지정된 우체국에서 접수 가능하고, 익일특급 배달 불가능한 지역을 제외한 전국 우체국에서 배달 가능하다.

ㄹ. 안심소포의 가액은 300만원 이하의 물건에 한정하여 취급하며, 취급한도액을 초과하는 물품도 보험가액의 범위 내에서 보험혜택을 주는 것이지, 취급을 할 수 없는 것은 아니다.

46 국내우편물의 부가서비스 > 특수취급제도 답 ③

| 정답해설 | ③ 본인지정배달은 등기취급을 전제로 우편물을 수취인 본인에게만 배달하여 주는 특수취급제도이다(「우편법 시행규칙」 제25조 제1항 제19호).

47 국내우편물의 부가서비스 > 등기취급하는 우편물 답 ①

| 정답해설 | ① 등기취급하는 우편물에는 발송인이 그 표면의 왼쪽 중간에 '등기'의 표시를 하여야 한다.

| 함께 보는 법령 | 「우편법 시행규칙」

제26조(등기취급) 제25조 제1항 제1호의 등기취급(이하 "등기"라 한다)을 하는 우편물(이하 "등기우편물"이라 한다)에는 발송인이 그 표면의 왼쪽 중간에 "등기"의 표시를 하여야 한다.

제27조(등기우편물의 접수) ② 등기우편물을 접수한 때에는 발송인에게 접수번호를 기록한 특수우편물수령증을 교부하여야 한다.

제28조(등기우편물 배달 시의 수령사실확인등) 영 제42조 제3항 본문에 따른 등기우편물 배달 시의 수령사실확인은 특수우편물배달증에 수령인이 서명(전자서명을 포함한다) 또는 날인하는 것으로 한다. 다만, 수령인이 본인이 아닌 경우에는 수령인의 성명 및 본인과의 관계를 기재하고 서명(전자서명을 포함한다) 또는 날인하게 하여야 한다.

48 국내우편물의 부가서비스 > 증명취급 답 ②

| 정답해설 | ② 내용증명우편물을 접수한 후에는 발송인 및 수취인의 성명·주소의 변경, 내용문서원본 또는 등본의 문자나 기호의 정정 등을 청구할 수 없다(「우편법 시행규칙」 제50조 제3항).

함께 보는 법령 |「우편법 시행규칙」

제46조(내용증명) ① 제25조 제1항 제4호 가목에 따른 내용증명우편물은 한글, 한자 또는 그 밖의 외국어로 자획을 명료하게 기재한 문서(첨부물을 포함한다. 이하 같다)인 경우에 한하여 취급하며, 공공의 질서 또는 선량한 풍속에 반하는 내용의 문서 또는 문서의 원본(사본을 포함한다. 이하 같다)과 등본이 같은 내용임을 일반인이 쉽게 식별할 수 없는 문서는 이를 취급하지 아니한다.

② 제1항에 따른 문서(이하 "내용문서"라 한다)에는 숫자·괄호·구두점이나 그 밖에 일반적으로 사용하는 단위등의 기호를 함께 기재할 수 있다.

제47조(동문내용증명) 2인 이상의 수취인에게 발송하는 내용증명우편물로서 그 내용문서가 동일한 것은 이를 동문내용증명으로 할 수 있다.

제48조(내용문서 원본 및 등본의 제출 등) ① 내용증명우편물을 발송하고자 하는 자는 내용문서 원본 및 그 등본 2통을 제출하여야 한다.

② 동문내용증명 우편물인 경우에는 각 수취인별·내용문서 원본과 수취인 전부의 성명 및 주소를 기재한 등본 2통을 제출하여야 한다.

③ 제1항 및 제2항에 따라 제출받은 등본 중 한 통은 우체국에서 발송한 다음날부터 3년간 보관하고 나머지 한 통은 발송인에게 이를 되돌려 준다. 다만, 발송인이 등본을 필요로 하지 아니하는 때에는 제1항 및 제2항에 따른 등본은 한 통을 제출할 수 있다.

제49조(내용문서 원본 및 등본의 규격 등) ① 내용문서의 원본 및 등본은 「행정효율과 협업 촉진에 관한 규정」 제7조 제6항에 따라 가로 210밀리미터, 세로 297밀리미터의 용지(이하 "기준용지"라 한다)를 사용하여 작성하되, 등본은 내용문서의 원본을 복사한 것이어야 한다.

제50조(문자의 정정 등) ① 내용문서의 원본 또는 등본의 문자나 기호를 정정·삽입 또는 삭제한 때에는 "정정"·"삽입" 또는 "삭제"의 문자 및 자수를 난외 또는 말미 여백에 기재하고 그곳에 발송인의 도장 또는 지장을 찍거나 서명을 해야 한다.

② 제1항의 경우 정정 또는 삭제된 문자나 기호는 명료하게 판독할 수 있도록 남겨두어야 한다.

③ 내용증명우편물을 접수한 후에는 발송인 및 수취인의 성명·주소의 변경, 내용문서원본 또는 등본의 문자나 기호의 정정 등을 청구할 수 없다.

제51조(발송인 및 수취인 등의 성명·주소) ① 내용증명우편물의 내용문서 원본, 그 등본 및 우편물의 봉투에 기재하는 발송인 및 수취인의 성명·주소는 동일하여야 한다.

② 제1항의 규정에 불구하고 다수인이 연명하여 동일인에게 내용증명우편물을 발송하는 때에는 연명자 중 1인의 성명·주소만을 우편물의 봉투에 기재하여야 한다.

제52조(내용문서의 증명) ① 내용증명우편물을 접수할 때에는 접수우체국에서 내용문서 원본과 등본을 대조하여 서로 부합함을 확인한 후 내용문서 원본과 등본의 각 통에 발송연월일 및 그 우편물을 내용증명우편물로 발송한다는 뜻과 우체국명을 기재하고 우편날짜도장을 찍는다.

② 수취인에게 발송할 내용문서의 원본, 우체국에서 보관할 등본 및 발송인에게 교부할 등본 상호 간에는 우편날짜도장을 걸쳐 찍어야 한다.

③ 내용문서의 원본 또는 등본이 2매 이상 합철되는 곳에는 우편날짜도장을 찍거나 구멍을 뚫는 방식 등으로 간인(間印)해야 하며, 제50조 제1항에 따라 내용문서의 원본 또는 등본의 정정·삽입 또는 삭제를 기재한 곳에는 우편날짜도장을 찍어야 한다.

④ 제1항부터 제3항까지의 규정에 따라 증명한 내용문서의 원본은 우체국의 취급직원이 보는 곳에서 발송인이 수취인 및 발송인의 성명·주소를 기재한 봉투에 넣고 봉함하여야 한다.

제53조(내용증명 취급수수료의 계산방법) ① 내용증명 취급수수료는 기준용지의 규격을 기준으로 내용문서의 매수에 따라 계산하되, 양면에 기재한 경우에는 이를 2매로 본다.

② 내용증명 취급수수료의 계산에 있어서 내용문서의 규격이 기준용지보다 큰 것은 기준용지의 규격으로 접어서 매수를 계산하고, 기준용지보다 작은 것은 기준용지로 매수를 계산한다.

제54조(발송 후의 내용증명 청구) ① 내용증명우편물의 발송인 또는 수취인은 내용증명우편물을 발송한 다음 날부터 3년까지는 우체국에 특수우편물수령증·주민등록증 등의 관계자료를 내보여 동 우편물의 발송인 또는 수취인임을 입증하고 내용증명의 재증명을 청구할 수 있다.

② 제1항에 따른 재증명 청구인은 우체국에서 보관 중인 최초의 내용문서 등본과 같은 등본을 우체국에 제출하여야 하며, 재증명 청구를 받은 우체국은 청구인이 제출한 내용문서를 재증명하여 내주어야 한다. 다만, 청구인이 분실 등의 사유로 내용문서를 제출하기 어려운 경우에는 우체국에서 보관 중인 내용문서를 복사한 후 재증명하여 내줄 수 있다.

③ 제49조·제50조·제52조 제1항 내지 제3항 및 제53조의 규정은 제1항의 규정에 의한 재증명의 청구에 관하여 이를 준용한다.

제55조(등본의 열람청구) 내용증명우편물의 발송인 또는 수취인은 우편물을 발송한 다음 날부터 3년까지는 발송우체국에 특수우편물수령증·주민등록증 등의 관계자료를 내보여 동 우편물의 발송인 또는 수취인임을 입증하고 내용문서 등본의 열람을 청구할 수 있다.

제57조(배달증명의 표시) 제25조 제1항 제4호 다목의 규정에 의한 배달증명우편물에는 발송인이 그 표면의 보기 쉬운 곳에 "배달증명"의 표시를 하여야 한다.

제58조(배달증명서의 송부) 배달증명우편물을 배달한 때에는 발송인에게 배달증명서를 우편으로 송부한다. 다만, 발송인이 원하는 경우에는 정보통신망을 통한 전자적 방법으로 송부할 수 있다.

제59조(발송 후 배달증명 청구) 등기우편물의 발송인 또는 수취인은 우편물을 발송한 다음 날부터 1년까지는 우체국에 당해 특수우편물수령증·주민등록증 등의 관계자료를 내보여 동 우편물의 발송인 또는 수취인임을 입증하고 그 배달증명을 청구할 수 있다. 다만, 내용증명우편물에 대한 배달증명의 청구기간은 우편물을 발송한 다음 날부터 3년까지로 한다.

CHAPTER 05 | 그 밖의 우편서비스

문제편 P.39

01	③	02	③	03	③	04	①	05	②
06	③	07	①	08	①	09	④	10	②
11	②	12	④	13	①	14	④	15	①
16	①								

01 그 밖의 우편서비스 > 국내우편서비스의 종류 답 ③

| 정답해설 | ③ ㄱ. 나만의 우표, ㄴ. 우체국소포, ㄷ. 우체국쇼핑

함께 보는 이론 | 국내우편서비스

- 전자우편 서비스: 고객(정부, 지자체, 기업체, 개인)이 우편물의 내용문과 발송인, 수신인의 정보(주소·성명 등)를 전산매체에 저장하거나 정보통신망을 통하여 우체국에 접수 또는 인터넷우체국을 이용하여 신청하면 내용문 출력과 봉투 제작 등 우편물 제작부터 배달까지의 전 과정을 우체국이 대신해 주는 서비스이다.
- 월요일 배달 일간신문: 토요일 자 발행 조간신문과 금요일 자 발행 석간신문을 토요일이 아닌 월요일에 배달(월요일이 공휴일인 경우 다음 영업일)하는 일간신문

- 모사전송(팩스) 우편 서비스: 팩시밀리(이하 "팩스"라 한다)를 수단으로 통신문을 전송하는 서비스이다. 시내, 시외 모두 동일한 요금을 적용한다.
- 나만의 우표: 개인의 사진, 기업의 로고·광고 등 고객이 원하는 내용을 신청받아 우표를 인쇄할 때 비워놓은 여백에 컬러복사를 하거나 인쇄하여 신청고객에게 판매하는 IT기술을 활용한 신개념의 우표 서비스이다.
- 고객맞춤형 엽서: 우편엽서에 고객이 원하는 그림·통신문과 함께 발송인과 수취인 주소·성명, 통신문 등을 인쇄하여 발송까지 대행해 주는 서비스이다.
- 인터넷 우표: 고객이 인터넷우체국을 이용하여 발송 우편물에 해당하는 요금을 지불하고 본인의 프린터에서 직접 우표를 출력하여 사용하는 서비스를 말한다. 위조, 변조 방지를 위하여 수취인 주소가 함께 있어야 한다.
- 준등기 우편: 우편물의 접수에서 배달 전(前) 단계까지는 등기우편으로 취급하고 수취함에 투함하여 배달을 완료하는 제도로, 등기우편으로 취급되는 단계까지만 손해배상을 하는 서비스이다.

02 그 밖의 우편서비스 > 국내우편서비스 답 ③

| 오답해설 | ㄱ. 모사전송(팩스) 우편서비스는 우정사업본부장이 지정 고시하는 우체국에서만 취급할 수 있으며, 우편취급국에서는 신청이 불가하다.

ㄹ. 인터넷 우표에는 일반통상과 등기통상 두 종류가 있으며, 등기통상의 경우 익일특급서비스로 부가할 수 있다. 국제우편물과 소포우편물은 이용 대상이 아니다.

03 그 밖의 우편서비스 > 국내우편서비스의 종류 답 ③

| 정답해설 | ③ ㄱ. 모사전송(팩스) 우편, ㄴ. 고객맞춤형 엽서, ㄷ. 전자우편

04 그 밖의 우편서비스 > 국내우편서비스의 종류 답 ①

| 오답해설 | ㄷ. 인터넷우체국은 회원가입 시 개인 회원, 외국인 회원, 사업자 회원, 아동 회원으로 구분하며 연령 제한이 없다.

ㄹ. 모사전송(팩스) 우편 서비스 이용수수료는 다음과 같다.

- 최초 1매 500원, 추가 1매당 200원(복사비 1매당 50원)
- 시내·시외 모두 동일한 요금을 적용한다.

05 그 밖의 우편서비스 > 부가우편서비스 답 ②

| 정답해설 | ② 전자우편은 봉함식, 접착식, 그림엽서 형식 등 다양한 형태의 제작방법이 있으며, 일반통상우편과 등기통상우편 모두 가능하다. 부가할 수 있는 서비스로는 내용증명, 계약등기, 한지(내지)가 있다.

06 그 밖의 우편서비스 > 전자우편서비스 답 ③

| 정답해설 | ③ 우체국 전자우편 서비스에는 봉함식 전자우편(소형봉투, 대형봉투), 접착식 전자우편, 그림엽서 전자우편이 있다.

07 그 밖의 우편서비스 > 부가우편서비스 답 ①

| 오답해설 | ②③④ 이외에도 우체국쇼핑, 전자우편 서비스, 고객맞춤형 엽서, 모사전송(팩스) 우편 서비스, 인터넷 우표 등이 있다.

08 그 밖의 우편서비스 > 부가우편서비스 답 ①

| 정답해설 | ① 접착식 전자우편서비스의 이용수수료는 흑백 기준으로 단면 60원, 양면 80원, 폼지 30원이며, 칼라 기준으로 단면 220원, 양면 370원이다.

09 그 밖의 우편서비스 > 전자우편서비스 답 ④

| 정답해설 | ④ 부가할 수 있는 서비스로는 내용증명, 계약등기, 한지(내지)가 있다.

10 그 밖의 우편서비스 > 우체국 축하카드 답 ②

| 정답해설 | ② 우체국 축하카드는 축하·감사의 뜻이 담긴 축하카드를 한국우편사업진흥원(위탁 제작처) 또는 배달우체국에서 만들어 수취인에게 배달하는 서비스이다. 우체국 축하카드에 부가할 수 있는 서비스로는 등기통상, 익일특급, 배달증명서비스가 있다. 또한 축하카드와 함께 20만 원 한도 내에서 문화상품권을 함께 발송할 수 있는 상품권 동봉 서비스도 있다.

11 그 밖의 우편서비스 > 부가우편서비스 답 ②

| 정답해설 | ② 〈보기〉는 인터넷 우표에 대한 설명이다.

12 그 밖의 우편서비스 > 모사전송(팩스) 우편서비스 답 ④

| 정답해설 | ④ 팩스우편의 취급지역·취급우체국 기타 필요한 사항은 우정사업본부장이 정하여 고시한다(「우편법 시행규칙」 제69조 제3항).

13 그 밖의 우편서비스 > 광고우편 답 ①

| 정답해설 | ① 특정단체의 학술적 목적을 위한 광고는 광고우편의 광고금지 대상이 아니다.

| 함께 보는 법령 | 「우편법 시행규칙」

제70조의4(광고우편의 광고금지) 다음 각 호의 1에 해당하는 광고는 이를 광고우편으로 게재할 수 없다.

1. 공공의 질서와 선량한 풍속을 저해하는 광고
2. 국민의 건전한 소비생활을 저해하는 광고
3. 우편사업에 지장을 주는 광고
4. 특정단체의 정치적 목적을 위한 광고
5. 과대 또는 허위의 광고

제70조의5(광고우편의 이용조건) 광고우편의 이용조건 등 역무제공에 관하여 필요한 사항은 우정사업본부장이 정한다.

14 그 밖의 우편서비스 > 사서함 사용계약 답 ④

| 정답해설 | ④ 최근 3개월간 계속하여 사서함에 배달한 우편물의 총 수량이 월 30통에 미달한 때에 해지할 수 있다(「우편법 시행규칙」 제126조의2 제1항 제2호).

| 함께 보는 법령 | 「우편법 시행규칙」

제126조의2(사서함 사용계약 해지 등) ① 계약우체국장은 사서함 사용자가 다음 각 호의 어느 하나에 해당하는 때에는 사서함의 사용계약을 해지할 수 있다.
1. 사서함에 배달된 우편물을 정당한 사유 없이 30일 이상 수령하지 아니한 때
2. 최근 3월간 계속하여 사서함에 배달한 우편물의 통수가 월 30통에 미달한 때
3. 우편관계법령의 규정에 위반한 때
4. 공공의 질서 또는 선량한 풍속에 반하여 사서함을 이용한 때

② 제1항에 따라 계약이 해지된 사서함에 배달된 우편물은 그 해지통지를 한 날부터 10일 이내에 사서함을 사용하였던 자의 교부신청이 없는 때에는 발송인에게 이를 되돌려 주어야 한다.

③ 사서함 사용자가 사서함 사용계약을 해지하려는 경우에는 별지 제2호 서식에 그 해지예정일 및 계약을 해지한 후의 우편물 수취장소 등을 기재하여 해지예정일 10일 전까지 계약우체국장에게 통보하여야 한다.

15 그 밖의 우편서비스 > 고층건물의 우편수취함 설치 답 ①

| 정답해설 | ① 3층 이상의 고층건물로서 그 전부 또는 일부를 주택·사무소 또는 사업소로 사용하는 건축물에는 대통령령으로 정하는 바에 따라 우편수취함을 설치하여야 한다. 이는 임의적 사항이 아니라 필요적 사항이다.

| 함께 보는 법령 | 「우편법」

제37조의2(고층건물의 우편수취함 설치) 3층 이상의 고층건물로서 그 전부 또는 일부를 주택·사무소 또는 사업소로 사용하는 건축물에는 대통령령으로 정하는 바에 따라 우편수취함을 설치하여야 한다.

| 함께 보는 법령 | 「우편법 시행령」

제50조(고층건물의 우편수취함 설치) ① 법 제37조의2의 규정에 의한 건축물의 소유자 또는 관리인은 당해 건축물의 출입구에서 가까운 내부의 보기 쉬운 곳에 그 건축물의 주거시설·사무소 또는 사업소별로 우편수취함을 설치하여야 한다.

② 제1항의 규정에 의한 우편수취함의 설치 및 관리등에 관하여 필요한 사항은 과학기술정보통신부령으로 정한다.

제51조(고층건물 내의 우편물의 배달) ① 제50조 제1항의 규정에 의한 건축물에 배달되는 우편물은 해당 건축물에 설치된 우편수취함에 배달한다. 다만, 제43조 제1호의 규정에 의한 경우에는 그러하지 아니하다.

② 법 제37조의2의 규정에 의한 건축물에 우편수취함을 설치하지 아니한 경우에는 배달우편관서에서 우편물을 보관교부할 수 있다.

③ 제2항의 규정에 의한 보관교부는 그 실시일 전 5일까지 그 건축물의 관리인 및 입주자에게 우편수취함 설치의 촉구, 우편물의 보관사유·장소, 우편물의 수취요령 등을 통지하여야 한다.

| 함께 보는 법령 | 「우편법 시행규칙」

제131조(고층건물 우편수취함의 설치) 영 제50조 제1항의 규정에 의한 고층건물의 우편수취함(이하 "고층건물 우편수취함"이라 한다)은 건물구조상 한 곳에 그 전부를 설치하기가 곤란한 경우에는 3층 이하의 위치에 3개소 이내로 분리하여 설치할 수 있다. 다만, 고층건물 우편수취함 설치 대상 건축물로서 그 1층 출입구, 관리사무실 또는 수위실 등(출입구 근처에 있는 것에 한한다)에 우편물 접수처가 있어 우편물을 배달할 수 있는 경우에는 고층건물 우편수취함을 설치하지 아니할 수 있다.

제132조(고층건물 우편수취함 등의 규격·구조 등) 영 제50조 제2항의 규정에 의한 고층건물 우편수취함의 표준규격·재료·구조 및 표시사항은 우정사업본부장이 정하여 고시한다.

16 그 밖의 우편서비스 > 고층건물 우편수취함의 관리·보수 답 ①

| 정답해설 | ① 고층건물 우편수취함이 훼손된 경우 훼손된 날부터 15일 이내에 이를 보수하지 아니한 때에는 이를 우편수취함으로 보지 아니한다(「우편법 시행규칙」 제133조 제2항).

| 함께 보는 법령 | 「우편법 시행규칙」

제133조(고층건물 우편수취함의 관리·보수) ① 건축물의 관리책임자 또는 사용자는 설치된 고층건물 우편수취함이 그 사용에 지장이 없도록 이를 관리하여야 한다.

② 고층건물 우편수취함이 훼손된 경우 훼손된 날부터 15일 이내에 이를 보수하지 아니한 때에는 이를 우편수취함으로 보지 아니한다.

제134조(고층건물 우편수취함에 넣을 수 없는 우편물의 배달) ① 다음 각 호의 어느 하나에 해당하는 경우에는 수취인에게 직접 배달해야 한다.
1. 요금수취인부담우편물
2. 양이 많거나 부피가 커서 고층건물 우편수취함에 넣을 수 없는 우편물

② 제1항 각 호 외의 특수취급우편물은 수취인에게 직접 배달하는 것을 원칙으로 하되, 등기우편물은 영 제42조 제3항 단서에 따라 전자 잠금장치가 설치된 고층건물 우편수취함에 넣을 수 있다.

제135조(고층건물앞 우편물의 보관 및 반환) ① 영 제51조 제2항의 규정에 의하여 배달우체국에서 보관·교부할 우편물은 그 우편물이 배달우체국에 도착한 다음 날부터 10일간 이를 보관한다.

② 제1항에 따른 기간이 경과하여도 우편물의 수취청구가 없는 경우에는 발송인에게 이를 되돌려 준다.

CHAPTER 06 | 우편에 관한 요금

문제편 P.42

번호	답	번호	답	번호	답	번호	답	번호	답
01	④	02	①	03	②	04	③	05	③
06	④	07	④	08	③	09	①	10	④
11	①	12	③	13	④	14	①	15	②
16	③	17	④	18	③	19	③	20	③
21	④	22	④	23	③	24	②	25	④
26	④	27	③	28	②	29	①	30	③
31	④	32	④						

01 우편에 관한 요금 > 요금별납 답 ④

| 정답해설 | ④ 요금별납은 10통 이상의 통상우편물이나 소포우편물 발송 시 이용이 가능하다.

02 우편에 관한 요금 > 요금별납 답 ①

| 정답해설 | ① 요금별납은 관할 지방우정청장이 지정하는 우체국(우편취급국 포함)에서만 취급이 가능하며, 고객은 우편물에 우표를 붙이는 수고를 줄일 수 있고, 우체국은 소인하는 절차를 생략할 수 있어 업무를 간소화해 주는 제도이다.

03 우편에 관한 요금 > 요금후납 답 ②

| 정답해설 | ② 취급대상 우편물은 한 사람이 매월 100통 이상 발송하는 통상 및 소포우편물 등이다.

04 우편에 관한 요금 > 요금후납 답 ③

| 정답해설 | ③ 지방우정청장이 아니라 발송우체국장이 정하는 조건에 적합해야 한다.

05 우편에 관한 요금 > 요금별납 및 요금후납 답 ③

| 정답해설 | ③ 최초 후납계약일부터 체납하지 않고 4년간 성실히 납부한 사람은 전액 면제 대상이다. 최초 요금후납 계약일부터 체납하지 않고 2년간 성실히 납부한 사람이 담보금 50% 면제 대상이다.

06 우편에 관한 요금 > 우편물의 수취인 부담 답 ④

| 정답해설 | ④ 우편요금 등의 수취인 부담 우편물의 취급에 관하여 필요한 사항은 과학기술정보통신부령으로 정한다.

| 함께 보는 법령 | 「우편법 시행령」

제29조(우편요금 등의 수취인 부담) ① 다음 각 호의 어느 하나에 해당하는 우편물은 우편요금 등을 수취인의 부담으로 발송할 수 있다.

1. 우편물을 다량으로 수취하는 자가 자기부담으로 수취하기 위하여 발송하는 통상우편물
2. 우편요금 등을 수취인이 지불하는 것에 대하여 발송인이 수취인의 승낙을 얻은 등기우편물. 다만, 통상우편물은 우편관서의 장과 발송인 간에 별도의 계약을 체결한 경우로 한정한다.

② 제1항의 규정에 의한 우편요금 등은 수취인이 우편물을 받을 때에 납부한다. 다만, 제30조의 규정에 의하여 우편요금 등을 후납하는 때에는 그러하지 아니하다.

③ 제1항 제2호 본문에 따른 우편물의 우편요금 등을 수취인이 납부하지 아니하는 때에는 발송인에게 그 우편물을 환부한다. 이 경우 발송인은 우편요금등 및 반환 수수료를 납부하여야 한다.

④ 제1항의 규정에 의한 우편요금 등의 수취인 부담 우편물의 취급에 관하여 필요한 사항은 과학기술정보통신부령으로 정한다.

07 우편에 관한 요금 > 요금수취인부담 답 ④

| 정답해설 | ④ 발송 유효기간은 요금수취인부담 계약일로부터 2년 이내가 원칙이다. 다만, 국가기관, 지방자치단체, 정부투자기관은 유효기간을 제한하지 않을 수 있다.

08 우편에 관한 요금 > 요금수취인부담 답 ③

| 오답해설 | ㄱ. 우편요금 등의 납부를 최근 1년간 '3회' 이상 태만히 하여 요금후납 이용계약을 해지한 때에 그 이용계약을 해지할 수 있다.

ㄹ. '2월' 이상 요금수취인부담 우편물을 이용하지 아니한 때에 그 이용계약을 해지할 수 있다.

| 함께 보는 법령 | 「우편법 시행규칙」

제94조(우편요금 등의 수취인 부담의 이용신청) ② 배달우체국장은 요금수취인부담과 관련된 우편요금 등의 변동이 생긴 경우에는 제98조의2 제2항에 따라 담보금액을 증감해야 한다.

제97조(요금수취인부담 이용계약의 해지) ① 배달우체국장은 요금수취인부담의 이용계약자가 다음 각 호의 1에 해당하는 때에는 그 이용계약을 해지할 수 있다.

1. 제94조 제2항의 규정에 의한 통보를 게을리 한 때
2. 정당한 사유 없이 요금수취인부담 우편물의 수취를 거부한 때
3. 수취인의 부재 기타 사유로 수취장소에 1월 이상 배달할 수 없을 때
4. 2월 이상 요금수취인부담 우편물을 이용하지 아니한 때
5. 제102조 제1항 제2호의 규정에 해당되어 요금후납 이용계약을 해지한 때

제102조(요금후납 계약의 해지 등) ① 발송우체국장은 요금후납을 하는 자가 다음 각 호의 어느 하나에 해당한 때에는 그 계약을 해지할 수 있다.

1. 매월 100통 이상의 우편물을 발송할 것을 조건으로 우편요금 등을 후납하는 자가 발송하는 우편물이 계속하여 2월 이상 또는 최근 1년간 4월 이상 월 100통에 미달한 때
2. 제98조 제3항의 규정에 의한 우편요금 등의 납부를 최근 1년간 3회 이상 태만히 한 때
3. 제98조의2의 규정에 의한 담보금을 제공하지 않은 때

09 우편에 관한 요금 > 국내 요금수취인부담 우편물 답 ①

| 정답해설 | ① 요금수취인부담 이용계약의 해지 이후 발송 유효기간 내에 발송된 우편물은 수취인에게 배달하여야 한다. 발송 유효기간을 경과하여 발송한 요금수취인부담 우편물은 발송인에게 반환한다.

10 우편에 관한 요금 > 우편요금 답 ④

| 정답해설 | ④ 체납 요금 등과 연체료는 조세를 제외한 다른 채권에 우선한다(「우편법」 제24조 제3항).

| 함께 보는 법령 | 「우편법」

제24조(체납 요금 등의 징수방법) ① 요금 등의 체납 금액은 「국세징수법」에 따른 체납처분의 예에 따라 징수한다.
② 제1항의 경우 체납 요금 등에 대하여는 대통령령으로 정하는 바에 따라 연체료를 가산하여 징수한다.
③ 제1항과 제2항의 체납 요금 등과 연체료는 조세를 제외한 다른 채권에 우선한다.

11 우편에 관한 요금 > 소포우편물의 감액 답 ①

| 오답해설 | ㄱ. 감액대상은 창구접수 소포우편물(등기소포)과 방문접수 소포우편물(부가취급수수료 제외)이다.

ㄷ. 요금후납의 방법으로 우체국 창구에 100개 접수한 경우, 요금의 10%를 할인받을 수 있다.

ㄹ. 방문접수의 경우 최소물량 제한은 없고 접수정보 입력, 사전결제, 픽업장소 지정 시 개당 500원 할인받을 수 있다.

12 우편에 관한 요금 > 우편요금의 감액대상 답 ③

| 정답해설 | ③ 국회의원이 의정활동을 당해지역구 주민에게 알리기 위하여 연간 '3회'의 범위에서 감액기준 수량 이상 발송하는 요금별납 또는 요금후납 일반우편물이 우편요금의 감액대상이다.

| 함께 보는 이론 | 우편요금 등의 감액대상 통상우편물

- 신문(그와 관련된 호외·부록 또는 증간을 포함한다)과 정기간행물(그와 관련된 호외·부록 또는 증간을 포함한다) 중 발행주기를 일간·주간 또는 월간으로 하여 월 1회 이상 정기적으로 발송하는 것으로서 중량과 규격이 같은 요금별납 또는 요금후납 일반우편물. 다만, 우정사업본부장이 공공성·최소발송부수 및 광고게재한도 등을 고려하여 고시하는 기준에 미달하는 것은 제외한다.
- 표지를 제외한 쪽수가 48쪽 이상인 책자의 형태로 인쇄·제본되어 발행인·출판사 또는 인쇄소의 명칭 중 어느 하나와 쪽수가 발행된 서적으로서 요금별납 또는 요금후납 일반우편물(상품의 선전 및 그에 관한 광고가 전 지면의 10분의 1을 초과하는 것을 제외한다)
- 우편물의 종류, 무게 및 규격이 같고, 우편요금 감액조건을 갖춰 접수하는 요금별납 또는 요금후납 일반우편물
- 비영리민간단체가 공익활동을 위하여 발송하는 요금별납 또는 요금후납 일반우편물
- 국회의원이 의정활동을 당해지역구 주민에게 알리기 위하여 연간 3회의 범위에서 감액기준 수량 이상 발송하는 요금별납 또는 요금후납 일반우편물
- 감액기준 수량 이상 발송하는 요금별납 또는 요금후납 등기우편물
- 상품의 광고에 관한 우편물로서 종류와 규격이 같고 우편요금 감액요건을 갖춰 접수하는 요금별납 또는 요금후납 일반우편물
- 상품안내서로서 중량과 규격이 같고, 감액기준 수량 이상 발송하는 요금후납 일반우편물

13 우편에 관한 요금 > 우편요금의 감액대상 답 ④

| 정답해설 | ④ 상품안내서로서 중량과 규격이 같고, 감액기준 수량 이상 발송하는 요금후납 일반우편물이 우편요금 등의 감액 대상 우편물에 해당한다.

14 우편에 관한 요금 > 환부불필요 감액 답 ①

| 정답해설 | ① 서적우편물은 환부(반환)불필요 감액의 대상이 아니다.

| 오답해설 | ② 요금후납 다량우편물 환부불필요 감액 기준은 1천통 이상이다.

③ 요금별납 상품광고우편물 환부불필요 감액 기준은 2천통 이상이다.

④ 요금후납 상품광고우편물 환부불필요 감액 기준은 1천통 이상이다.

15 우편에 관한 요금 > 서적우편물 답 ②

| 정답해설 | ㄱ. 표지를 제외한 쪽수가 48쪽 이상인 책자 형태로 인쇄된 것일 경우 감액대상에 해당한다.

ㄹ. 상품의 선전 및 광고가 전 지면의 10%를 초과하는 것은 감액대상에서 제외된다.

16 우편에 관한 요금 > 요금제도 답 ③

| 오답해설 | ① 요금별납 취급조건은 다음과 같다.

- 우편물의 종별, 중량, 우편요금 등이 같고 동일인이 동시에 발송하는 우편물
- 취급기준 통수: 통상우편물 10통 이상, 소포우편물 10통 이상

② 체납 요금 등에 대하여는 대통령령으로 정하는 바에 따라 연체료를 가산하여 징수한다(「우편법」 제24조 제2항).

④ 요금후납의 담보금은 1월분 우편요금 등의 예상금액의 2배 이상이다(「우편법 시행규칙」 제98조의2 제1항).

17 우편에 관한 요금 > 요금제도 답 ④

| 정답해설 | ④ 발송 유효기간은 요금수취인부담 계약일로부터 '2년'이 원칙이다. 다만, 국가기관, 지방자치단체 또는 정부투자기관에 있어서는 발송 유효기간을 제한하지 아니할 수 있다.

| 함께 보는 이론 | 요금수취인부담 우편물

의의	• 우편물을 다량으로 수취하는 자가 자기부담으로 수취하기 위하여 발송하는 통상우편물 • 배달우체국장(계약등기와 등기소포는 접수우체국장)과의 계약을 통해 그 우편요금을 발송인에게 부담시키지 않고 수취인 자신이 부담하는 제도 • 통상우편물은 주로 "우편요금수취인부담"의 표시를 한 사제엽서 또는 봉투 등을 조제하여 이를 배부하고 배부를 받은 자는 우표를 붙이지 않고 그대로 발송하여 그 요금은 우편물을 배달할 때에 또는 우체국의 창구에서 교부받을 때는 수취인이 취급수수료와 함께 지불하거나 요금후납계약을 체결하여 일괄 납부하는 형태 • 일반통상우편물은 통신판매 등을 하는 상품 제조회사가 주문을 받기 위한 경우 또는 자기회사의 판매제품에 관한 소비자의 의견을 알아보기 위한 경우 등에 많이 이용

	• 우편요금 등을 수취인이 지불하는 것에 대하여 발송인이 수취인의 승낙을 얻은 등기우편물
발송 유효기간	발송 유효기간은 요금수취인부담 계약일로부터 2년이 원칙. 다만, 국가기관, 지방자치단체 또는 정부투자기관에 있어서는 발송 유효기간을 제한하지 아니할 수 있음
취급대상	통상우편물, 등기소포우편물, 계약등기, 각 우편물에 부가서비스도 취급할 수 있음

18 우편에 관한 요금 > 요금제도 답 ③

| 정답해설 | ③ 우편물의 요금을 우편물을 발송할 때에 납부하지 않고 1개월간 발송 예정 우편요금액의 2배에 해당하는 금액을 담보금으로 제공받고, 1개월간의 요금을 다음 달 20일까지 납부하는 제도인 요금후납은 국가나 지방자치단체에서 발송하는 우편물은 발송우체국장이 정하는 조건에 적합하여야 한다. 따라서 이러한 경우 후납조건은 발송우체국장이 따로 정할 수 있다.

| 오답해설 | ① 우편물 표면에 '요금별납' 표시만 하고, 요금은 일괄하여 별도로 납부할 수 있는 제도인 요금별납은 통상우편물과 소포우편물 발송 시 이용이 가능하다. 다만, 10통 이상이 되어야 한다.

② 요금수취인부담 우편물의 발송 유효기간은 계약일로부터 2년이 원칙이다. 다만, 국가기관, 지방자치단체, 정부투자기관은 유효기간을 제한하지 않을 수 있다.

④ 우편관서의 과실로 인하여 과다 징수한 우편요금의 반환 청구기간은 우편요금을 납부한 날로부터 60일이다. 다만, 사설우체통의 사용을 폐지하거나 사용을 폐지시킨 경우 폐지한 다음 날부터의 납부수수료 잔액의 청구기간은 폐지 또는 취소한 날부터 30일이다.

19 우편에 관한 요금 > 요금제도 답 ③

| 정답해설 | ③ 「우편법」 제23조(요금 등의 제척기간)에 따르면 요금 등의 납부의무는 요금 등을 내야 하는 날부터 6개월 내에 납부의 고지를 받지 아니한 경우에는 소멸한다.

20 우편에 관한 요금 > 체납 요금 등의 징수방법 답 ③

| 정답해설 | ③ 우편에 관하여 이미 냈거나 초과하여 낸 요금은 대통령령으로 정하는 경우 외에는 되돌려 주지 않는다(「우편법」 제25조).

| 함께 보는 법령 | 「우편법」

제24조(체납 요금 등의 징수방법) ① 요금 등의 체납 금액은 「국세징수법」에 따른 체납처분의 예에 따라 징수한다.

② 제1항의 경우 체납 요금 등에 대하여는 대통령령으로 정하는 바에 따라 연체료를 가산하여 징수한다.

③ 제1항과 제2항의 체납 요금 등과 연체료는 조세를 제외한 다른 채권에 우선한다.

제25조(기납 · 과납 요금의 반환 등) 우편에 관하여 이미 냈거나 초과하여 낸 요금은 대통령령으로 정하는 경우 외에는 되돌려 주지 아니한다.

21 우편에 관한 요금 > 우편요금 등의 반환 답 ④

| 정답해설 | ④ 우편요금은 현금으로 반환할 수 있지만 우표로도 가능하다.

22 우편에 관한 요금 > 우편요금 등의 반환 답 ④

| 정답해설 | ④ 사설우체통의 사용을 폐지하거나 사용을 폐지시킨 경우, 폐지한 다음 날부터의 납부수수료 잔액은 폐지 또는 취소한 날부터 30일 이내에 청구해야 한다. 그러나 우편관서가 과실로 인하여 과다 징수한 우편요금에 대한 청구기간은 우편요금을 납부한 날부터 60일 이내이다.

23 우편에 관한 요금 > 우편요금 등의 반환 답 ③

| 정답해설 | ③ 접수과정에서 발견되지 않은 사서함 우편물은 본인에게 연락하여 방문 수령하도록 하거나 수령가능한 주소지로 전송하되, 직접 수령 또는 연락이 불가능한 경우에는 반환불능 처리한다.

24 우편에 관한 요금 > 우표류의 정가판매 답 ②

| 정답해설 | ② 광고우편엽서는 정가와 함께 판매가를 표시하여 할인판매할 수 있으며, 그 할인금액은 정가의 '100분의 30의 범위' 안에서 우정사업본부장이 미리 정하여 고시한다.

| 함께 보는 법령 | 「우편법 시행규칙」

제76조의2(우표류의 정가판매 등) ① 우표류는 제76조의3의 규정에 의한 할인판매의 경우 외에는 정가로 판매하여야 한다. 다만, 제25조 제11호의 규정에 의한 광고우편엽서는 정가와 함께 판매가를 표시하여 할인판매할 수 있으며, 그 할인금액은 정가의 100분의 30의 범위 안에서 우정사업본부장이 미리 정하여 고시한다.

② 우표류의 판매기관에서 판매한 우표류에 대하여는 환매 또는 교환의 청구를 할 수 없다. 다만, 다음 각 호의 1에 해당하는 경우에는 동일한 금액에 해당하는 우표류로 교환의 청구를 할 수 있다.

1. 사용하지 아니한 우표류로서 더럽혀지거나 헐어 못쓰게 되지 아니한 경우
2. 우편요금이 표시된 인영 외의 부분이 더럽혀지거나 헐어 못쓰게 되어 사용하지 아니한 우편엽서 및 항공서간으로서 우정사업본부장이 고시하는 교환금액을 납부한 경우. 이 경우 헐어 못쓰게 된 경우에는 그 남은 부분이 3분의 2 이상이어야 한다.

③ 제2항 단서의 규정에 의하여 교환을 청구하고자 하는 자는 교환청구서에 교환하고자 하는 우표 · 우편엽서 또는 항공서간을 첨부하여 우체국에 제출하여야 한다.

25 우편에 관한 요금 > 우편 수수료 답 ④

| 정답해설 | ④ 무료우편물의 취급은 우편이용자가 수수료를 납부하는 경우가 아니다.

| 오답해설 | ①②③ 선택적 우편역무의 이용, 반환우편물 중 등기우편물의 반환, 사설우체통의 설치·이용 시에는 우편이용자가 수수료를 납부한다(「우편법 시행령」 제11조).

| 함께 보는 법령 | 「우편법 시행령」

제11조(우편역무 등의 이용에 따른 수수료) 우편이용자는 다음 각 호의 경우에는 수수료를 납부하여야 한다.
1. 법 제14조 제2항 제3호에 따른 보편적 우편역무와 법 제15조 제2항에 따른 선택적 우편역무의 이용
2. 법 제32조 제1항에 따른 반환우편물 중 등기우편물의 반환
3. 제29조 제1항의 규정에 의한 수취인 부담 우편물의 취급
4. 제36조의2에 따른 수취인과 수취인 주소변경 또는 우편물 반환의 청구
5. 제38조 제1항의 규정에 의한 사설우체통의 설치·이용
6. 제43조 제10호에 따른 우편물 배달의 청구

26 우편에 관한 요금 > 반환취급수수료 답 ④

| 정답해설 | ④ 우체국과 발송인과의 사전계약에 따라 발송하는 소포우편물 및 계약등기우편물을 반환하는 경우에는 그 계약에서 정한 반환취급수수료를 징수한다(「우편법 시행규칙」 제84조 제3항).

| 함께 보는 법령 | 「우편법 시행규칙」

제84조(반환취급수수료) ① 영 제11조 제2호에 따라 등기우편물을 반환하는 경우에는 발송인으로부터 반환취급수수료를 징수한다. 다만, 배달증명우편물·특별송달우편물·민원우편물 및 회신우편물의 경우에는 그러하지 아니하다.
② 등기우편물의 반환 도중 반환취급수수료의 변동이 있는 경우에는 해당 등기우편물이 발송인의 주소지 배달우체국에 도착한 날을 기준으로 하여 이를 징수한다.
③ 제1항의 규정에 불구하고 우체국과 발송인과의 사전계약에 따라 발송하는 소포우편물 및 계약등기우편물을 반환하는 경우에는 그 계약에서 정한 반환취급수수료를 징수한다.

27 우편에 관한 요금 > 우표류 판매 답 ③

| 정답해설 | ③ 우체국은 별정우체국·우편취급국 및 판매인에게, 별정우체국은 우편취급국 및 국내 판매인에게 우표류를 할인하여 판매할 수 있다.

| 함께 보는 법령 | 「우편법 시행규칙」

제76조의2(우표류의 정가판매 등) ① 우표류는 제76조의3의 규정에 의한 할인판매의 경우 외에는 정가로 판매하여야 한다. 다만, 제25조 제11호의 규정에 의한 광고우편엽서는 정가와 함께 판매가를 표시하여 할인판매할 수 있으며, 그 할인금액은 정가의 100분의 30의 범위 안에서 우정사업본부장이 미리 정하여 고시한다.
② 우표류의 판매기관에서 판매한 우표류에 대하여는 환매 또는 교환의 청구를 할 수 없다. 다만, 다음 각 호의 1에 해당하는 경우에는 동일한 금액에 해당하는 우표류로 교환의 청구를 할 수 있다.
1. 사용하지 아니한 우표류로서 더럽혀지거나 헐어 못쓰게 되지 아니한 경우
2. 우편요금이 표시된 인영 외의 부분이 더럽혀지거나 헐어 못쓰게 되어 사용하지 아니한 우편엽서 및 항공서간으로서 우정사업본부장이 고시하는 교환금액을 납부한 경우. 이 경우 헐어 못쓰게 된 경우에는 그 남은 부분이 3분의 2 이상이어야 한다.
③ 제2항 단서의 규정에 의하여 교환을 청구하고자 하는 자는 교환청구서에 교환하고자 하는 우표·우편엽서 또는 항공서간을 첨부하여 우체국에 제출하여야 한다.

제76조의3(우표류의 할인판매등) ① 우체국은 별정우체국·우편취급국 및 판매인에게, 별정우체국은 우편취급국 및 국내 판매인에게 우표류를 할인하여 판매할 수 있다.
② 제1항에 따른 우표류의 할인율은 다음 각 호의 범위에서 우정사업본부장이 정하여 고시한다.
1. 별정우체국·우편취급국·국내 판매인 및 국내 보급인: 월간 매수액의 100분의 15 이내
2. 국외 보급인: 매수액의 100분의 50 이내
③ 제1항에 따라 할인하여 판매한 우표류는 다음 각 호의 어느 하나에 해당하는 우표류에 한하여 환매 또는 교환할 수 있다.
1. 판매를 폐지한 우표류
2. 판매에 부적합한 우표류
3. 고의 또는 과실에 의하지 아니하고 더럽혀 못쓰게 된 우표류
④ 우정사업본부장은 제3항에도 불구하고 우표류의 원활한 보급을 위하여 특히 필요하다고 인정하는 경우에는 국내보급인 또는 국외보급인이 할인매수한 우표류를 교환할 수 있다.
⑤ 판매인이 계약을 해지하거나 사망한 때에는 본인 또는 상속인은 그 잔여 우표류에 대하여 매수 당시의 실제매수가액으로 계약우체국(국내 보급인 및 국외 보급인의 경우에는 우표류를 매수한 우체국)에 그 환매를 청구할 수 있다.

28 우편에 관한 요금 > 우표류의 관리 답 ②

| 정답해설 | ② ㄱ. 물품출납공무원 또는 물품운용관, ㄴ. 정가

| 함께 보는 법령 | 「우편법 시행규칙」

제82조(우표류의 관리 등) ① 우표류는 우정사업본부장이 지정하는 물품출납공무원 또는 물품운용관이 이를 관리한다.
② 제1항의 규정에 의한 물품출납공무원 또는 물품운용관이 관리하는 우표류를 망실한 때에는 그 정가에 해당하는 금액을, 더럽혀지거나 헐어 못쓰게 된 때에는 그 조제에 소요된 실비액을 변상하여야 한다.
③ 우표류의 출납·보관 기타 처분등에 관하여 필요한 사항은 우정사업본부장이 정한다.

제82조의2(우표류의 기증 및 사용) ① 우정사업본부장은 국제협력의 증진과 정보통신사업의 발전 및 우표문화의 보급등을 위하여 특히 필요하다고 인정하는 때에는 우표류 및 시험인쇄한 우표를 기증할 수 있다.
② 우표류는 그 조제를 위한 자료로 사용하거나 판매를 위한 견본으로 사용할 수 있다.
③ 제1항의 규정에 의한 우표류의 기증에 관하여 필요한 사항은 우정사업본부장이 정한다.

29 우편에 관한 요금 > 우편요금의 제척기간 답 ①

| 정답해설 | ① 요금 등의 납부의무는 요금 등을 내야 하는 날부터 6개월 내에 납부의 고지를 받지 아니한 경우에는 소멸한다(「우편법」 제23조).

| 함께 보는 법령 |「우편법」

제23조(요금 등의 제척기간) 요금 등의 납부의무는 요금 등을 내야 하는 날부터 6개월 내에 납부의 고지를 받지 아니한 경우에는 소멸한다. 다만, 불법으로 면탈한 요금에 대하여는 그러하지 아니하다.

30 우편에 관한 요금 > 우편요금 답 ③

| 정답해설 | ③ 요금수취인부담 우편물의 발송 유효기간은 계약일로부터 2년이 원칙이다.

31 우편에 관한 요금 > 무료우편물 답 ④

| 정답해설 | ④ 북한으로 발송하는 것은 무료로 발송할 수 없는 우편물이다.

| 함께 보는 법령 |「우편법」

제26조(무료우편물) 다음 각 호의 우편물은 우편요금을 무료로 할 수 있다.
1. 과학기술정보통신부와 그 소속 기관이 발송하는 우편물 중 우편업무와 관련된 것
2. 과학기술정보통신부와 그 소속 기관으로 발송하는 우편물 중 우편물에 관한 손해배상, 우편요금 등의 환부청구, 우편물에 관한 사고조회 및 과학기술정보통신부와 그 소속 기관의 우편업무상 의뢰에 의한 것
3. 재해복구를 위하여 설치된 구호기관이 이재민의 구호를 위하여 발송하는 것
4. 시각장애인용 점자 또는 시각장애인을 위한 법인·단체 또는 시설(법률에 따라 설치되거나 허가·등록·신고 등을 한 법인·단체 또는 시설만 해당한다)에서 시각장애인용 녹음물을 발송하는 것
5. 전쟁포로가 발송하는 것

| 함께 보는 법령 |「우편법 시행규칙」

제105조(무료우편물의 발송) ① 법 제26조에 따른 무료우편물에는 발송인이 그 우편물 표면의 윗부분 오른쪽에 다음 각 호의 구분에 따라 표시하여야 한다.
1. 법 제26조 제1호 및 제2호에 해당하는 우편물: "우편사무"
2. 법 제26조 제3호에 해당하는 우편물: "구호우편"
3. 법 제26조 제4호에 해당하는 우편물: "시각장애인용우편"
4. 법 제26조 제5호에 해당하는 우편물: "전쟁포로우편"

② 무료우편물의 발송인 또는 수취인이 국가·지방자치단체 또는 공무원인 경우에는 그 기관명 또는 직위 및 성명을, 개인, 기관 또는 단체인 경우에는 그 성명, 기관명 또는 단체명 및 주소를 우편물의 외부에 기재하여야 한다.
③ 제1항 및 제2항을 위반한 우편물은 무료우편물로 취급하지 아니한다.
④ 법 제26조 제3호 및 제5호에 따른 무료우편물에 대해서는 우정사업본부장이 정하는 바에 따라 해당 발송기관의 장이 인정하는 것만 해당한다.
⑤ 제4항에 따른 무료우편물을 발송할 때에는 우편물의 종별 및 수량 등을 기재한 발송표를 발송우체국에 제출하여야 한다.
⑥ 무료우편물은 우정사업본부장이 특별히 정하는 것을 제외하고는 특수취급을 하지 아니한다.
⑦ 무료우편물의 발송에 관하여는 제100조 제3항 및 제4항을 준용한다. 이 경우 "요금후납우편물"을 "무료우편물"로 본다.

32 우편에 관한 요금 > 요금후납 답 ④

| 정답해설 | ④ 모두 요금후납을 할 수 있는 우편물이다(「우편법 시행규칙」 제98조 제1항).

| 함께 보는 법령 |「우편법 시행규칙」

제98조(우편요금 등의 후납) ① 영 제30조에 따라 우편요금 등의 후납(이하 "요금후납"이라 한다)을 할 수 있는 우편물은 다음 각 호와 같다. 다만, 국가 또는 지방자치단체에서 발송하는 우편물은 발송우체국장이 그 후납조건을 따로 정할 수 있다.
1. 동일인이 매월 100통 이상 발송하는 우편물
2. 법 제32조에 따른 반환우편물 중 요금후납으로 발송한 등기우편물
3. 삭제
4. 제25조 제1항 제9호에 따른 팩스우편물
5. 제25조 제1항 제12호의 규정에 의한 전자우편물
6. 제90조의 규정에 의한 표시기사용우편물
7. 제94조의 규정에 의한 우편요금수취인부담의 우편물
8. 우체통에서 발견된 습득물 중 우편물에서 이탈된 것으로 인정되지 아니하는 주민등록증

② 제1항에 따라 요금후납을 하려는 자는 발송우체국장에게 요금후납신청서를 제출해야 한다.
③ 요금후납을 하는 자는 매월 이용한 우편물의 우편요금 등을 다음 달 20일까지 발송우체국에 납부해야 한다. 다만, 발송우체국장과 발송인과의 계약에 따라 접수하는 등기취급 소포우편물의 경우에는 다음 달 중에 그 계약서에 정한 날까지 납부할 수 있다.
④ 제1항부터 제3항까지에서 규정한 사항 외에 요금후납의 이용신청, 변경사항 통보, 우편물 표시 등 필요한 사항은 우정사업본부장이 정하여 고시한다.
⑤ 삭제

제98조의2(담보금의 제공) ① 요금후납을 하고자 하는 자는 그가 납부할 1월분 우편요금 등의 예상금액의 2배 이상에 해당하는 금액의 보증금을 납부하거나 우정사업본부장이 지정하는 이행보증보험증권 또는 지급보증서를 제공하여야 한다. 다만, 국가·지방자치단체·공공기관·「은행법」에 따른 은행 및 특별법에 의하여 설립된 공공기관과 우정사업본부장이 정하여 고시하는 기준에 적합한 자에 대하여는 담보의 제공을 면제할 수 있다.
② 발송우체국장은 납부할 우편요금 등의 변동에 따라 제1항의 규정에 의한 담보금액을 증감할 수 있다.

제102조(요금후납 계약의 해지 등) ① 발송우체국장은 요금후납을 하는 자가 다음 각 호의 어느 하나에 해당한 때에는 그 계약을 해지할 수 있다.
1. 매월 100통 이상의 우편물을 발송할 것을 조건으로 우편요금 등을 후납하는 자가 발송하는 우편물이 계속하여 2월 이상 또는 최근 1년간 4월 이상 월 100통에 미달한 때
2. 제98조 제3항의 규정에 의한 우편요금 등의 납부를 최근 1년간 3회 이상 태만히 한 때
3. 제98조의2의 규정에 의한 담보금을 제공하지 않은 때

② 요금후납으로 우편물을 발송하는 자가 요금후납 계약을 해지하고자 할 때에는 이를 발송우체국에 통보하여야 한다.
③ 제1항 및 제2항의 규정에 의하여 요금후납 계약을 해지하고자 할 때에는 그 납부하여야 할 우편요금 등을 즉시 납부하여야 한다.

제103조(담보금의 반환) 요금후납계약을 해지한 경우 제98조의2에 따른 담보금은 납부하여야 할 우편요금 등을 빼고 그 잔액을 되돌려 주어야 한다.

CHAPTER 07 | 손해배상 및 손실보상

문제편 P.49

01	③	02	④	03	④	04	④	05	③
06	④	07	④	08	④	09	④	10	②
11	③	12	①	13	①	14	①	15	④
16	③	17	③	18	①	19	①	20	③
21	③	22	④						

01 손해배상 및 손실보상 > 국내우편물 손해배상 답 ③

| 오답해설 | ① 손해배상에 관한 과학기술정보통신부장관의 결정에 불복하는 자는 그 통지를 받은 날부터 3개월 내에 소송을 제기할 수 있다(「우편법」 제44조). 이 기간은 불복제기간으로서 제척기간이다. 따라서 손해배상금은 청구권자가 손해배상금결정서를 통지받은 날부터 3개월 이내에 청구해야 한다.

② 손해배상을 청구할 수 있는 자는 그 우편물의 발송인이나 그 승인을 받은 수취인으로 한다(「우편법」 제42조).

④ 손해배상 청구기한은 우편물을 발송한 날부터 1년이다(「우편법」 제43조 제2호). 「국가재정법」상 공법상 금전채권은 다른 법률에 특별한 규정이 없는 한 원칙적으로 5년이다. 여기에서 '다른 법률의 특별한 규정'이란 5년보다 짧은 기간, 즉 단기소멸시효를 규정한 개별법을 의미하므로 「우편법」도 여기에 해당한다. 따라서 「우편법」상 손해배상의 청구기한은 발송한 날부터 1년의 소멸시효가 적용된다.

| 함께 보는 법령 | 「국가재정법」

제96조(금전채권·채무의 소멸시효) ① 금전의 급부를 목적으로 하는 국가의 권리로서 시효에 관하여 다른 법률에 규정이 없는 것은 5년 동안 행사하지 아니하면 시효로 인하여 소멸한다.
② 국가에 대한 권리로서 금전의 급부를 목적으로 하는 것도 또한 제1항과 같다.
③ 금전의 급부를 목적으로 하는 국가의 권리의 경우 소멸시효의 중단·정지 그 밖의 사항에 관하여 다른 법률의 규정이 없는 때에는 「민법」의 규정을 적용한다. 국가에 대한 권리로서 금전의 급부를 목적으로 하는 것도 또한 같다.
④ 법령의 규정에 따라 국가가 행하는 납입의 고지는 시효중단의 효력이 있다.

| 함께 보는 법령 | 「우편법」

제42조(손해배상 청구권자) 제38조에 따른 손해배상을 청구할 수 있는 자는 그 우편물의 발송인이나 그 승인을 받은 수취인으로 한다.

제43조(배상 및 보수 등의 단기소멸시효) 이 법에 따른 보수 또는 손실보상, 손해배상의 청구권은 과학기술정보통신부장관이 지정한 우편관서에 대하여 다음 각 호의 구분에 따른 기간 내에 행사하지 아니하면 소멸시효가 완성된다.
1. 제4조 제1항 후단에 따른 보수와 제5조 제1항·제2항에 따른 보상은 그 사실이 있었던 날부터 1년
2. 제38조에 따른 배상은 우편물을 발송한 날부터 1년

제44조(보수 등의 결정에 대한 불복의 구제) 제4조 제1항 후단에 따른 보수, 제5조 제1항·제2항에 따른 보상 및 제38조에 따른 손해배상에 관한 과학기술정보통신부장관의 결정에 불복하는 자는 그 통지를 받은 날부터 3개월 내에 소송을 제기할 수 있다.

02 손해배상 및 손실보상 > 국내우편물 손해배상 답 ④

| 정답해설 | ④ 우편물을 받은 후에는 이의를 제기할 수 없다. 따라서 그 우편물에 대하여 우편관서에서 배상하여야 할 손해가 있다고 인정될 때에는 우편물을 받는 것을 거부할 수 있다.

| 함께 보는 법령 | 「우편법」

제38조(손해배상의 범위) ① 과학기술정보통신부장관은 다음 각 호의 어느 하나에 해당하는 사유가 발생한 경우에는 그 손해를 배상하여야 한다.
1. 우편역무 중 취급과정을 기록취급하는 우편물을 잃어버리거나 못 쓰게 하거나 지연배달한 경우
2. 우편역무 중 보험취급 우편물을 잃어버리거나 못 쓰게 하거나 지연 배달한 경우
3. 우편역무 중 현금추심 취급 우편물을 배달하면서 추심금액을 받지 아니하고 수취인에게 내준 경우
4. 제1호부터 제3호까지 외의 우편역무로서 대통령령으로 정하는 경우
② 제1항의 배상금액과 지연배달의 기준은 과학기술정보통신부령으로 정한다.
③ 국제우편물에 관한 손해배상액은 조약에서 정하는 손해배상액을 넘지 아니하는 범위에서 과학기술정보통신부장관이 정하여 고시한다.
④ 제2항과 제3항의 손해배상액은 대통령령으로 정하는 바에 따라 우편관서에서 즉시 지급할 수 있다.

제41조(우편물 수취거부권) 우편물의 발송인 또는 수취인은 그 우편물에 대하여 우편관서에서 배상하여야 할 손해가 있다고 인정될 때에는 우편물을 받는 것을 거부할 수 있다. 다만, 우편물을 받은 후에는 이의를 제기할 수 없다.

03 손해배상 및 손실보상 > 국내우편물 손해배상 답 ④

| 정답해설 | ④ 우편물을 교부할 때 외부에 파손의 흔적이 없고 또 중량에 차이가 없을 때에는 손해배상을 청구할 수 없다.

04 손해배상 및 손실보상 > 손해배상청구 답 ④

| 정답해설 | ④ 손해배상에 관한 과학기술정보통신부장관의 결정에 불복하는 자는 그 통지를 받은 날부터 3개월 내에 소송을 제기할 수 있다(「우편법」 제44조). 이 기간은 불복제기간으로서 제척기간이다. 따라서 손해배상금은 청구권자가 손해배상금결정서를 통지받은 날부터 3개월 이내에 청구해야 한다.

05 손해배상 및 손실보상 > 손해배상청구 답 ③

| 정답해설 | ③ 우편물을 배달(교부)할 때 외부에 파손 흔적이 없고, 무게도 차이가 없는 경우에 손해배상 청구권이 발생하지 않는다.

06 손해배상 및 손실보상 > 우편물 손해배상 답 ④

| 정답해설 | ④ 손해배상을 청구할 수 있는 자는 그 우편물의 발송인이나 그 승인을 받은 수취인으로 한다(「우편법」 제42조).

07 손해배상 및 손실보상 > 우편물 손해배상 답 ④

| 오답해설 | ① 손실액이 손해배상금액보다 적을 때에는 그 실제 손해액을 배상한다.

② 통상우편물의 손·분실 시 손해배상의 범위는 일반은 배상이 없지만 등기취급, 익일특급의 경우는 최고 10만 원이다.

③ 소포우편물의 손·분실 시 손해배상의 범위는 일반은 없지만, 등기취급의 경우는 최고 50만 원이다.

08 손해배상 및 손실보상 > 우편물 손해배상의 대상 답 ④

| 정답해설 | ④ 우편물의 손해가 발송인 또는 수취인의 과오로 인한 것이거나 당해 우편물의 성질, 결함 또는 불가항력으로 인하여 발생한 경우는 손해배상의 대상이 아니다.

09 손해배상 및 손실보상 > 지연배달에 대한 배상금액 답 ④

| 정답해설 | ④ 익일특급 지연배달 시 손해배상의 범위는 D+3 배달분부터 우편요금 + 국내특급수수료이다.

10 손해배상 및 손실보상 > 손해배상 답 ②

| 정답해설 | ② 등기통상우편물은 D+3일이 배달기간에 해당하므로 지연에 대한 손해배상은 D+5일 배달분부터 우편요금과 등기취급수수료를 배상한다.

| 오답해설 | ① 준등기는 지연배상 대상에 해당하지 않는다.

③ 등기소포의 지연에 대한 손해배상은 D+3 배달분부터 우편요금과 등기취급수수료를 배상한다.

④ 익일특급의 지연에 대한 손해배상은 D+3 배달분부터 우편요금과 국내특급수수료를 배상한다.

11 손해배상 및 손실보상 > 손실보상 답 ③

| 정답해설 | ③ 손실보상을 청구하는 사람은 관계 우체국장을 거쳐서 지방우정청장에게 청구서를 제출한다. 이때 우체국장은 의견서를 첨부하여야 한다.

12 손해배상 및 손실보상 > 손실보상 답 ①

| 정답해설 | ① 우편물의 손실보상은 우편관서의 적법한 행위에 의해 손실이 발생한 경우 그 손실을 보상하는 것이다. 고의나 과실을 요건으로 하지 않는 점에서 손해배상과 차이가 있다.

13 손해배상 및 손실보상 > 손실보상의 절차 답 ①

| 정답해설 | ① 손실보상을 청구할 때에는 청구인의 주소, 성명, 청구사유 및 청구금액을 적은 청구서를 운송원 등이 소속하고 있는 우체국장을 거쳐 지방우정청장에게 제출하여야 하며, 소속 우체국장은 손실보상의 청구내용에 대한 의견서를 첨부하여야 한다.

14 손해배상 및 손실보상 > 손해배상과 손실보상 답 ①

| 오답해설 | ② 우편관서의 고의 또는 과실에 의한 재산적 손해를 전보해 주는 것은 손해배상이며, 적법한 행위에 의한 손실을 보상하는 것이 손실보상이다.

③ 1년 이내가 아니고 3개월 이내에 민사소송을 제기할 수 있다.

④ 손실보상의 청구는 운송원이 소속한 우체국장을 거쳐 지방우정청장에게 제출하여야 한다.

15 손해배상 및 손실보상 > 손해배상 발생사유 답 ④

| 정답해설 | ④ ①부터 ③까지 외의 우편역무로서 대통령령으로 정하는 경우 그 손해를 배상하여야 한다.

| 함께 보는 법령 | 「우편법」

제38조(손해배상의 범위) ① 과학기술정보통신부장관은 다음 각 호의 어느 하나에 해당하는 사유가 발생한 경우에는 그 손해를 배상하여야 한다.
1. 우편역무 중 취급과정을 기록취급하는 우편물을 잃어버리거나 못 쓰게 하거나 지연배달한 경우
2. 우편역무 중 보험취급 우편물을 잃어버리거나 못 쓰게 하거나 지연배달한 경우
3. 우편역무 중 현금추심 취급 우편물을 배달하면서 추심금액을 받지 아니하고 수취인에게 내준 경우
4. 제1호부터 제3호까지 외의 우편역무로서 대통령령으로 정하는 경우

제42조(손해배상 청구권자) 제38조에 따른 손해배상을 청구할 수 있는 자는 그 우편물의 발송인이나 그 승인을 받은 수취인으로 한다.

16 손해배상 및 손실보상 > 이용자 실비지급제도 답 ③

| 정답해설 | ③ 이용자 실비지급제도는 우편역무의 제공과 관련하여 '우정사업본부장'이 공표하는 기준을 충족하지 못하는 경우에 예산의 범위 안에서 해당 이용자에게 교통비 등 실비의 전부 또는 일부를 지급하는 제도이다.

| 함께 보는 법령 | 「우편법 시행규칙」

제15조의2(이용자에 대한 실비의 지급) ① 우편관서의 장은 보편적 우편역무 및 선택적 우편역무의 제공과 관련하여 우정사업본부장이 공표하는 기준을 충족하지 못한 경우에는 예산의 범위 안에서 해당 이용자에게 교통비 등 실비의 전부 또는 일부를 지급할 수 있다.

② 제1항의 규정에 의한 실비 지급의 절차는 우정사업본부장이 정하여 고시한다.

17 손해배상 및 손실보상 > 이용자 실비지급제도 답 ③

| 정답해설 | ③ 이용자는 사유가 발생한 날부터 15일 이내에 해당 사유를 우체국에 신고해야 한다.

18 손해배상 및 손실보상 > 이용자 실비지급제도 답 ①

| 정답해설 | ① 모든 우편에 대하여 우체국 직원의 잘못이나 불친절한 응대 등으로 2회 이상 우체국을 방문하였다고 신고한 경우 실비지급액은 1만 원 상당의 문화상품권 등이다.

19 손해배상 및 손실보상 > 이용자 실비지급제도 답 ①

| 정답해설 | ① 이용자 실비지급제도는 우정사업본부장이 공표한 기준에 맞는 우편서비스를 제공하지 못할 경우에 예산의 범위에서 해당 이용자에게 교통비 등 실비의 전부나 일부를 지급하는 제도이다.

20 손해배상 및 손실보상 > 이용자 실비지급제도의 신고기한 답 ③

| 정답해설 | ③ 이용자 실비지급제도의 신고기한은 사유가 발생한 날로부터 15일 이내이며, 해당 우체국에 신고하여야 한다.

21 손해배상 및 손실보상 > 손해배상 및 이용자 실비지급 답 ③

| 오답해설 | ① 설·추석 등 특수한 기간에 우편물이 대량으로 늘어나 늦게 배달되는 경우에는 지연배달로 보지 않는다.

② D+3일 배달분부터 익일특급 우편물은 우편요금과 국내특급 수수료를 손해배상한다.

④ 이용자 실비를 지급받기 위해서는 사유가 발생한 날부터 15일 이내에 해당 우체국에 신고해야 한다.

22 손해배상 및 손실보상 > 우편물의 손해배상 답 ④

| 정답해설 | ④ 배달우체국장은 우편물이 외부에 파손의 흔적이 없고 중량에 차이가 없어 손해가 없는 것으로 인정하는 때에는 그 사유를 기재한 조서와 함께 수취를 거부한 자에게 우편물을 교부하여야 하며, 그렇지 않다고 인정하는 때에는 수취를 거부한 다음 날부터 15일 이내에 기일을 정하여 수취를 거부한 자 또는 손해배상청구권자의 출석을 요구하고 그 출석하에 해당 우편물을 개봉하여 손해의 유무를 검사해야 한다.

함께 보는 법령 |「우편법 시행규칙」

제135조의2(우편물의 손해배상금액 및 지연배달의 기준) ① 법 제38조 제1항 제1호 및 제2호에 따라 잃어버리거나 못쓰게 된 우편물의 손해배상금액은 다음과 같다.

1. 등기통상우편물: 10만 원
2. 준등기통상우편물: 5만 원

2의2. 선택등기통상우편물: 10만 원

3. 등기소포우편물: 50만 원
4. 민원우편물: 표기금액
5. 보험취급우편물: 신고가액

② 법 제38조 제1항 제3호의 규정에 의한 현금추심취급 우편물의 손해배상금액은 그 추심금액으로 한다.

③ 제1항 및 제2항의 경우에 실제 손해액이 손해배상금액보다 적을 때는 그 실제 손해액을 배상한다.

④ 법 제38조 제1항 제1호 및 제2호의 규정에 의하여 배상하는 지연배달의 기준 및 배상금액은 별표 5와 같다.

제136조(손해의 신고 등) ① 등기우편물의 배달(반환을 포함한다. 이하 같다)에 있어서 수취인 또는 발송인이 그 우편물에 손해가 있음을 주장하여 수취를 거부하고자 할 때에는 집배원 또는 배달우체국에 그 사유를 통보하여야 한다.

② 배달우체국장은 제1항에 따른 우편물이 외부에 파손의 흔적이 없고 중량에 차이가 없어 법 제40조에 해당한다고 인정하는 때에는 그 사유를 기재한 조서와 함께 수취를 거부한 자에게 우편물을 교부해야 하며, 그렇지 않다고 인정하는 때에는 수취를 거부한 다음 날부터 15일 이내에 기일을 정하여 수취를 거부한 자 또는 손해배상 청구권자의 출석을 요구하고 그 출석하에 해당 우편물을 개봉하여 손해의 유무를 검사해야 한다.

③ 제2항의 규정에 의한 검사결과 우편물에 손해가 없다고 인정하는 때에는 그 사유를 기재한 조서와 함께 동 우편물을 교부하고, 손해가 있다고 인정하는 때에는 손해조서를 작성하여 제135조의2의 규정에 의한 손해배상금을 지급한다.

제137조(수취를 거부한 자가 출석하지 아니한 때의 처리) 제136조 제2항의 경우에 수취를 거부한 자 또는 손해배상청구권자가 지정기일에 출석하지 아니한 때에는 당해인에게 그 우편물을 배달하여야 한다.

제138조(손해배상청구의 취소) 우편물의 손해배상을 청구한 자가 그 청구를 취소한 때에는 우체국은 즉시 당해우편물을 청구인에게 교부하여야 한다.

제139조(손해배상금의 반환통지) 손해를 배상한 우체국에서 법 제45조의 규정에 의한 통지를 하는 때에는 영 제53조의 규정에 의한 반환금액·반환방법 및 우편물의 청구방법을 명시하여야 한다.

CHAPTER 08 | 그 밖의 청구와 계약

문제편 P.54

01	②	02	②	03	③	04	④	05	④
06	①	07	②						

01 그 밖의 청구와 계약 > 국내우편물의 처리 답 ②

| 정답해설 | ② 우편물 반환청구는 접수우체국의 발송준비 완료 전 또는 자국 배달 전인 경우에는 '○월 ○일 우체국 교부필'이라 쓰고 우편날짜도장을 찍어 접수우편물을 취소처리하고, 배달우체국의 우편물 배달 전인 경우에는 반환사유를 기재하여 발송인에게 반송(통지×)한다.

02 그 밖의 청구와 계약 > 변경청구 및 반환청구 답 ②

| 정답해설 | ② 우편물의 반환청구 시 배달우체국의 우편물 배달 전인 경우에는 반환사유를 기재하고 발송인에게 반송한다.

03 그 밖의 청구와 계약 > 우편사서함 사용계약 답 ③

| 정답해설 | ③ 사서함은 2인 이상이 공동으로 사용할 수 없다(「우편법 시행규칙」 제122조의2 제1항).

04 그 밖의 청구와 계약 > 우편사서함 사용계약 답 ④

| 오답해설 | ① 사서함은 2인 이상이 공동으로 사용할 수 없다.

② 우편사서함이란 신청인이 우체국장과 계약을 하여 우체국에 설치된 우편함에서 우편물을 직접 찾아가는 서비스이다. 우편물을 다량으로 받는 고객이 우편물을 수시로 찾아갈 수 있으며, 수취인 주거지나 주소 변경과 관계없이 이용할 수 있다.

③ 우편사서함의 사용계약을 하려는 사람은 주소·성명 등을 기록한 계약신청서와 등기우편물 수령을 위하여 본인과 대리수령인의 서명표를 사서함 시설이 갖춰진 우체국에 제출한다.

05 그 밖의 청구와 계약 > 우편사서함 사용계약 답 ④

| 정답해설 | • 사서함 신청을 받은 우체국장은 국가기관, 지방자치단체, 일일 배달 예정물량이 100통 이상인 다량이용자, 우편물 배달 주소지가 사서함 설치 우체국의 관할구역인 신청자 순서로 우선적으로 계약할 수 있다.

• 최근 3개월간 계속하여 사서함에 배달된 우편물의 총 수량이 월 30통에 미달한 경우, 사서함 사용계약을 해지할 수 있다.

• 사서함을 운영하고 있는 관서의 우체국장은 연 2회 이상 운영 실태를 점검하고 사용계약 해지 대상자 등을 정비하여야 한다.

06 그 밖의 청구와 계약 > 우편사서함 사용계약 답 ①

| 정답해설 | ① 사서함은 2인 이상이 공동으로 사용할 수 없다(「우편법 시행규칙」 제122조의2 제1항).

함께 보는 법령 「우편법 시행규칙」

제122조의2(사서함의 사용) ① 사서함은 2인 이상이 공동으로 사용할 수 없다.
② 사서함 사용자는 계약우체국장이 정하는 기간 내에 사서함의 자물쇠 및 열쇠의 제작실비에 해당하는 금액을 납부하여야 한다.
③ 계약우체국장은 사서함을 관리함에 있어서 필요하다고 인정할 때에는 사서함 사용자(사용계약 신청 중에 있는 자를 포함한다)의 주소·사무소 또는 사업소의 소재지를 확인할 수 있다.

제122조의3(사서함 사용자의 통보) ② 사서함 사용자는 다음 각 호의 어느 하나에 해당하는 경우에는 지체 없이 별지 제2호 서식을 작성하여 계약우체국장에게 통보하여야 한다.
1. 사서함이 훼손된 것을 발견한 경우
2. 사서함의 열쇠를 잃어버린 경우

제123조(열쇠의 교부등) ① 계약우체국장은 사서함의 사용자에게 그 번호를 통지하고 사서함의 개폐에 사용하는 열쇠 한 개를 교부한다. 다만, 사용자의 요구가 있는 때에는 2개 이상을 교부할 수 있다.
② 사서함의 사용자는 제1항에도 불구하고 계약우체국장과 협의하여 사서함의 열쇠를 직접 제작하여 사용할 수 있다.
③ 제1항 단서의 규정에 의하여 2개 이상의 열쇠를 교부받고자 하는 자는 추가 개수의 열쇠제작실비를 납부하여야 한다. 열쇠의 분실로 인한 추가교부의 경우에도 또한 같다.

제125조(사서함앞 우편물의 배달) ① 사서함의 사용자가 공공기관·법인 기타 단체인 경우에 그 소속직원에게 배달할 우편물은 당해 사서함에 배부할 수 있다.
② 사서함앞 우편물로서 등기우편물, 요금수취인부담우편물, 요금 등이 미납되거나 부족한 우편물 또는 용적이 크거나 수량이 많아 사서함에 넣을 수 없는 우편물은 이를 따로 보관하고, 우편물배달증용지 또는 우편물을 따로 보관하고 있다는 뜻을 기재한 표찰을 사서함에 넣어야 한다.

07 그 밖의 청구와 계약 > 사서함 우편물 배달 답 ②

| 정답해설 | ② 계약우체국장은 사서함 사용자가 다음 각 호의 어느 하나에 해당하는 때에는 사서함의 사용계약을 해지할 수 있다(「우편법 시행규칙」 제126조의2 제1항).

1. 사서함에 배달된 우편물을 정당한 사유 없이 30일 이상 수령하지 아니한 때
2. 최근 3월간 계속하여 사서함에 배달한 우편물의 통수가 월 30통에 미달한 때
3. 우편관계법령의 규정에 위반한 때
4. 공공의 질서 또는 선량한 풍속에 반하여 사서함을 이용한 때

| 오답해설 | ① 사서함 신청을 받은 우체국장은 다음 각 호의 순위에 따라 우선적으로 사서함 사용계약을 할 수 있다(「우편법 시행규칙」 제122조 제2항).

1. 국가기관 및 지방자치단체
2. 일일 배달 예정물량이 100통 이상인 다량 이용자
3. 우편물배달 주소지가 사서함 설치 우체국의 관할구역인 경우

③ 계약이 해지된 사서함에 배달된 우편물은 그 해지통지를 한 날부터 10일 이내에 사서함을 사용하였던 자의 교부신청이 없는 때에는 발송인에게 이를 되돌려 주어야 한다(「우편법 시행규칙」 제126조의2 제2항).

④ 법인, 공공기관 등 단체의 우편물 수령인은 5명까지 등록 가능하다. 또한 신규 개설할 때나 대리수령인이 바뀔 때는 미리 신고할 경우에만 가능하다.

정답과 해설

PART

II 우편물류

| 챕터별 키워드 & 취약영역 체크 |

☑ 챕터별 키워드로 본인의 취약영역 확인 후, 취약영역에 해당하는 문제와 이론은 꼼꼼하게 다시 점검하세요!

CHAPTER 01 발착 및 운송작업		CHAPTER 02 우편물 수집 및 배달	
틀린개수 ______ / 12개		틀린개수 ______ / 18개	
01	우편물의 일반취급 처리과정	01	우편물 배달
02	우편물 운송 용어	02	우편물 배달의 원칙
03	우편물 접수	03	등기취급우편물 배달
04	운송용기의 종류와 용도	04	우편물 배달의 특례
05	우편물 발착업무	05	우편물 배달의 특례
06	운송용기(운반차) 적재 순서	06	우편물 배달의 특례
07	우편물의 발송	07	우편물 배달의 특례
08	우편물의 발송	08	국내우편물 배달
09	우편물의 발송	09	우편사서함
10	우편물의 운송	10	우체국보관 우편물
11	우편물 적재 순서	11	보관우편물의 교부
12	우편물의 발송	12	수취인 청구에 의한 우편물의 창구교부
		13	우편물 배달
		14	배달의 우선순위
		15	장기부재 시 반송
		16	무인우편물 보관함
		17	대리수령인 배달
		18	보관교부지의 우편물배달

➡ 나의 취약영역: ____________

CHAPTER 01 | 발착 및 운송작업 문제편 P.58

01	③	02	①	03	①	04	③	05	②
06	②	07	②	08	④	09	④	10	②
11	③	12	③						

01 발착 및 운송작업 > 우편물의 일반취급 처리과정 답 ③

| 정답해설 | ③ ㄱ. 소인, ㄴ. 체결, ㄷ. 운송, ㄹ. 배달

| 함께 보는 이론 | 우편물의 처리과정

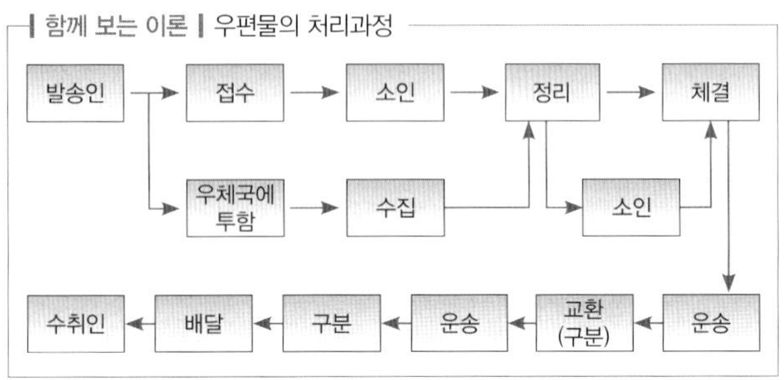

02 발착 및 운송작업 > 우편물 운송 용어 답 ①

| 오답해설 | ㄱ. 감편은 우편물의 발송량이 적어 정기편을 운행하지 아니함을 의미한다. 우편물 감소로 운송편의 톤급을 하향 조정하는 것은 감차이다.

ㄷ. 구간은 최초 발송국에서 최종 도착국까지의 운송경로이다. 정해진 운송구간을 운송형태별(교환 · 수집 · 배집 등)로 운행하는 것은 편이다.

ㄹ. 배집은 배분과 수집이 통합된 운송형태이다. 우편집중국 등에서 배달할 우편물을 배달국으로 보내는 운송형태는 배분이다.

03 발착 및 운송작업 > 우편물 접수 답 ①

| 정답해설 | ① 우체통에 투입한 우편물의 접수시점은 우체통에 우편물을 투입한 때이다.

04 발착 및 운송작업 > 운송용기의 종류와 용도 답 ③

| 정답해설 | ③ 대형우편상자는 두꺼운 대형통상우편물 담기에 활용된다. 얇은 대형통상우편물을 담는 용도로는 중형우편상자가 사용된다.

05 발착 및 운송작업 > 우편물 발착업무 답 ②

| 정답해설 | ② 분류 · 정리작업은 우편물을 우편물 종류별로 구분하고 우편물 구분작업을 쉽게 하기 위하여 기계구분우편물과 수구분우편물로 분류하여 구분기계에 넣을 수 있도록 정리하는 등의 작업이다. 구분이 완료된 우편물을 보내기 위한 송달증 생성, 체결, 우편물 적재 등의 작업은 발송작업이다.

06 발착 및 운송작업 > 운송용기(운반차) 적재 순서 답 ②

| 정답해설 | ② 일반소포 → 등기소포 → 일반통상 → 등기통상 → 중계우편물

07 발착 및 운송작업 > 우편물의 발송 답 ②

| 오답해설 | ① 우편물의 발송순서는 특급우편물, 일반등기우편물, 일반우편물 순이다.

③ 덮개가 있는 우편상자에 담아 덮개에 운송용기 국명표를 부착하고 묶음끈을 사용하여 반드시 봉함한 후 발송하여야 한다. 즉, 필요시 하는 사항이 아니다.

④ 운반차에 우편물 적재 시 여러 형태의 우편물을 함께 넣을 때에는 작업을 쉽게 하기 위하여 '일반소포 → 등기소포 → 일반통상 → 등기통상 → 중계우편물'의 순으로 적재한다.

08 발착 및 운송작업 > 우편물의 발송 답 ④

| 정답해설 | ④ 운반차의 우편물 적재 순서는 '일반소포 → 등기소포 → 일반통상 → 등기통상 → 중계우편물'의 순이다.

09 발착 및 운송작업 > 우편물의 발송 답 ④

| 정답해설 | ④ 무료우편물은 우정사업본부장이 특별히 정하는 것을 제외하고는 특수취급을 하지 아니한다(「우편법 시행규칙」 제105조 제6항).

10 발착 및 운송작업 > 우편물의 운송 답 ②

| 오답해설 | ① 우편물 운송의 우선순위는 1순위, 2순위, 3순위로 구분된다.

③ 운송의 종류는 정기운송, 임시운송, 특별운송이 있고, 임시운송은 물량의 증감에 따라 정기운송편 이외 방법으로 운송하는 것을 말한다.

④ 우편물의 안정적인 운송을 위하여 지방우정청장은 운송구간, 수수국, 수수시각, 차량톤수 등을 우편물 운송방법 지정서에 지정하고 정기운송을 시행한다.

11 발착 및 운송작업 > 우편물 적재 순서 답 ③

| 정답해설 | ③ 여러 형태의 우편물을 함께 넣을 때에는 작업을 쉽게 하기 위하여 '일반소포(ㄹ) → 등기소포(ㄷ) → 일반통상(ㄱ) → 등기통상(ㅁ) → 중계우편물(ㄴ)'의 순으로 담는다.

| 함께 보는 이론 | 운반차의 우편물 적재

- 분류 및 구분한 우편물은 섞이지 않게 운송용기에 담아야 한다.
- 여러 형태의 우편물을 함께 넣을 때에는 작업을 쉽게 하기 위하여 '일반소포 → 등기소포 → 일반통상 → 등기통상 → 중계우편물'의 순으로 담는다.
- 소포우편물은 무거운 것을 아래쪽으로, 가벼운 것이나 망가지기 쉬운 것을 위에 담아 파손되지 않게 주의한다.

12 발착 및 운송작업 > 우편물의 발송 답 ③

| 정답해설 | ③ 부가취급우편물을 운송용기에 담을 때에는 책임자나 책임자가 지정하는 사람이 참관하여 우편물류시스템으로 부가취급우편물 송달증(도착국명, 발송국명, 수량 등의 정보 등록)을 생성하고 송달증과 현품 수량을 대조 확인한 후 발송한다. 다만, 관리 작업이 끝난 우편물을 발송할 때 부가취급우편물 송달증은 전산 송부(e-송달증시스템)한다. 즉, 배달증이 아닌 송달증을 생성해야 한다.

CHAPTER 02 | 우편물 수집 및 배달 문제편 P.61

01	③	02	④	03	②	04	③	05	④
06	②	07	③	08	②	09	④	10	④
11	③	12	①	13	③	14	②	15	③
16	④	17	④	18	①				

01 우편물 수집 및 배달 > 우편물 배달 답 ③

| 정답해설 | ③ 특별송달, 보험등기 등 수취인이 직접 수령한 사실을 확인해야 하는 우편물은 무인우편물보관함에 배달할 수 없다.

| 오답해설 | ① 우편물은 그 표면에 기재된 곳에 배달한다. 수취인이 2인 이상인 경우에는 그중 1인에게 배달한다.

② 특별송달우편물을 배달하는 때에는 우편송달통지서의 해당란에 수령인의 서명(전자서명을 포함한다) 또는 날인을 받아야 한다.

④ 사서함에 배달된 우편물을 정당한 사유 없이 30일 이상 수령하지 아니한 때에는 사서함 사용계약을 해지할 수 있다.

| 함께 보는 법령 | 「우편법 시행규칙」

제126조의2(사서함 사용계약 해지 등) ① 계약우체국장은 사서함 사용자가 다음 각 호의 어느 하나에 해당하는 때에는 사서함의 사용계약을 해지할 수 있다.

1. 사서함에 배달된 우편물을 정당한 사유 없이 30일 이상 수령하지 아니한 때
2. 최근 3월간 계속하여 사서함에 배달한 우편물의 통수가 월 30통에 미달한 때
3. 우편관계법령의 규정에 위반한 때
4. 공공의 질서 또는 선량한 풍속에 반하여 사서함을 이용한 때

| 함께 보는 이론 | 무인우편물보관함에 배달할 수 없는 우편물

- 보험취급우편물
- 특별송달우편물
- 착불배달우편물(단, 수취인으로부터 착불요금을 수납할 수 있는 경우에는 배달)
- 계약등기우편물로서 회신우편 및 본인지정배달을 부가취급으로 지정한 우편물

02 우편물 수집 및 배달 > 우편물 배달의 원칙 답 ④

| 정답해설 | ④ 취급과정을 기록하는 우편물은 정당 수령인으로부터 그 수령사실의 확인[서명(전자서명 포함)]을 받고 배달하여야 한다.

03 우편물 수집 및 배달 > 등기취급우편물 배달 답 ②

| 정답해설 | ② 등기우편물을 수취인 또는 그 동거인에게 배달(교부)할 때에는 「우편법 시행령」 제42조 제3항 및 「우편법 시행규칙」 제28조에 따라 수령인의 확인을 받아야 한다. 다만, 등기우편물을 무인우편물 보관함 또는 전자 잠금장치가 설치된 우편수취함에 배달하는 경우에는 무인우편물 보관함 또는 해당 우편수취함에서 제공하는 배달확인이 가능한 증명자료로 수령사실의 확인을 갈음할 수 있다(「우편업무규정」 제334조 제1항).

04 우편물 수집 및 배달 > 우편물 배달의 특례 답 ③

| 정답해설 | ③ 수취인 신고에 의한 등기우편물의 대리수령인 배달에서, 일반우편물은 원래 주소지에 배달하고 등기우편물은 1차 배달이 안 되었을 경우에 대리수령인에게 배달한다.

05 우편물 수집 및 배달 > 우편물 배달의 특례 답 ④

| 정답해설 | ④ 수취인이 동일 집배구(우편집배원이 우편물을 수집하고 배달하는 구역)에 거주하는 자를 대리수령인으로 지정하여 배달우편관서에 신고한 경우에는 그 대리수령인에게 등기우편물을 배달한다(우편법 시행령 제43조 제5호).

| 오답해설 | ① 요금수취인부담우편물 또는 양이 많거나 부피가 커서 고층건물 우편수취함에 넣을 수 없는 우편물은 수취인에게 직접 배달해야 한다(「우편법 시행규칙」 제134조 제1항).

② 사서함을 사용하고 있는 수취인에게 배달할 우편물로서 사서함 번호를 기재하지 아니한 것은 우편물을 당해 우편물의 표면에 기재된 곳 외에 그 사서함에 배달할 수 있다(우편법 시행령 제43조 제2호).

③ 우편물의 보관기간은 우편물이 도착한 다음 날부터 기산하여 10일로 한다. 다만, 교통이 불편하거나 그 밖의 사유로 인하여 수취인이 10일 이내에 우편물을 교부받을 수 없다고 인정될 때에는 20일의 범위 안에서 이를 연장할 수 있다(「우편법 시행규칙」 제121조의2).

함께 보는 법령 | 「우편법 시행령」

제43조(우편물 배달의 특례) 법 제31조 단서에 따라 우편물을 해당 우편물의 표면에 기재된 곳 외의 곳에 배달할 수 있는 경우는 다음 각 호와 같다.
1. 동일건축물 또는 동일구내의 수취인에게 배달할 우편물로서 그 건축물 또는 구내의 관리사무소, 접수처 또는 관리인에게 배달하는 경우
2. 사서함을 사용하고 있는 수취인에게 배달할 우편물로서 사서함 번호를 기재하지 아니한 것을 그 사서함에 배달하는 경우
3. 우편물을 배달하지 아니하는 날에 수취인의 청구에 의하여 배달우편관서 창구에서 우편물을 교부하는 경우

3의2. 수취인의 일시부재나 그 밖의 사유로 우편물을 배달하지 못하여 배달우편관서 창구 또는 무인우편물 보관함(과학기술정보통신부장관이 본인확인방법, 수취인에 대한 통지방법, 보관기간 등을 정하여 고시하는 기준에 적합한 무인우편물 보관함을 말한다)에서 우편물을 교부하는 경우

4. 교통이 불편한 도서지역이나 농어촌지역 또는 과학기술정보통신부장관이 필요하다고 인정하는 지역으로 배달할 우편물을 과학기술정보통신부령이 정하는 바에 의하여 개별 또는 공동수취함을 설치하고 그 수취함에 배달하는 경우
5. 수취인이 동일 집배구(우편집배원이 우편물을 수집하고 배달하는 구역을 말한다. 이하 같다)에 거주하는 자를 대리수령인으로 지정하여 배달우편관서에 신고한 경우에는 그 대리수령인에게 등기우편물을 배달하는 경우
6. 우편물에 "우체국보관" 표시가 있는 것으로서 과학기술정보통신부령이 정하는 바에 의하여 당해 배달우편관서 창구에서 수취인에게 교부하는 경우
7. 교통이 불편하여 통상의 방법으로 우편물 배달이 어려운 지역에 배달할 우편물로서 과학기술정보통신부령이 정하는 바에 의하여 당해 배달우편관서 창구에서 수취인에게 교부하는 경우
8. 무인우편물 보관함을 이용하는 수취인의 신청 또는 동의를 받아 그 수취인과 동일 집배구에 있는 무인우편물 보관함에 등기우편물을 배달하는 경우

함께 보는 법령 | 「우편법 시행규칙」

제121조의2(우체국보관 우편물의 보관기간) 영 제43조 제6호의 규정에 의한 우편물의 보관기간은 우편물이 도착한 다음 날부터 기산하여 10일로 한다. 다만, 교통이 불편하거나 그 밖의 사유로 인하여 수취인이 10일 이내에 우편물을 교부받을 수 없다고 인정될 때에는 20일의 범위 안에서 이를 연장할 수 있다.

제134조(고층건물 우편수취함에 넣을 수 없는 우편물의 배달) ① 다음 각 호의 어느 하나에 해당하는 경우에는 수취인에게 직접 배달해야 한다.
1. 요금수취인부담우편물
2. 양이 많거나 부피가 커서 고층건물 우편수취함에 넣을 수 없는 우편물

06 우편물 수집 및 배달 > 우편물 배달의 특례 답 ②

| 정답해설 | ② 사서함은 2인 이상이 공동으로 사용할 수 없다(「우편법」 제122조의2 제1항).

07 우편물 수집 및 배달 > 우편물 배달의 특례 답 ③

| 정답해설 | ③ 우편사서함 번호와 주소가 함께 기재된 우편물의 경우 일반우편물은 사서함에 투함할 수 있으나 등기나 국내특급 우편물은 주소지에 배달한다.

| 오답해설 | ① 동일건물 내의 일괄배달 시 관리사무소, 접수처, 관리인 등이 없는 경우 일반우편물은 우편함에 배달하고 우편함에 넣을 수 없는 우편물(소포·대형·다량우편물)과 부가취급우편물, 요금수취인부담우편물은 수취인에게 직접 배달한다.

08 우편물 수집 및 배달 > 국내우편물 배달 답 ②

| 오답해설 | ① 보관우편물('우체국보관'의 표시가 있는 우편물)의 보관기간은 우편물이 도착한 다음 날부터 계산하여 10일로 한다. 다만, 교통이 불편하거나 그 밖의 사유로 수취인이 10일 이내에 우편물을 교부받을 수 없다고 인정될 때에는 20일의 범위 안에서 교부기간을 연장할 수 있다.

③ 우편사서함 번호와 주소가 함께 기재된 우편물 중 익일특급 우편물은 사서함에 넣을 수 있다. 특별송달, 보험취급, 맞춤형 계약등기 우편물은 주소지에 배달한다.

④ 배달의 우선순위에서 일반통상우편물(국제선편통상우편물 중 서장 및 엽서 포함)은 제2순위에 해당한다.

함께 보는 이론 | 배달의 우선순위

제1순위	기록취급우편물, 국제항공우편물
제2순위	준등기우편물, 일반통상우편물(국제선편통상우편물 중 서장 및 엽서 포함)
제3순위	제1순위, 제2순위 이외의 우편물
기타	제1순위부터 제3순위까지의 우편물 중 한번에 배달하지 못하고 잔량이 있는 경우에는 다음편에서 다른 우편물에 우선하여 배달

09 우편물 수집 및 배달 > 우편사서함 답 ④

| 정답해설 | ㄱ. 사서함에 배달된 우편물을 정당한 사유 없이 30일 이상 수령하지 않을 때에는 사서함 사용계약을 해지할 수 있다.

ㄴ. 사서함 번호와 주소가 함께 기록된 우편물은 우편물을 사서함에 넣을 수 있으며, 특별송달, 보험취급, 맞춤형 계약등기 우편물은 주소지에 배달한다. 등기소포는 해당하지 않는다.

ㄷ. 사서함 신청을 받은 우체국장은 국가기관, 지방자치단체, 일일 배달 예정물량이 100통 이상인 다량 이용자, 우편물 배달 주소지가 사서함 설치 우체국의 관할 구역인 신청자 순서로 우선 계약을 할 수 있다.

10 우편물 수집 및 배달 > 우체국보관 우편물 답 ④

| 정답해설 | ④ 규정에 의한 보관기간은 우편물이 도착한 다음 날부터 계산하여 10일로 한다. 다만, 교통이 불편하거나 그 밖의 사유로 수취인이 10일 이내에 우편물을 교부받을 수 없다고 인정될 때에는 20일의 범위 안에서 교부기간을 연장할 수 있다.

11 우편물 수집 및 배달 > 보관우편물의 교부 답 ③

| 정답해설 | ③ 20일의 범위 안에서 기간을 연장할 수 있다.

12 우편물 수집 및 배달 > 수취인 청구에 의한 우편물의 창구교부 답 ①

| 정답해설 | ① 집배원이 우편물을 배달하기 전에 수취인이 우체국에 방문하여 본인에게 온 우편물을 교부 요청할 때는 업무에 지장이 없을 때에 한하여 교부하며, 신분증(주민등록증, 운전면허증, 학생증 등)이나 관련 서류 등으로 정당 수취인 여부를 확인해야 한다.

13 우편물 수집 및 배달 > 우편물 배달 답 ③

| 정답해설 | ③ 특별송달, 보험등기 등 수취인이 직접 수령한 사실을 확인해야 하는 우편물은 무인우편물보관함에 배달할 수 없다.

14 우편물 수집 및 배달 > 배달의 우선순위 답 ②

| 정답해설 | ② 제2순위는 준등기우편물과 일반통상우편물(국제선편통상우편물 중 서장 및 엽서 포함)이다. 국제항공우편물은 제1순위이다.

15 우편물 수집 및 배달 > 장기부재 시 반송 답 ③

| 정답해설 | ③ 휴가철 등으로 수취인이 장기간 집을 비울 때 등기우편물은 다음과 같이 배달할 수 있다.

- 주소지에 동거인이 있는 경우에는 그 동거인에게 배달
- 수취인 장기부재신고서에 돌아올 날짜를 미리 신고한 경우
  - 15일 이내: 돌아올 날짜의 다음 날에 배달
  - 15일 이후: "수취인장기부재" 표시하여 반송

16 우편물 수집 및 배달 > 무인우편물 보관함 답 ④

| 정답해설 | ④ 무인우편물 보관함은 영수증 또는 모니터 화면 등 우편물 보관에 대한 증명자료가 제공되는 것에 한하며, CCTV가 설치된 지역에 한하지는 않는다.

| 함께 보는 이론 | 무인우편물 보관함

- 무인우편물 보관함은 수취인 또는 수취인의 동의를 받은 자만이 수령할 수 있도록 기계적·전자적으로 수령이 가능한 것에 한하여 배달
- 무인우편물 보관함은 영수증 또는 모니터 화면 등 우편물 보관에 대한 증명자료가 제공되는 것에 한함
- 특별송달, 보험취급 등 수취인이 직접 수령했다는 사실의 확인이 필요한 우편물은 무인우편물 보관함에 배달할 수 없음

17 우편물 수집 및 배달 > 대리수령인 배달 답 ④

| 정답해설 | ④ 등기우편물 대리수령인 지정·해지를 신고하는 사람이 '등기우편물 대리수령인신고서'를 작성하여 수취인 관할 우체국 또는 집배원에게 제출할 때 우체국 또는 집배원은 ①②③ 이외에 사리를 분별할 수 있는 사람인지를 확인해야 한다. 그러나 「민법」상 제한능력자인지 여부를 꼭 확인할 필요는 없다.

18 우편물 수집 및 배달 > 보관교부지의 우편물배달 답 ①

| 정답해설 | ① 보관교부지란 교통이 불편하여 통상의 방법으로 배달하기 어려운 지역을 말하며, 관할 지방우정청장이 정하여 고시한다.

정답과 해설

PART III

국제우편

챕터별 키워드 & 취약영역 체크

CHAPTER 01 국제우편 총설		CHAPTER 02 국제우편물 종별 접수요령				CHAPTER 03 국제우편요금		CHAPTER 04 부가서비스 및 제도	
틀린개수 ______ / 13개		틀린개수 ______ / 47개				틀린개수 ______ / 14개		틀린개수 ______ / 10개	
01	국제우편 기구 및 법규	01	국제통상우편물	31	국제특급우편(EMS)	01	국제우편요금	01	국제특급우편(EMS)의 부가서비스
02	아시아 · 태평양우편연합	02	국제 소형포장물	32	국제특급우편(EMS)	02	국제우편요금의 별납	02	국제특급우편(EMS)의 부가서비스
03	UPU의 기준화폐	03	우편엽서(Postcard)	33	국제특급우편(EMS)	03	국제우편요금의 별납	03	국제특급우편(EMS)의 부가서비스
04	APPU의 기관	04	우편엽서(Postcard)	34	국제특급우편(EMS)	04	국제우편요금의 후납	04	국제특급우편(EMS)의 부가서비스
05	국제우편 기구	05	항공서간(Aerogramme)	35	국제특급우편(EMS)	05	국제우편요금의 후납	05	국제특급우편(EMS)의 부가서비스
06	국제우편	06	인쇄물	36	국제특급우편(EMS)	06	IBRS EMS	06	EMS 배달보장 서비스
07	국제우편물의 종류	07	인쇄물	37	국제특급우편(EMS)	07	국제우편요금의 별납 · 후납	07	사전 통관정보 제공
08	국제우편물 분류	08	인쇄물	38	국제특급우편(EMS)	08	IBRS	08	사전 통관정보 제공
09	국제소포우편물의 종류	09	소형포장물	39	국제특급우편(EMS)	09	국제회신우표권(IRC)	09	국제우편 요금감액제도
10	국제통상우편물	10	소형포장물	40	국가의 약호	10	국제회신우표권(IRC)	10	국제우편스마트접수
11	항공서간	11	시각장애인용 우편물	41	국가의 약호	11	국제회신우표권(IRC)		
12	항공등기	12	K-Packet	42	특수취급우편물	12	국제우편		
13	서장(Letters)	13	K-Packet	43	특수취급우편물	13	국제우편		
		14	국제통상우편물	44	부가취급 종류	14	국제우편요금의 반환		
		15	우편자루배달 인쇄물(M-bag)	45	등기				
		16	국제통상우편물	46	보험취급				
		17	국제소포우편물	47	국제보험소포우편물 접수				
		18	국제소포우편물						
		19	국제소포우편물						
		20	국제소포우편물						
		21	주소기표지 작성						
		22	국제우편 종류별 접수방법						
		23	국제통상우편물의 접수						
		24	국제우편물의 종류별 접수						
		25	국제우편물의 접수						
		26	국제보통소포우편물의 접수요령						
		27	국제특급우편 보험						
		28	국제 보험소포우편물						
		29	국제특급우편(EMS)						
		30	국제특급우편(EMS)						

☑ 챕터별 키워드로 본인의 취약영역 확인 후, 취약영역에 해당하는 문제와 이론은 꼼꼼하게 다시 점검하세요!

CHAPTER 05 EMS 프리미엄서비스		CHAPTER 06 각종 청구제도		CHAPTER 07 국제우편물 및 국제우편요금의 반환		CHAPTER 08 국제우편 수수료 및 우편요금 고시	
틀린개수 ______ / 8개		틀린개수 ______ / 9개		틀린개수 ______ / 4개		틀린개수 ______ / 4개	
01	EMS 프리미엄서비스	01	행방조사청구제도	01	국제우편요금의 반환	01	국제우편의 수수료
02	EMS 프리미엄서비스	02	행방조사청구제도와 손해배상제도	02	국제우편요금 등	02	국제우편의 수수료
03	국제특급우편물(EMS)	03	행방조사청구제도	03	국제우편물의 발송 및 반송	03	국제우편의 수수료
04	EMS 프리미엄서비스	04	국제우편 손해배상제도	04	국제우편요금의 반환	04	국제초특급우편물
05	국제특급우편(EMS) 이용자 실비지급 제도	05	국제우편 손해배상제도				
06	국제특급우편(EMS) 요금감액제도	06	국제우편 손해배상제도				
07	국제특급우편(EMS) 요금감액제도	07	국제우편 손해배상제도				
08	국제특급우편(EMS) 요금감액제도	08	국제우편 손해배상제도				
		09	국제우편 손해배상제도				

➡ 나의 취약영역: ____________

CHAPTER 01 | 국제우편 총설 문제편 P.66

01	④	02	②	03	③	04	③	05	④
06	③	07	④	08	①	09	①	10	④
11	①	12	④	13	②				

01 국제우편 총설 > 국제우편 기구 및 법규 답 ④

| 오답해설 | ① 만국우편연합(UPU) 총회는 최고 의결기관으로, 4년마다 개최되며 전 회원국의 전권대표로 구성된다.

② 만국우편연합(UPU)의 상설기관은 관리이사회, 우편운영이사회 및 국제사무국이다. 집행이사회는 아시아·태평양우편연합(APPU)의 기관이다.

③ 만국우편연합(UPU)의 기준화폐는 SDR(Special Drawing Right)이고 공식 언어는 프랑스어이다. 국제사무국 내에서는 업무용 언어로 프랑스어 및 영어를 사용한다.

02 국제우편 총설 > 아시아·태평양우편연합 답 ②

| 정답해설 | ② 아시아·태평양우편연합(APPU)의 상설기관으로는 집행이사회, 아시아·태평양우정대학, 사무국이 있다. 관리이사회, 우편운영이사회, 국제사무국은 만국우편연합(UPU)의 상설기관이다.

03 국제우편 총설 > UPU의 기준화폐 답 ③

| 정답해설 | ③ UPU의 기준화폐는 SDR(Special Drawing Right, 특별인출권)이다.

| 함께 보는 이론 | UPU의 기준화폐

- 화폐단위는 국제통화기금(IMF)의 국제준비통화인 SDR(Special Drawing Right, 특별인출권)이다.
- 국제우편에 관한 모든 요금, 중계료, 운송료, 각종 할당요금 등은 모두 SDR을 기초로 하여 일정 비율의 자국 통화로 환산한다.

04 국제우편 총설 > APPU의 기관 답 ③

| 정답해설 | ③ 사무국(Bureau)은 집행이사회의 감독하에 회원국을 위한 연락·통보 및 문의에 대하여 중간 연락사무소로서의 역할을 담당하며, 사무국장은 총회에서 선임하고 있다. 사무국은 태국의 방콕에 소재하고 있다.

05 국제우편 총설 > 국제우편 기구 답 ④

| 정답해설 | ④ Kahala Posts Group(카할라 우정연합)에 대한 설명이다.

| 오답해설 | ① Universal Postal Union(UPU, 만국우편연합)은 1874년 독일, 미국, 러시아 등 22개국이 '1874 베른 조약'에 서명함으로써 창설된 일반우편연합이 1878년 제2차 파리총회에서 개명한 조직이다.

② Asian Pacific Postal Union(APPU, 아시아·태평양우편연합)은 한국과 필리핀이 공동 제의하여 1961년 마닐라에서 한국, 태국, 대만, 필리핀 4개국이 협약에 서명함으로써 창설된 기관이다.

③ World Logistics Organization은 현존하는 국제연합체가 아니다.

06 국제우편 총설 > 국제우편 답 ③

| 정답해설 | ③ 발송우편물에 붙인 부가표시물 및 서류의 중량은 그 우편물의 중량에 포함하여 계산한다(「국제우편규정」 제16조 본문).

| 함께 보는 법령 | 「국제우편규정」

제9조(국제우편요금 등) ① 국제우편요금 및 국제우편 이용에 관한 수수료(이하 "국제우편요금 등"이라 한다)는 협약에서 정한 범위에서 과학기술정보통신부장관이 정하여 고시한다.

② 제8조에 따른 부가취급에 관한 국제우편요금 등에 대하여 협약에서 정하지 아니한 사항은 과학기술정보통신부장관이 정하여 고시한다.

제12조(국제우편요금 등의 감액) ① 국제우편요금 등은 일부를 감액할 수 있다.

② 제1항에 따라 국제우편요금 등을 감액할 수 있는 우편물의 종류·수량·취급요건·감액범위 등에 관한 사항은 협약에서 정한 범위에서 과학기술정보통신부장관이 정하여 고시한다.

제13조(국제회신우표권) ① 외국에서 판매한 국제회신우표권은 국내우체국에서 제9조 제1항에 따라 고시된 요금에 해당하는 우표류와 교환한다.

② 우리나라에서 판매한 국제회신우표권은 국내우체국에서 교환할 수 없다.

제16조(첨부물의 중량) 발송우편물에 붙인 부가표시물 및 서류의 중량은 그 우편물의 중량에 포함하여 계산한다. 다만, 우표, 운송장 및 통관을 위하여 붙인 서류의 중량은 포함하지 아니한다.

07 국제우편 총설 > 국제우편물의 종류 답 ④

| 정답해설 | ④ 국제항공우편물은 국제우편물의 종류에 해당하지 않는다.

08 국제우편 총설 > 국제우편물 분류 답 ①

| 정답해설 | ① 취급속도에 따라 우선취급우편물(Priority Items)과 비우선취급우편물(Non-Priority Items)로 구분하는 것은 우리나라가 아닌 일부국가에서 시행하는 방식이다.

09 국제우편 총설 > 국제소포우편물의 종류 답 ①

| 정답해설 | ① 속달소포우편물은 우리나라에서 취급하는 국제소포우편물의 종류에 해당하지 않는다.

| 함께 보는 이론 | 국제소포우편물의 종류

- 보통소포(Ordinary Parcel)
- 보험소포(Insured Parcel): 내용품을 보험에 가입하여 만일 내용품의 전부나 일부가 분실·도난·훼손이 된 경우에는 보험가액의 한도 내에서 실제로 발생한 손해액을 배상하는 소포
- 우편사무소포(Postal Service Parcel): 우편업무와 관련하여 '만국우편협약' 제7조 제1.1항에서 정한 기관 사이에서 교환하는 것으로 모든 우편요금이 면제되는 소포
- 전쟁 포로 및 민간인 피억류자 소포(Prisoner-of-War and Civilian Internee Parcel): 전쟁 포로에게 보내거나 전쟁 포로가 발송하는 우편소포 및 '전쟁 포로의 대우에 관한 1949년 8월 12일의 제네바 협약'에서 규정한 민간인 피억류자에게 보내거나 민간인 피억류자가 발송하는 우편소포
- 이외 속달소포, 대금교환소포 등(단, 우리나라에서는 취급하지 않음)

10 국제우편 총설 > 국제통상우편물 답 ④

| 정답해설 | ④ 소형포장물(Small Packet)은 발송절차가 소포에 비해 간단하다.

| 함께 보는 이론 | 소형포장물이 소포우편물보다 편리한 이유

- 이용조건 등 각국 간의 공통점이 많아 편리하다.
- 발송절차가 소포에 비해 간단하다.
- 신속한 통관검사 과정을 거치기 때문에 송달이 소포에 비해 신속하다.
- 소포와 같이 무거운 우편물과 함께 우편자루에 넣지 않고 통상우편물과 같은 우편자루에 넣기 때문에 운송 도중 충격과 압박 등으로 손상될 우려가 적고 소포에 비해 포장도 비교적 간단히 할 수 있다.

11 국제우편 총설 > 항공서간 답 ①

| 정답해설 | ① 항공서간은 정부가 발행하는 것과 정부 외의 자가 제조하는 것으로 구분하며, 정부가 발행하는 항공서간에는 우편요금을 표시하는 증표를 인쇄할 수 있다(「국제우편규정」 제5조 제1항·제2항).

| 함께 보는 법령 | 「국제우편규정」

제5조(우편엽서와 항공서간) ① 우편엽서와 항공서간은 정부가 발행하는 것과 정부 외의 자가 제조하는 것으로 구분한다.
② 정부가 발행하는 우편엽서와 항공서간에는 우편요금을 표시하는 증표를 인쇄할 수 있다.
③ 정부가 발행하는 우편엽서와 항공서간은 원형을 변경하여 사용할 수 없다.
④ 정부 외의 자가 제조하는 우편엽서와 항공서간은 제15조 제1항에 따라 과학기술정보통신부장관이 고시한 우편물의 규격에 적합하여야 한다.
⑤ 정부 외의 자가 제조하는 우편엽서와 항공서간에는 우편요금을 표시하는 증표를 인쇄할 수 없다.
⑥ 제4항을 위반하여 제조된 우편엽서와 항공서간은 제4조 제2항 제1호에 따른 서신으로 본다.

12 국제우편 총설 > 항공등기 답 ④

| 정답해설 | ④ 시각장애인용 우편물은 시각장애인이나 공인된 시각장애인기관에서 발송하거나 수신하는 경우에 해당하며, 녹음물, 서장, 시각장애인용 활자가 표시된 금속판을 포함하는 우편물을 말한다. 시각장애인용 우편물은 항공부가요금을 제외한 모든 요금이 면제된다.

13 국제우편 총설 > 서장(Letters) 답 ②

| 정답해설 | ② 법규를 위반한 엽서, 소형포장물(소포우편물×), 항공서간 및 인쇄물과 멸실성 생물학적 물질 및 방사성 물질이 들어 있는 우편물도 포함된다.

CHAPTER 02 | 국제우편물 종별 접수요령

문제편 P.69

01	③	02	④	03	③	04	②	05	④
06	②	07	②	08	③	09	③	10	②
11	②	12	③	13	④	14	①	15	③
16	④	17	②	18	④	19	①	20	③
21	①	22	④	23	②	24	④	25	②
26	②	27	③	28	③	29	②	30	③
31	④	32	②	33	③	34	③	35	④
36	②	37	④	38	④	39	③	40	②
41	①	42	③	43	③	44	①	45	③
46	④	47	④						

01 국제우편물 종별 접수요령 > 국제통상우편물 답 ③

| 오답해설 | ① 인쇄물로 접수할 수 있는 것은 서적, 정기간행물, 홍보용 팸플릿, 잡지, 상업광고물, 달력, 사진, 명함, 도면 등이다. 반면, 인쇄물로 접수 불가능한 것은 CD, 비디오테이프, OCR, 포장박스, 봉인한 서류 등이다.

② 우편엽서의 경우, 앞면 윗부분에 우편엽서를 뜻하는 단어를 영어나 프랑스어로 표시(Postcard 또는 Carte Postale)해야 한다. 다만, 그림엽서의 경우에는 꼭 영어나 프랑스어로 표시해야 하는 것은 아니다.

④ 소형포장물의 경우, 제조회사의 마크나 상표, 발송인과 수취인 사이에 교환되는 통신문에 관한 참고사항 등은 내부나 외부에 기록이 가능하다.

02 국제우편물 종별 접수요령 > 국제 소형포장물 답 ④

| 정답해설 | ④ 소형포장물(Small Packet)의 내용품 가격이 300SDR 이하일 경우에는 세관표지(CN22)를 작성하여 붙이고, 300SDR을 초과할 때에는 세관신고서(CN23)를 작성하여 붙인다.

03 국제우편물 종별 접수요령 > 우편엽서(Postcard) 답 ③

| 정답해설 | ③ 국제통상우편물 중 Postcard(우편엽서)로 취급할 수 있는 것은 우편요금을 표시하는 증표를 인쇄한 관제엽서(ㄴ)와 'Postcard'임을 표시하지 않은 그림엽서(ㄹ)이다.

| 함께 보는 이론 | 우편엽서(Postcard)의 요건

- 우편엽서는 직사각형이어야 하고 우편물 취급에 어려움이 없도록 튼튼한 판지나 견고한 종이로 제조하여야 하며, 튀어나오거나 도드라진 양각 부분이 없어야 한다.
- 앞면 윗부분에 우편엽서를 뜻하는 단어를 영어나 프랑스어로 표시(Postcard 또는 Carte postale)해야 한다. 다만 그림엽서의 경우에 꼭 영어나 프랑스어로 표시해야 하는 것은 아니다.
- 엽서는 봉함하지 않은 상태로 발송한다.
- 적어도 앞면의 오른쪽 반은 수취인의 주소와 성명·요금납부표시, 업무지시나 업무 표지를 위하여 사용할 수 있도록 통신문을 기록하지 않고 남겨두어야 한다.
- 엽서에 관한 규정을 따르지 아니한 우편엽서는 서장으로 취급한다.

04 국제우편물 종별 접수요령 > 우편엽서(Postcard) 답 ②

| 정답해설 | ② 사제엽서는 우편요금을 표시하는 증표를 인쇄할 수 없다.

05 국제우편물 종별 접수요령 > 항공서간(Aerogramme) 답 ④

| 정답해설 | ㄹ. 항공서간은 등기로 발송할 수 있다.

ㅁ. 우표 이외의 물품을 붙이지 못하며, 어떠한 것도 넣을 수 없다.

ㅂ. 관제 및 사제항공서간으로 구분하며, 사제항공서간의 중량은 5g 이내이어야 한다.

06 국제우편물 종별 접수요령 > 인쇄물 답 ②

| 정답해설 | ② 현실적이고 개인적인 통신문 성질의 서류는 동봉이 금지된다.

07 국제우편물 종별 접수요령 > 인쇄물 답 ②

| 정답해설 | ② 판지에 2부 이상을 생산한 복사물은 국제우편규정 요건을 갖춘 인쇄물이다.

| 함께 보는 이론 | 인쇄물의 요건을 갖추지 않았으나 인쇄물로 취급하는 것

- 관계 학교의 교장을 통하여 발송하는 것으로 학교의 학생끼리 교환하는 서장이나 엽서
- 학교에서 학생들에게 보낸 통신강의록, 학생들의 과제 원본과 채점 답안(다만, 성적과 직접 관계되지 않는 사항은 기록할 수 없음)
- 소설이나 신문의 원고
- 필사한 악보
- 인쇄한 사진
- 동시에 여러 통을 발송하는, 타자기로 치거나 컴퓨터 프린터로 출력한 인쇄물

08 국제우편물 종별 접수요령 > 인쇄물 답 ③

| 정답해설 | ③ 포장물과 봉인한 서류와 플라스틱으로 된 우편물은 국제우편 인쇄물에 해당하지 않으므로, 접수가 가능한 것의 개수는 서적(ㄱ), 정기간행물(ㄴ), 홍보용 팸플릿(ㅇ), 잡지(ㅈ), 상업광고물(ㅊ), 달력(ㅋ) 등 모두 6개이다.

09 국제우편물 종별 접수요령 > 소형포장물 답 ③

| 정답해설 | ③ 현실적이고 개인적인 통신문 성격의 서류 동봉이 가능하다.

10 국제우편물 종별 접수요령 > 소형포장물 답 ②

| 오답해설 | ①③④ 인쇄물, 시각장애인용 우편물, 국제소포우편물은 개인적인 통신문 성격의 서류 동봉이 금지된다.

11 국제우편물 종별 접수요령 > 시각장애인용 우편물 답 ②

| 정답해설 | ② 시각장애인용 우편물은 항공부가요금을 제외한 모든 요금이 면제된다.

12 국제우편물 종별 접수요령 > K-Packet 답 ③

| 오답해설 | ㄱ. 6개월 이상 연속하여 발송실적이 없는 경우 우체국은 계약을 해지할 수 있다.

ㄹ. 1회 배달 성공률 향상을 위해 해외우정당국과 제휴하여 수취인 서명 없이 배달하기로 약정한 국제우편서비스이다.

13 국제우편물 종별 접수요령 > K-Packet 답 ④

| 오답해설 | ① K-Packet은 「국제우편규정」 제3조, 제9조에 따라 과학기술정보통신부장관이 고시한 전자상거래용 국제우편서비스이다.

② K-Packet은 EMS와 같은 선택적 우편서비스이며, 평균 송달기간은 7~10일이다.

③ 'L'로 시작하는 우편물번호를 사용하며, 1회 배달 성공률 향상을 위해 해외우정당국과 제휴하여 수취인 서명 없이 배달하기로 약정한 국제우편서비스이다.

14 국제우편물 종별 접수요령 > 국제통상우편물 답 ①

| 오답해설 | ② 소설 원고, 신문 원고, 필사한 악보는 인쇄물로 취급한다.

③ 소형포장물(Small Packet)에는 현실적이고 개인적인 통신문 성격의 서류를 동봉할 수 있다.

④ 시각장애인용 우편물(Items for the Blind)은 항공부가요금을 제외한 모든 요금이 면제된다.

15 국제우편물 종별 접수요령 > 우편자루배달 인쇄물(M-bag) 답 ③

| 정답해설 | ㄴ. 우편자루의 제한 무게는 10kg 이상 30kg까지이며, 우편자루 내 각 우편물의 무게는 2kg 이하이어야 한다.

ㄷ. 특수취급(등기, 국제속달, 배달통지)이 가능하다. 단, 등기는 취급하는 나라가 제한되어 있다.

ㅁ. 통관절차대행수수료는 우편요금과 별도로 4,000원을 징수한다.

16 국제우편물 종별 접수요령 > 국제통상우편물 답 ④

| 정답해설 | ④ 서장 2kg, 인쇄물 5kg, 소형포장물 2kg, 시각장애인용 우편물 7kg이므로, 무게한계가 가장 큰 것은 시각장애인용 우편물이다.

17 국제우편물 종별 접수요령 > 국제소포우편물 답 ②

| 정답해설 | ② 통상적이고 개인적인 통신문 성격의 서류는 동봉을 금지한다.

18 국제우편물 종별 접수요령 > 국제소포우편물 답 ④

| 정답해설 | ④ 보험소포의 보험가액을 잘못 기재한 경우 지우거나 수정하지 말고 발송인에게 주소기표지(운송장)를 다시 작성하도록 요구해야 한다.

19 국제우편물 종별 접수요령 > 국제소포우편물 답 ①

| 오답해설 | ② 보통소포의 주소기표지상 중량은 100g 단위로 절상표기한다.

③ 보험소포는 내용품의 전부 또는 일부가 분실, 도난, 훼손된 경우 보험가액 한도 내에서 실제로 발생된 손해액을 배상하는 소포이며, 주소기표지상 중량은 10g 단위로 절상표기한다.

④ 보험소포는 소포우편물 가격의 일부만 보험가입이 가능하며, 보험가액은 한번 작성 후에는 정정이 불가능하므로 잘못 적었을 경우 주소기표지를 다시 작성해야 한다.

20 국제우편물 종별 접수요령 > 국제소포우편물 답 ③

| 정답해설 | ③ 검사결과 잘못을 발견하면 발송인에게 보완을 요구하고, 불응 시에는 접수를 거절할 수 있다.

21 국제우편물 종별 접수요령 > 주소기표지 작성 답 ①

| 정답해설 | ① 국제소포우편물 주소기표지에는 도착국가에서 필요한 서식(송장, 세관신고서)이 포함되어 있으므로, 이러한 서식을 별도 작성하여 첨부할 필요가 없다. 다만, 발송인이 필요하다고 인정하는 경우에는 우리나라와 도착국가에서의 통관 수속에 필요한 모든 서류(상업송장, 수출허가서, 수입허가서, 원산지증명서, 건강증명서 등)를 첨부할 수 있다.

22 국제우편물 종별 접수요령 > 국제우편 종류별 접수방법 답 ④

| 오답해설 | ① 보험소포우편물의 중량은 10g 단위로 표시하고, 10g 미만의 단수는 10g으로 절상한다. 따라서 '8kg 883g'인 경우에는 '8,890g'으로 기록한다.

② 우편자루배달 인쇄물 접수 시 하나의 통상우편물로 취급하며, 우편요금과 별도로 통관절차대행수수료 4,000원을 징수한다.

③ 국제특급우편물(EMS)의 접수 시 보내는 사람 및 받는 사람의 전화번호, 우편번호 세관표지(CN22, 서류용 주소기표지), 세관신고서(CN23, 비서류용 주소기표지) 등은 발송인 기재 사항이다.

| 함께 보는 이론 | 통관절차대행수수료

- 통관 대상 발송 우편물: 1,000원
- 우편자루배달 인쇄물(M-bag): 4,000원
- 관세 부과된 도착 우편물: 2,000원

23 국제우편물 종별 접수요령 > 국제통상우편물의 접수 답 ②

| 정답해설 | ② 우편자루배달 인쇄물(M-bag)은 접수 시 하나의 통상우편물로 취급한다.

24 국제우편물 종별 접수요령 > 국제우편물의 종류별 접수 답 ④

| 오답해설 | ① 우편자루배달 인쇄물은 일반으로는 어느 나라에나 보낼 수 있으나, 등기는 취급하는 나라가 제한된다(2021년 12월 기준 미국, 캐나다의 경우 우편자루배달 인쇄물 등기 미취급).

② 시각장애인용 우편물이란 시각장애인이나 공인된 시각장애인 기관에서 발송하거나 수신하는 경우에 해당하며, 녹음물, 서장, 시각장애인용 활자가 표시된 금속판을 포함한다. 또한 소인 여부를 떠나 우표나 요금인영증지나 금전적 가치를 나타내는 어떠한 증서도 포함할 수 없으며 우편물을 봉함하지 않는 등의 발송요건을 갖추어야 한다.

③ 소형포장물은 현실적이고 개인적인 통신문의 서류 동봉이 가능하며, 소형포장물을 봉할 때에는 내용품 검사를 위하여 이를 쉽게 열어볼 수 있도록 하여야 한다.

25 국제우편물 종별 접수요령 > 국제우편물의 접수 답 ②

| 정답해설 | ② 사제엽서는 관제엽서에 준하여 조제하되 우편요금을 표시하는 증표를 인쇄할 수 없다.

26 국제우편물 종별 접수요령 > 국제보통소포우편물의 접수요령 답 ②

| 정답해설 | ② 발송인의 선택사항이 없거나 모순되는 경우에는 별도의 통보 없이 소포우편물을 반송조치한다.

27 국제우편물 종별 접수요령 > 국제특급우편 보험 답 ③

| 오답해설 | ㄱ. 우리나라와 EMS를 교환하는 모든 나라로 발송하는 EMS에 대하여 보험취급이 가능하나, 중국행 EMS는 보험취급이 불가하다.

ㄷ. 손해배상 금액에는 납부한 우편요금도 포함된다.

28 국제우편물 종별 접수요령 > 국제 보험소포우편물 답 ③

| 정답해설 | ③ 보험소포우편물의 중량은 10g 단위로 표시하고 10g 미만의 단수는 10g 단위로 절상한다.

29 국제우편물 종별 접수요령 > 국제특급우편(EMS) 답 ②

| 오답해설 | ① 국제특급우편물 접수는 전국 모든 우체국에서 가능하며, 업무취급조건, 취급관서 등은 과학기술정보통신부장관이 정하여 고시한다.

③ 이용자와 우편관서 간 이용계약의 종류는 계약국제특급우편과 수시국제특급우편이 있다.

④ 송금환(Money Remittances), 유가증권류(Negotiable Articles)는 국제특급우편물로 보낼 수 없다.

30 국제우편물 종별 접수요령 > 국제특급우편(EMS) 답 ③

| 정답해설 | ③ 보내는 사람뿐만 아니라, 받는 사람의 전화번호도 반드시 기재한다.

31 국제우편물 종별 접수요령 > 국제특급우편(EMS) 답 ④

| 정답해설 | ④ 국제속달은 국제특급우편에 부가할 수 있는 특수취급의 종류가 아니다.

| 오답해설 | ①②③ 국제특급우편(EMS)은 항공 및 등기를 기본으로 하며, 부가할 수 있는 특수취급으로는 배달통지, 보험취급, 배달보장서비스(카할라 우정연합 국가에 한함)가 있다.

32 국제우편물 종별 접수요령 > 국제특급우편(EMS) 답 ②

| 정답해설 | ② 마그네틱 테이프(ㄴ), 마이크로 필름(ㄷ), 상품 견본(ㄹ), 상업용 서류(ㅁ)는 국제특급우편(EMS)으로 보낼 수 있는 물품이다.

| 오답해설 | 송금환(ㄱ), 가공하지 않은 금(ㅂ)은 국제특급우편(EMS)으로 보낼 수 없는 물품이다.

| 함께 보는 이론 | 국제특급우편 물품

1. 접수 가능 물품
   - 업무용 서류(Business Documents)
   - 상업용 서류(Commercial papers)
   - 컴퓨터 데이터(Computer data)
   - 상품 견본(Business samples)
   - 마그네틱 테이프(Magnetic tape)
   - 마이크로 필름(Microfilm)
   - 상품(Merchandise, 나라에 따라 취급을 금지하는 경우도 있음)
2. 접수 금지 물품
   - 동전, 화폐(Coins, Bank notes)
   - 송금환(Money remittances)
   - 유가증권류(Negotiable articles)
   - 금융기관 간 교환 수표(Check clearance)
   - UPU 일반우편금지물품(Prohibited articles)
     - 취급상 위험하거나 다른 우편물을 더럽히거나 깨뜨릴 우려가 있는 것
     - 마약류 및 향정신성 물질
     - 폭발성·가연성 또는 위험한 물질
     - 외설적이거나 비도덕적인 물품 등
   - 가공 또는 비가공의 금, 은, 백금과 귀금속, 보석 등 귀중품
   - 상대국가에서 수입을 금하는 물품
   - 여권을 포함한 신분증

33 국제우편물 종별 접수요령 > 국제특급우편(EMS) 답 ③

| 정답해설 | ③ 종이로 된 문서 형식의 편지류, 계약서, 입학서류, 서류와 함께 보내는 팸플릿 등 홍보용 첨부물은 서류요금을 적용한다. 단, 서적, CD 등은 비서류로 취급한다.

34 국제우편물 종별 접수요령 > 국제특급우편(EMS) 답 ③

| 정답해설 | ③ EMS로 보낼 수 있는 물품으로는 업무용·상업용 서류, 상품 견본 등이 있다.

35 국제우편물 종별 접수요령 > 국제특급우편(EMS) 답 ④

| 정답해설 | ④ 우편요금은 보험료와 우편요금을 합산하여 기재한다.

36 국제우편물 종별 접수요령 > 국제특급우편(EMS) 답 ②

| 정답해설 | ② 내용품 가액은 손해배상의 근거가 되므로 정확히 기재하도록 하며, 내용품 가액이 10만 원 이상인 경우 필요 보험 가입을 안내한다.

37 국제우편물 종별 접수요령 > 국제특급우편(EMS) 답 ④

| 정답해설 | ④ EMS는 배달예정일보다 48시간 이상 지연배달되었을 경우에 납부한 요금을 배상한다.

38 국제우편물 종별 접수요령 > 국제특급우편(EMS) 답 ④

| 정답해설 | ④ 수입우편물 발송확인 서비스가 아니라 수출우편물 발송확인 서비스이다.

39 국제우편물 종별 접수요령 > 국제특급우편(EMS) 답 ③

| 오답해설 | ① 수출우편물 발송확인 서비스 대상 우편물의 경우, 발송인은 수리일로부터 30일 내에 해당 우편물을 선적 또는 기적해야 한다.

② EMS 프리미엄서비스는 최고 5천만 원까지 내용품의 가액에 한해 보험취급이 가능하다.

④ 2005년 7월 25일부터 EMS 배달보장 서비스가 시행되어 운영 중이다.

40 국제우편물 종별 접수요령 > 국가의 약호 답 ②

| 정답해설 | ② 국가의 약호가 바르게 연결된 것은 3개(ㄴ, ㄷ, ㅁ)이다.

| 오답해설 | ㄱ. 홍콩 – HK

ㄹ. 인도네시아 – ID

ㅂ. 괌 – GU

| 함께 보는 이론 | 중요 국가 약호

구분	조심해야 할 국가 약호
국명의 첫 두 글자로 조합	• 오스트레일리아(Australia)–AU & 오스트리아(Austria)–AT • 인도(India)–IN & 인도네시아(Indonesia)–ID • 중국(China)–CN & 스위스(Switzerland)–CH • 아일랜드(Ireland)–IE
국명의 첫 글자와 마지막 글자로 조합	• 덴마크(Denmark)–DK • 이스라엘(Israel)–IL • 마카오(Macao)–MO
국명의 첫 글자와 중간 글자로 조합	• 네덜란드(Netherlands)–NL • 대만(Taiwan)–TW • 홍콩(Hong Kong)–HK
특이하게 조합	• 독일(Germany)–DE ⇒ Deutchland에서 유래 추측 • 영국(the United Kingdom ⟨of Great Britain and Northern Ireland⟩)–GB
	• 벨라루스(백러시아, Belarus)–BY ⇒ Беларусь에서 유래 추측 • 스리랑카(Sri Lanka)–LK • 미국령인 괌(Guam), 사이판(Saipan), 푸에르토리코(Puerto Rico)는 도시명을 확인하여 괌–GU, 사이판–MP, 푸에르토리코–PR로 기재

41 국제우편물 종별 접수요령 > 국가의 약호 답 ①

| 정답해설 | ① 인도의 국가 약호는 IN이다. ID는 인도네시아의 국가 약호이다.

42 국제우편물 종별 접수요령 > 특수취급우편물 답 ③

| 정답해설 | ③ 배달통지(Advice of delivery: A.R.)에 대한 설명이다. 국제속달은 발송인의 청구에 따라 속달업무를 취급하는 국가에서 배달우체국에 도착한 항공통상우편물 및 소포우편물을 가능한 한 신속하게 배달하는 제도이다.

43 국제우편물 종별 접수요령 > 특수취급우편물 답 ③

| 정답해설 | ③ 등기 접수 시 접수우체국이 국제등기번호표 CN04를 우편물 앞면의 적정한 위치에 붙인다.

44 국제우편물 종별 접수요령 > 부가취급 종류 답 ①

| 정답해설 | ① 국제우편물에 대한 부가취급의 종류에는 등기(통상우편물만 해당), 배달통지, 보험취급, 그 밖에 국제적으로 시행되고 있는 업무 중 과학기술정보통신부장관이 정하여 고시하는 업무가 있다.

| 함께 보는 법령 | 「국제우편규정」

제8조(국제우편물의 부가취급) 국제우편물에 대한 부가취급의 종류는 다음 각 호와 같다.
1. 등기(통상우편물만 해당한다)
2. 배달통지
3. 보험취급
4. 그 밖에 국제적으로 시행되고 있는 업무 중 과학기술정보통신부장관이 정하여 고시하는 업무

45 국제우편물 종별 접수요령 > 등기 답 ③

| 오답해설 | ① 배달통지에 대한 설명이다.

② 모든 통상우편물은 등기로 발송할 수 있다.

④ CN07이 아니라 CN04를 붙인다. CN07 서식을 작성하여 우편물에 첨부하는 것은 배달통지이다.

46 국제우편물 종별 접수요령 > 보험취급 답 ④

| 정답해설 | ④ 귀금속 및 보석류는 보험취급하여 발송할 수 있는 물건이다.

| 함께 보는 이론 | 보험취급하여 발송할 수 있는 물건
- 수표, 지참인불유가증권
- 우표, 복권, 기차표 등과 같은 금전적 가치가 있는 서류
- 귀금속, 보석류
- 고급시계, 만년필 등 귀중품
- 수출입 관련 법령(대외무역법 등)에서 허용하는 범위에서 취급하는 물건

47 국제우편물 종별 접수요령 > 국제보험소포우편물 접수 답 ④

| 정답해설 | ④ 보험가액을 잘못 기재한 경우 지우거나 정정할 수 없으므로 주소기표지를 다시 작성해야 한다.

CHAPTER 03 | 국제우편요금 문제편 P.79

01	①	02	②	03	④	04	①	05	④
06	②	07	③	08	③	09	②	10	①
11	②	12	②	13	③	14	④		

01 국제우편요금 > 국제우편요금 답 ①

| 정답해설 | ① 국제우편요금은 만국우편연합에서 정한 범위 안에서 과학기술정보통신부장관이 정한다.

02 국제우편요금 > 국제우편요금의 별납 답 ②

| 정답해설 | ② 취급우체국은 우편취급국을 제외한 모든 우체국이다.

03 국제우편요금 > 국제우편요금의 별납 답 ④

| 정답해설 | ④ 접수된 우편물은 국제우편물류센터나 부산국제우체국 앞으로 별도 우편자루를 이용한 체결·발송을 원칙으로 한다. 다만, 물량이 적을 경우에는 단단히 묶어서 다른 우편물과 함께 발송한다.

04 국제우편요금 > 국제우편요금의 후납 답 ①

| 정답해설 | ① 국제우편물의 요금(특수취급수수료 포함)을 우편물을 접수할 때에 납부하지 않고 발송우체국의 승인을 얻어 1개월간 발송예정 우편물 요금액의 2배에 해당하는 금액을 담보금으로 제공하고 1개월간의 요금을 다음 달 20일까지 납부하는 제도이다.

05 국제우편요금 > 국제우편요금의 후납 답 ④

| 정답해설 | ④ 요금후납우편물에는 우편날짜도장 날인을 생략한다.

06 국제우편요금 > IBRS EMS 답 ②

| 정답해설 | ② 해외 전자상거래용 반품서비스(IBRS EMS)는 계약국제특급 이용우체국(집배국)에 한정하여 취급하며, 요금은 통당 10,000원이다.

07 국제우편요금 > 국제우편요금의 별납·후납 답 ③

| 오답해설 | ① 국제우편요금 별납은 우편취급국을 제외한 모든 우체국에서 취급하고, 요금 후납은 우편취급국을 포함한 후납계약을 맺은 우체국에서 취급한다. 다만, 후납 시 취급국의 경우 등기취급우편물과 공공기관에서 발송하는 일반우편물에만 허용된다.

② 국제우편요금 후납은 한 사람(후납승인을 받은 사람)이 동일 우편물을 매월 100통 이상 발송하는 국제통상우편물 및 국제소포우편물에 한해 취급한다.

④ 접수된 요금별납우편물은 국제우체국 앞으로 별도 우편자루를 이용하여 체결·발송함을 원칙으로 한다. 다만, 물량이 적을 경우에는 단단히 묶어서 다른 우편물과 함께 발송한다.

08 국제우편요금 > IBRS 답 ③

| 정답해설 | ㄹ. 취급 대상 우편물의 최대 중량은 50g이다.

ㅁ. 수취인이 우편을 받을 때 요금을 납부하며, 후납취급도 가능하다.

ㅂ. IBRS의 이용계약을 체결하려는 자는 신청서와 수취할 우편물의 견본 2매를 배달우체국에 제출한다.

ㅇ. IBRS의 유효기간은 IBRS를 이용할 수 있는 날부터 2년을 초과할 수 없다. 단, 국가기관, 지방자치단체, 정부투자기관은 유효기간 제한을 받지 않는다.

09 국제우편요금 > 국제회신우표권(IRC) 답 ②

| 오답해설 | ㄷ. 만국우편연합 국제사무국(IB)에서 발행하며 각 회원국에서 판매한다.

ㅁ. 국제회신우표권 판매 시 교환마감일(유효기간) 안내를 철저히 해야 한다.

10 국제우편요금 > 국제회신우표권(IRC) 답 ①

| 오답해설 | ㄴ. 국제회신우표권은 만국우편연합(UPU) 국제사무국(IB)에서 발행한다.

ㄷ. 판매 시에는 국제회신우표권의 왼쪽 해당란에 우편날짜도장을 날인한다.

ㄹ. 외국에서 판매한 국제회신우표권은 항공보통서장 4지역 20g 요금에 해당하는 우표류와 교환해 준다.
ㅁ. 우리나라에서 판매된 국제회신우표권은 우리나라에서 교환할 수 없다.
ㅂ. 국제회신우표권은 우표류에 속하나 할인판매가 불가하다.

11 국제우편요금 > 국제회신우표권(IRC) 답 ②

| 정답해설 | ② 국제회신우표권은 우표류에 속하나 할인판매가 불가하다.

12 국제우편요금 > 국제우편 답 ②

| 정답해설 | ② 국제우편요금수취인부담(International Business Reply Service) 우편물은 모두 항공 취급하며, 그 밖의 부가취급은 불가하다. 또한 취급대상도 국내와 달리 인쇄물(봉투)과 엽서에 한한다.

13 국제우편요금 > 국제우편 답 ③

| 정답해설 | ③ 우표, 운송장 및 통관을 위하여 붙인 서류의 중량은 우편물의 중량에 포함하지 아니한다.

| 함께 보는 법령 | 「국제우편규정」

제9조(국제우편요금 등) ① 국제우편요금 및 국제우편 이용에 관한 수수료(이하 "국제우편요금 등"이라 한다)는 협약에서 정한 범위에서 과학기술정보통신부장관이 정하여 고시한다.
② 제8조에 따른 부가취급에 관한 국제우편요금 등에 대하여 협약에서 정하지 아니한 사항은 과학기술정보통신부장관이 정하여 고시한다.
제12조(국제우편요금 등의 감액) ① 국제우편요금 등은 일부를 감액할 수 있다.
② 제1항에 따라 국제우편요금 등을 감액할 수 있는 우편물의 종류 · 수량 · 취급요건 · 감액범위 등에 관한 사항은 협약에서 정한 범위에서 과학기술정보통신부장관이 정하여 고시한다.
제13조(국제회신우표권) ① 외국에서 판매한 국제회신우표권은 국내우체국에서 제9조 제1항에 따라 고시된 요금에 해당하는 우표류와 교환한다.
② 우리나라에서 판매한 국제회신우표권은 국내우체국에서 교환할 수 없다.
제16조(첨부물의 중량) 발송우편물에 붙인 부가표시물 및 서류의 중량은 그 우편물의 중량에 포함하여 계산한다. 다만, 우표, 운송장 및 통관을 위하여 붙인 서류의 중량은 포함하지 아니한다.

14 국제우편요금 > 국제우편요금의 반환 답 ④

| 정답해설 | ④ 반환요금의 청구는 발송한 다음 날부터 1년 이내에 하여야 한다.

| 함께 보는 법령 | 「국제우편규정」

제36조(국제우편요금 등의 반환) ① 발송인은 다음 각 호의 어느 하나에 해당하는 국제우편요금 등에 대하여 과학기술정보통신부장관에게 반환을 청구할 수 있다.
1. 우편관서의 과실로 과다징수한 경우: 과다징수한 국제우편요금 등
2. 부가취급 국제우편물의 국제우편요금 등을 받은 후 우편관서의 과실로 부가취급을 하지 아니한 경우: 부가취급 수수료
3. 항공서간을 선편으로 발송한 경우: 항공서간 요금과 해당 지역의 선편 보통서신 최저요금의 차액
4. 등기우편물 · 소포우편물 또는 보험취급된 등기우편물 · 소포우편물의 분실 · 전부도난 또는 완전파손 등의 경우: 납부한 국제우편요금 등. 다만, 등기 · 보험취급 수수료는 제외한다.
5. 특급우편물 또는 보험취급된 특급우편물의 분실 · 도난 또는 파손 등의 경우: 납부한 국제우편요금 등. 다만, 보험취급 수수료는 제외한다.
6. 행방조사청구에 따른 조사결과 우편물의 분실 등이 우편관서의 과실로 발생하였음이 확인된 경우: 행방조사청구료
7. 수취인의 주소 · 성명이 정확하게 기재된 우편물을 우편관서의 과실로 발송인에게 반환한 경우: 납부한 국제우편요금 등
8. 외국으로 발송하는 부가취급되지 아니한 통상우편물이 우편관서의 취급과정에서 파손된 경우: 납부한 국제우편요금 등
② 국제우편요금 등을 완납한 발송우편물이 다른 법령에 따른 수출금지 대상이거나 그 밖의 부득이한 사유로 발송인에게 반환된 경우에는 발송인의 청구에 따라 완납한 국제우편요금 등에서 해당 우편물의 반환에 따른 국내우편요금 및 수수료를 공제한 금액을 반환한다. 다만, 발송인의 고의 또는 중대한 과실이 있다고 인정되는 경우에는 반환하지 아니한다.
③ 제1항 및 제2항에 따라 반환하는 국제우편요금 등은 현금으로 지급할 수 있다. 다만, 발송인이 국제우편요금 등을 제10조 제4호에 따라 신용카드등으로 납부한 경우에는 카드거래 취소로 대신할 수 있다.
④ 국제우편요금 등의 반환청구는 발송한 다음 날부터 1년 이내에 하여야 한다.
⑤ 다른 법령 또는 상대국의 규정에 따라 압수되는 등의 사유로 반환되지 아니하는 우편물에 대한 국제우편요금 등은 반환하지 아니한다.

CHAPTER 04 | 부가서비스 및 제도

문제편 P.83

01	④	02	④	03	③	04	②	05	④
06	②	07	③	08	②	09	②	10	②

01 부가서비스 및 제도 > 국제특급우편(EMS)의 부가서비스 답 ④

| 정답해설 | ④ 수입우편물 발송확인 서비스가 아니라 수출우편물 발송확인 서비스가 국제특급우편(EMS)의 부가서비스이다.

02 부가서비스 및 제도 > 국제특급우편(EMS)의 부가서비스 답 ④

| 정답해설 | ④ EMS 배달보장 서비스에 대한 설명이다.

03 부가서비스 및 제도 > 국제특급우편(EMS)의 부가서비스 답 ③

| 정답해설 | ③ EMS 프리미엄서비스(민간 국제특송사 제휴서비스)에 대한 설명이다.

04 부가서비스 및 제도 > 국제특급우편(EMS)의 부가서비스 답 ②

| 정답해설 | ② 보험취급에 대한 설명이다.

05 부가서비스 및 제도 > 국제특급우편(EMS)의 부가서비스 답 ④

| 정답해설 | ④ 이용자 실비지급제도에 대한 설명이다.

06 부가서비스 및 제도 > EMS 배달보장 서비스 답 ②

| 오답해설 | ㄴ. 아시아 지역은 접수 + 2일 이내, 미국 · 호주 · 유럽은 접수 + 3일 이내 배달이 보장된다. 또한 배달예정일보다 지연된 사실이 확인된 경우 우편요금액을 배상한다.
ㄹ. 별도의 취급수수료를 납부하지 않는다.

07 부가서비스 및 제도 > 사전 통관정보 제공 답 ③

| 정답해설 | ③ 대상 우편물은 EMS(비서류), 소포(항공 · 선편), 소형포장물, K-Packet 등이며, 포스트넷(시스템) 입력 시 숫자 이외의 문자는 모두 영문으로 입력하여야 한다.

08 부가서비스 및 제도 > 사전 통관정보 제공 답 ②

| 정답해설 | ② 발송인 성명, 상세주소, 우편번호(ㄱ), 수취인 성명, 상세주소, 우편번호(ㄹ), 내용품유형(ㅅ), 내용품명(ㅇ), 순중량(ㅊ), 개수(ㅋ), 가격(ㅍ)은 CN22에 포함되며, 발송인 전화번호(ㄴ)는 CN23에 포함된다. 그러나 발송인 이메일(ㄷ), 수취인 전화번호(ㅁ), 수취인 이메일(ㅂ)은 제외된다. 따라서 필수 통관정보 항목의 총 개수는 10개이다.

09 부가서비스 및 제도 > 국제우편 요금감액제도 답 ②

| 정답해설 | ② 특별감액의 장기이용고객 조건에 해당할 경우, 2%의 요금감액률을 적용한다.

10 부가서비스 및 제도 > 국제우편스마트접수 답 ②

| 정답해설 | ② 국제우편스마트접수 대상 우편물에서 EMS 프리미엄과 국제소포는 요금할인 해택이 없다.

CHAPTER 05 | EMS 프리미엄서비스

문제편 P.86

01	④	02	④	03	④	04	②	05	③
06	④	07	④	08	②				

01 EMS 프리미엄서비스 > EMS 프리미엄서비스 답 ④

| 정답해설 | ④ 실중량과 체적중량 중 무거운 중량을 적용한다.

02 EMS 프리미엄서비스 > EMS 프리미엄서비스 답 ④

| 정답해설 | ④ EMS 프리미엄 접수 시 사서함 주소(P.O. Box)로는 접수할 수 없다(도착국에서 배달확인 불가능). 다만, 아프리카 · 중동 지역, 수취인의 주소가 개인주소 없이 P.O. Box로만 되어 있는 지역일 경우 예외적으로 접수가 가능하며, 이때 반드시 발송동의서를 작성 · 첨부해야 한다.

03 EMS 프리미엄서비스 > 국제특급우편물(EMS) 답 ④

| 정답해설 | ④ EMS는 배달예정일보다 48시간 이상 지연배달되었을 경우에 납부한 요금액을 배상한다.

04 EMS 프리미엄서비스 > EMS 프리미엄서비스 답 ②

| 정답해설 | ② Export 수취인 요금부담 서비스와 Import 수취인 요금부담 서비스의 대상고객은 요금후납계약고객(수집대행업체 제외)이다.

05 EMS 프리미엄서비스 > 국제특급우편(EMS) 이용자 실비지급제도 답 ③

| 정답해설 | ③ EMS 무료발송권의 액면금액 전부 또는 일부를 현금으로 교환하는 것은 불가하다.

06 EMS 프리미엄서비스 > 국제특급우편(EMS) 요금감액제도 답 ④

| 정답해설 | ④ 모두 국제우편 요금감액제도의 감액 대상에 해당한다.

07 EMS 프리미엄서비스 > 국제특급우편(EMS) 요금감액제도 답 ④

| 정답해설 | ④ 계약국제특급우편 이용자가 1개월에 50만 원을 초과하여 EMS 우편물을 발송하는 경우에 적용한다. 단, 18% 이상 감액률은 우정사업본부장의 승인 후 적용한다.

| 함께 보는 이론 | 감액요건 및 감액범위

(단위: 1개월, 만 원)

이용 금액	50 초과 ~ 150	150 초과 ~ 500	500 초과 ~ 1,000	1,000 초과 ~ 2,000	2,000 초과 ~ 5,000	5,000 초과 ~ 10,000	10,000 초과 ~ 20,000	20,000 초과
감액률	4%	6%	8%	10%	12%	14%	16%	18%

※ 18% 이상 감액률은 우정사업본부장의 승인 후 적용함

08 EMS 프리미엄서비스 > 국제특급우편(EMS) 요금감액제도 답 ②

| 정답해설 | ㄴ. 계약국제특급우편은 우정사업본부, 각 지방우정청, 총괄국, 6급 이하 우체국(별정국, 우편취급국 포함)에서 이용자와 계약을 체결한다.

ㄷ. 계약국제특급우편의 대상요건은 월 50만 원을 초과하여 EMS 우편물을 발송하는 이용자이다.

ㄹ. 계약특급의 25% 이상 감액률은 해당 지방우정청장의 승인 후 적용하며, 특별감액을 포함한 총 감액률은 28%를 초과하지 아니한다.

CHAPTER 06 | 각종 청구제도 문제편 P.88

01	②	02	③	03	①	04	①	05	①
06	②	07	②	08	②	09	④		

01 각종 청구제도 > 행방조사청구제도 답 ②

| 정답해설 | ㄷ. 청구기한은 우편물을 발송한 다음 날부터 계산하여 6개월이다. 단, EMS는 4개월 이내, EMS 프리미엄서비스는 3개월, 배달보장 서비스 30일 이내이다.

ㅁ. 청구할 수 있는 국가는 발송국가, 도착국가(배달국가)는 물론, 제3국(외국)도 가능하다.

ㅂ. 항공우편에 의한 행방조사청구는 원칙적으로 무료이다.

02 각종 청구제도 > 행방조사청구제도와 손해배상제도 답 ③

| 정답해설 | ③ 국제특급의 경우 지급된 손해배상금은 원칙적으로 발송우정청이 부담한다. 다만, 상대국에 따라 책임우정청이 배상하는 경우도 있다.

03 각종 청구제도 > 행방조사청구제도 답 ①

| 정답해설 | ① 우편물이 분실된 경우 발송인만 청구 가능하고, 파손된 경우에는 발송인이나 수취인이 청구 가능하다.

| 오답해설 | ② 발송국가와 도착국가(배달국가)는 물론이고, 제3국에서도 청구가 가능하다.

③ 청구기한은 우편물을 발송한 다음 날부터 계산하여 6개월이다.

④ 청구대상 우편물은 등기우편물, 소포우편물, 국제특급우편물 등 기록 취급하는 우편물이다. 보통통상우편물은 청구대상 우편물이 아니다.

04 각종 청구제도 > 국제우편 손해배상제도 답 ①

| 정답해설 | ① 국제우편 손해배상제도의 손해배상 청구권자는 발송인 또는 수취인이다.

05 각종 청구제도 > 국제우편 손해배상제도 답 ①

| 정답해설 | ㄹ. 행방조사청구가 우편물을 발송한 다음 날부터 계산하여 6개월(특급은 4개월) 이내에 이루어지지 않았을 경우에는 손해배상책임이 면책된다.

06 각종 청구제도 > 국제우편 손해배상제도 답 ②

| 정답해설 | ㄷ. 우편물에 실질적인 손해가 발생해야 한다.

ㅁ. 우편관서의 과실이 있어야 한다.

07 각종 청구제도 > 국제우편 손해배상제도 답 ②

| 정답해설 | ② 도착국가의 국내법에 따라 압수된 경우가 손해배상의 면책사유이다.

08 각종 청구제도 > 국제우편 손해배상제도 답 ②

| 정답해설 | ② 분실된 국제우편물의 종류는 국제특급우편물(EMS)이고, 내용품은 책 4권 · 바지 2벌 · 티셔츠 1벌 등 비서류이다. 이 경우 손해배상액은 70,000원에 1kg당 7,870원을 합산한 금액 범위 내의 실손해액과 납부한 국제특급우편요금이다. 이 사례의 손해배상청구액을 구체적으로 계산해 보면 다음과 같다.

1. 내용품 가격: 160,000원(실손해액)
2. 우편 요금: 56,200원
3. 손해배상 한도액: 70,000원에 1kg당 7,870원을 합산한 금액

$\therefore$ 70,000 + (10kg × 7,870) = 148,700원

결론적으로, 손해배상 한도액 148,700원(손해배상 한도액 범위 내의 실손해액만 인정되는데, 사례의 실손해액은 160,000원이므로 한도액을 초과하여 실손해액 전부는 청구할 수 없다) + 우편요금 56,200원 = 204,900원

| 함께 보는 이론 | 국제우편물 유형별 손해배상액

종류별	손해배상의 범위	배상금액
등기 우편물	분실, 전부 도난 또는 전부 훼손된 경우	52,500원 범위 내의 실손해액과 납부한 우편요금(등기료 제외)
	일부 도난 또는 일부 훼손된 경우	52,500원 범위 내의 실손해액
등기우편낭 배달 인쇄물	분실, 전부 도난 또는 전부 훼손된 경우	262,350원과 납부한 우편요금(등기료 제외)
	일부 도난 또는 일부 훼손된 경우	262,350원 범위 내의 실손해액
보통소포 우편물	분실, 전부 도난 또는 전부 훼손된 경우	70,000원에 1kg당 7,870원을 합산한 금액범위 내의 실손해액과 납부한 우편요금
	일부 분실·도난 또는 일부 훼손된 경우	70,000원에 1kg당 7,870원을 합산한 금액범위 내의 실손해액
보험서장 및 보험소포 우편물	분실, 전부 도난 또는 전부 훼손된 경우	보험가액 범위 내의 실손해액과 납부한 우편요금(보험취급수수료 제외)
	일부 분실·도난 또는 일부 훼손된 경우	보험가액 범위 내의 실손해액
국제특급 우편물 (EMS)	내용품이 서류인 국제특급우편물의 분실	52,500원 범위 내의 실손해액과 납부한 국제특급우편요금
	내용품이 서류인 국제특급우편물이 일부 도난 또는 훼손된 경우	52,500원 범위 내의 실손해액과 납부한 국제특급우편요금
	내용품이 서류가 아닌 국제특급우편물이 분실·도난 또는 훼손된 경우	70,000원에 1kg당 7,870원을 합산한 금액 범위 내의 실손해액과 납부한 국제특급우편요금
	보험취급한 국제특급우편물이 분실·도난 또는 훼손된 경우	보험가액 범위 내의 실손해액과 납부한 국제특급우편요금(보험취급수수료 제외)
	배달예정일보다 48시간 이상 지연배달된 경우. 단, EMS 배달보장 서비스는 배달예정일보다 지연배달의 경우	납부한 국제특급우편요금(보험취급수수료 제외)

09 각종 청구제도 > 국제우편 손해배상제도 답 ④

| 정답해설 | ④ 일부 훼손의 경우는 우편요금이 포함되지 않는다. 항공소포의 경우 70,000원에 1kg당 7,870원이므로 78,700원을 더한 금액 내에서 실손해액을 배상한다.

CHAPTER 07 | 국제우편물 및 국제우편요금의 반환

문제편 P.90

01	②	02	②	03	②	04	③

01 국제우편물 및 국제우편요금의 반환 > 국제우편요금의 반환 답 ②

| 정답해설 | ② 반환하는 국제우편요금 등은 현금으로 지급할 수 있다(「국제우편규정」 제36조 제3항).

| 함께 보는 법령 | 「국제우편규정」

제36조(국제우편요금 등의 반환) ① 발송인은 다음 각 호의 어느 하나에 해당하는 국제우편요금 등에 대하여 과학기술정보통신부장관에게 반환을 청구할 수 있다.

1. 우편관서의 과실로 과다징수한 경우: 과다징수한 국제우편요금 등
2. 부가취급 국제우편물의 국제우편요금 등을 받은 후 우편관서의 과실로 부가취급을 하지 아니한 경우: 부가취급 수수료
3. 항공서간을 선편으로 발송한 경우: 항공서간 요금과 해당 지역의 선편 보통서신 최저요금의 차액
4. 등기우편물·소포우편물 또는 보험취급된 등기우편물·소포우편물의 분실·전부도난 또는 완전파손등의 경우: 납부한 국제우편요금 등. 다만, 등기·보험취급 수수료는 제외한다.
5. 특급우편물 또는 보험취급된 특급우편물의 분실·도난 또는 파손 등의 경우: 납부한 국제우편요금 등. 다만, 보험취급 수수료는 제외한다.
6. 행방조사청구에 따른 조사결과 우편물의 분실 등이 우편관서의 과실로 발생하였음이 확인된 경우: 행방조사청구료
7. 수취인의 주소·성명이 정확하게 기재된 우편물을 우편관서의 과실로 발송인에게 반환한 경우: 납부한 국제우편요금 등
8. 외국으로 발송하는 부가취급되지 아니한 통상우편물이 우편관서의 취급 과정에서 파손된 경우: 납부한 국제우편요금 등

② 국제우편요금 등을 완납한 발송우편물이 다른 법령에 따른 수출금지 대상이거나 그 밖의 부득이한 사유로 발송인에게 반환된 경우에는 발송인의 청구에 따라 완납한 국제우편요금 등에서 해당 우편물의 반환에 따른 국내우편요금 및 수수료를 공제한 금액을 반환한다. 다만, 발송인의 고의 또는 중대한 과실이 있다고 인정되는 경우에는 반환하지 아니한다.

③ 제1항 및 제2항에 따라 반환하는 국제우편요금 등은 현금으로 지급할 수 있다. 다만, 발송인이 국제우편요금 등을 제10조 제4호에 따라 신용카드등으로 납부한 경우에는 카드거래 취소로 대신할 수 있다.

④ 국제우편요금 등의 반환청구는 발송한 다음 날부터 1년 이내에 하여야 한다.

⑤ 다른 법령 또는 상대국의 규정에 따라 압수되는 등의 사유로 반환되지 아니하는 우편물에 대한 국제우편요금 등은 반환하지 아니한다.

02 국제우편물 및 국제우편요금의 반환 > 국제우편요금 등 답 ②

| 정답해설 | ② 국제우편요금 등은 현금, 우표, 우편요금을 표시하는 증표, 신용카드등, 정보통신망을 이용한 전자화폐 또는 전자결제 중 어느 하나에 해당하는 방법으로 납부할 수 있다.

| 함께 보는 법령 | 「국제우편규정」

제10조(국제우편요금 등의 납부) 국제우편요금 등은 다음 각 호의 어느 하나에 해당하는 방법으로 납부할 수 있다.

1. 현금
2. 우표

3. 우편요금을 표시하는 증표
4. 「여신전문금융업법」에 따른 신용카드 · 직불카드 · 선불카드(이하 "신용카드 등"이라 한다)
5. 정보통신망을 이용한 전자화폐 또는 전자결제

03 국제우편물 및 국제우편요금의 반환 > 국제우편물의 발송 및 반송 답 ②

| 정답해설 | ② 소포우편물 및 특급우편물의 경우 발송인의 요청에 따라 발송인을 방문하여 접수할 수 있다.

| 함께 보는 법령 | 「국제우편규정」

제14조(국제우편물의 발송) ① 다음 각 호의 어느 하나에 해당하는 국제우편물을 발송하려는 경우에는 우체국에 직접 접수해야 한다. 다만, 제1호와 제8호에 해당하는 우편물은 발송인의 요청에 따라 발송인을 방문하여 접수할 수 있다.
1. 소포우편물 및 특급우편물
2. 부가취급이 필요한 우편물
3. 소형포장물
4. 통관을 하여야 하는 물품이 들어 있는 우편물
5. 국제우편요금 등을 별납 또는 후납하는 우편물
6. 항공으로 취급하는 시각장애인을 위한 우편물
7. 협약에 따른 우편요금 감면대상 우편물
8. 제3조 제1항 제4호에 따른 우편물

② 제1항 각 호의 우편물 외의 국제우편물을 발송하려는 경우에는 우체통에 투입할 수 있다.

04 국제우편물 및 국제우편요금의 반환 > 국제우편요금의 반환 답 ③

| 정답해설 | ③ 국제우편요금 등의 반환청구는 발송한 다음 날부터 1년 이내에 하여야 한다(국제우편규정 제36조 제4항).

CHAPTER 08 | 국제우편 수수료 및 우편요금 고시

문제편 P.92

01	③	02	①	03	②	04	④

01 국제우편 수수료 및 우편요금 고시 > 국제우편의 수수료 답 ③

| 정답해설 | ③ 항공우편의 행방조사 청구료는 무료이지만 국제특급우편(EMS)의 행방조사 청구료는 해당 요금을 받는다.

02 국제우편 수수료 및 우편요금 고시 > 국제우편의 수수료 답 ①

| 오답해설 | ② EMS 방문접수 수수료(계약고객 제외)는 1회 방문 시 1통당 3,000원, 추가 1통당 1,000원(최대 5,000원)이다.

③ 해외 전자상거래용 반품서비스(IBRS) 수수료
- 적용 대상: 2kg 이하의 소형 물품
- 취급 지역: 일본
- 취급수수료(IBRS EMS): 통당 10,000원

④ 특별인출권 환율(SDR)의 경우 원을 화폐단위로 하면 1SDR은 1,749원이다.

03 국제우편 수수료 및 우편요금 고시 > 국제우편의 수수료 답 ②

| 정답해설 | ② 접수 익일(J+1) 4,500원 + 보험료 기본요금 2,800원 + 1회 방문 1통당 3,000원 + 추가 1통당 1,000원 = 11,300원

| 함께 보는 이론 | 특급우편물(EMS)의 이용수수료

1. 초특급 서비스 수수료
   - 접수익일(J+1): 4,500원
   - 대상 국가(도시): 홍콩, 베트남(하노이, 호치민)
   - 접수관서 및 접수마감시각: 서울 · 경인지방우정청 국내특급우편취급 고시사항의 특급접수우체국 및 취급시간 참조
2. 보험료
   - 기본요금: 2,800원
   - 추가요금(보험가액 65.34SDR 또는 114,300원 초과마다): 550원
3. EMS 방문접수 수수료(계약고객 제외)
   1회 방문 1통당 3,000원, 추가 1통당 1,000원(최대 5,000원)

04 국제우편 수수료 및 우편요금 고시 > 국제초특급우편물 답 ④

| 정답해설 | ④ 현재 우리나라에서 국제초특급우편물을 발송할 수 있는 국가는 홍콩, 베트남(하노이, 호치민)이다.

| 함께 보는 이론 | 초특급 서비스 수수료

- 접수 익일(J+1): 4,500원
- 대상 국가(도시): 홍콩, 베트남(하노이, 호치민)
- 접수관서 및 접수마감시각: 서울 · 경인지방우정청 국내특급우편취급 고시사항의 특급접수우체국 및 취급시간 참조

정답과 해설

제 1 회 실전동형 모의고사

문제편 P.94

01	②	02	④	03	③	04	③	05	②
06	④	07	③	08	③	09	②	10	②
11	①	12	①	13	②	14	④	15	②
16	③	17	④	18	②	19	③	20	③

01 국내우편 > 우편에 관한 요금 > 우편요금 답 ②

| 정답해설 | ② 우체국 창구에서 접수하는 우편물로서 감액기준 수량 이상 발송하는 일반우편물 또는 등기우편물은 감액대상이다.

| 함께 보는 이론 | 우편요금 등의 감액대상 우편물(우편법 시행규칙 제85조)

1. 통상우편물
   - 신문(그와 관련된 호외·부록 또는 증간을 포함한다)과 정기간행물(그와 관련된 호외·부록 또는 증간을 포함한다) 중 발행주기를 일간·주간 또는 월간으로 하여 월 1회 이상 정기적으로 발송하는 것으로서 중량과 규격이 같은 요금별납 또는 요금후납 일반우편물. 다만, 우정사업본부장이 공공성·최소발송부수 및 광고게재한도 등을 고려하여 고시하는 기준에 미달하는 것은 제외한다.
   - 표지를 제외한 쪽수가 48쪽 이상인 책자의 형태로 인쇄·제본되어 발행인·출판사 또는 인쇄소의 명칭 중 어느 하나와 쪽수가 각각 표시되어 발행된 서적으로서 요금별납 또는 요금후납 일반우편물(상품의 선전 및 그에 관한 광고가 전 지면의 10분의 1을 초과하는 것을 제외한다)
   - 우편물의 종류와 중량 및 규격이 같은 우편물로서 감액기준 수량 이상 발송하는 요금별납 또는 요금후납 일반우편물
   - 비영리민간단체가 공익활동을 위하여 발송하는 요금별납 또는 요금후납 우편물
   - 국회의원이 의정활동을 당해 지역구 주민에게 알리기 위하여 연간 3회의 범위에서 감액기준 수량 이상 발송하는 요금별납 또는 요금후납 일반우편물
   - 감액기준 수량 이상 발송하는 요금별납 또는 요금후납 등기우편물
   - 상품의 광고에 관한 우편물로서 종류와 규격이 같고 감액기준 수량 이상 발송하는 요금별납 또는 요금후납 일반우편물
   - 상품안내서로서 중량과 규격이 같고, 감액기준 수량 이상 발송하는 요금후납 일반우편물
2. 소포우편물
   - 우체국 창구에서 접수하는 우편물로서 감액기준 수량 이상 발송하는 일반 또는 등기우편물
   - 발송인을 방문하여 접수하는 우편물로서 감액기준 수량 이상 발송하는 등기우편물

02 국내우편 > 국내우편 총론 > 우편 이용관계 답 ④

| 정답해설 | ④ 우편이용 계약의 성립 시기는 창구접수의 경우에는 접수 시, 우체통을 이용할 경우에는 우체통 투입 시, 방문접수의 경우에는 영수증 교부 시이다.

03 국내우편 > 우편에 관한 요금 > 요금수취인부담 답 ③

| 정답해설 | ③ 정당한 사유 없이 요금수취인부담 우편물의 수취를 거부한 때(ㄴ)와 수취인의 부재 기타 사유로 수취장소에 1월 이상 배달할 수 없을 때(ㄷ) 이용계약을 해지할 수 있다.

| 함께 보는 법령 | 「우편법 시행규칙」

제97조(요금수취인부담 이용계약의 해지) ① 배달우체국장은 요금수취인부담의 이용계약자가 다음 각 호의 1에 해당하는 때에는 그 이용계약을 해지할 수 있다.

1. 이용신청 기재사항 변경에 대한 통보를 게을리 한 때
2. 정당한 사유 없이 요금수취인부담 우편물의 수취를 거부한 때
3. 수취인의 부재 기타 사유로 수취장소에 1월 이상 배달할 수 없을 때
4. 2월 이상 요금수취인부담우편물을 이용하지 아니한 때
5. 우편요금 등의 납부를 최근 1년간 3회 이상 태만히 하여 요금후납 이용계약을 해지한 때

04 국내우편 > 그 밖의 청구와 계약 > 우체국보관우편물 답 ③

| 정답해설 | ③ 우체국보관 우편물의 보관기간은 우편물이 도착한 다음 날부터 기산하여 ㉠ 10일로 한다. 다만, 교통이 불편하거나 기타의 사유로 인하여 수취인이 ㉡ 10일 이내에 우편물을 교부받을 수 없다고 인정될 때에는 ㉢ 20일의 범위 안에서 이를 연장할 수 있다.

| 함께 보는 법령 | 「우편법 시행규칙」

제121조의2(우체국보관 우편물의 보관기간) 영 제43조 제6호의 규정에 의한 우편물의 보관기간은 우편물이 도착한 다음 날부터 기산하여 10일로 한다. 다만, 교통이 불편하거나 그 밖의 사유로 인하여 수취인이 10일 이내에 우편물을 교부받을 수 없다고 인정될 때에는 20일의 범위 안에서 이를 연장할 수 있다.

제121조의3(보관교부지 우편물의 교부) ① 영 제43조 제7호에 따른 교통이 불편하여 통상의 방법으로 우편물 배달이 어려운 지역(이하 "보관교부지"라 한다)에 송달하는 우편물은 배달우체국에서 보관하고 수취인의 청구에 따라 내준다. 다만, 보관교부지에 거주하는 자가 미리 당해배달우체국 관할구역 안의 일정한 곳을 지정하여 배달할 것을 신청한 때에는 그곳에 배달하여야 한다.

② 제1항에 따른 우편물의 보관기간은 우편물이 도착한 다음 날부터 기산하여 30일로 하고, 보관교부지는 관할 지방우정청장이 정하여 공고하여야 한다.

05 국내우편 > 국내우편물의 부가서비스 > 선택적 우편역무의 종류 답 ②

| 정답해설 | ② 배달증명은 수취인에게 우편물을 배달하거나 교부한 경우에 그 사실을 배달우체국에서 증명해서 발송인에게 통지하는 서비스이다.

06 국내우편 > 손해배상 및 손실보상 > 우편물의 손해배상과 손실보상 답 ④

| 정답해설 | ④ 보수 또는 손실보상, 손해배상의 청구권은 과학기술정보통신부장관이 지정한 우편관서에 대하여 다음 각 호의 구분에 따른 기간 내에 행사하지 아니하면 소멸시효가 완성된다(「우편법」 제43조).

1. 우편물 운송조력자의 보수청구에 따른 보수와 운송원의 통행권에 따른 보상은 그 사실이 있었던 날부터 1년
2. 손해배상청구에 따른 배상은 우편물을 발송한 날부터 1년

| 오답해설 | ① 우편물 배달결과 발생한 손해는 일반적인 손해배상과 달리 재산적 손해만 대상이 되고 정신적 손해는 해당하지 않는다. 참고로, 서비스에 대한 불만족을 위한 제도로는 이용자 실비보상제도가 마련되어 있다.

② 보수, 보상 및 손해배상에 관한 과학기술정보통신부장관의 결정에 불복하는 자는 그 통지를 받은 날부터 3개월 내에 소송을 제기할 수 있다(「우편법」 제44조).

③ 우편물을 내줄 때에 외부에 파손 흔적이 없고 중량에 차이가 없는 경우에는 손해가 없는 것으로 본다(「우편법」 제40조).

07 국제우편 > 국제우편 총설 > APPU의 기관 답 ③

| 정답해설 | ③ APPU의 기관 중 사무국(Bureau)은 집행이사회의 감독하에 회원국을 위한 연락, 통보 및 문의에 대하여 중간 연락 사무소로서의 역할을 담당하며, 사무국장은 총회에서 선임하고 있다. 태국의 방콕에 소재하고 있다.

| 정답해설 | ①②④ 총회, 관리이사회, 우편운영이사회는 UPU의 기관이다.

08 국제우편 > 국제우편 종별 접수요령 > 서장 답 ③

| 정답해설 | ③ 과학기술정보통신부 고시 내용에 적합한 것은 서장으로 취급하지 않는다.

| 함께 보는 이론 | 서장 취급 예시

일반적으로 규격에 맞는 봉함된 국제우편물로서 서장 이외에 다음과 같은 경우는 서장으로 취급을 한다.

1. 법규 위반 소형 포장물과 인쇄물
2. 법규 위반 항공서간
   - 원형을 변경하여 사용한 것
     - 우표 이외의 것을 붙이거나 넣어 발송한 것
   - 사제항공서간 조제 기준에 적합하지 않은 것
     - 과학기술정보통신부 고시 내용에 부적합한 것(③)
     - 발송인이 아닌 사람의 광고를 게재한 것
     - 우편요금을 표시하는 증표를 인쇄한 것

09 국제우편 > 국제우편 종별 접수요령 > 우편자루배달(인쇄물(M-bag) 답 ②

| 정답해설 | ② 우편자루배달 인쇄물(M-bag)은 동일인이 동일 수취인에게 한꺼번에 다량으로 발송하고자 하는 인쇄물 등을 넣은 우편자루를 한 개의 우편물로 취급하는 국제통상우편물이다. 다만, 탈락품 발생가능성이 크기 때문에 M-bag에 담긴 인쇄물의 각 묶음에 수취인의 주소를 표시하여 동일주소의 동일 수취인에게 발송한다.

10 국제우편 > 부가서비스 및 제도 > 국제특급우편 보험 답 ②

| 오답해설 | ① 중국을 제외한 우리나라와 EMS를 교환하는 모든 EMS에 대하여 보험취급이 가능하다.

③ 손해배상 금액에는 납부한 우편요금도 포함된다.

④ 손해배상 금액에 보험취급수수료는 제외된다.

11 국제우편 > 국제우편 종별 접수요령 > 국제우편물의 특수취급 답 ①

| 정답해설 | ① 우편물에 등기번호를 부여하고 접수한 때부터 배달되기까지의 취급과정을 그 번호에 따라 기록하여 우편물 취급과 송달의 확실성을 보장하기 위한 제도는 '등기(Registered)'이다. '보험취급(Insured)'은 수표 등의 유가증권, 금전적 가치가 있는 서류나 귀중품 등이 들어있는 우편물을 내용품의 실제적·객관적 가치에 따라 보험취급하여 송달하고, 분실·훼손되거나 도난당한 경우 보험가액의 범위에서 실제로 생긴 손해액을 배상하는 제도이다.

12 국제우편 > 국제우편 요금 > 국제우편요금 수취인부담 답 ①

| 정답해설 | ① 요금은 수취인이 우편물을 받을 때 납부하며, 후납 취급도 가능하다.

13 국제우편 > 각종 청구제도 > 행방조사청구제도 답 ②

| 정답해설 | ② EMS의 경우 일반적으로 행방조사 청구기간은 4개월 이내이다. 다만, EMS 프리미엄은 발송한 날부터 3개월 이내에 청구해야 한다.

14 국내우편 > 국내우편물의 부가서비스 > 부가취급서비스 답 ④

| 정답해설 | ④ • 특별송달은 일반등기우편과 국내특급우편으로 취급하며, 일반등기우편의 경우 접수한 다음 날부터 ㉠ 3일 이내에 배달된다.

• 우편물의 보관교부지는 관할 지방우정청장이 정하여 고시하며, 그 우편물의 보관기간은 최장 ㉡ 30일이다.

15 국내우편 > 국내우편 총론 > 서신송달업자 답 ②

| 정답해설 | ② 서신(국가기관이나 지방자치단체에서 발송하는 등기취급 서신은 제외한다)의 중량이 350그램을 넘거나 서신송달업을 하는 자가 서신송달의 대가로 받는 요금이 대통령령으로 정하는 통상우편요금의 10배를 넘는 경우에는 타인을 위하여 서신을 송달하는 행위를 업으로 할 수 있다(「우편법」 제2조).

| 오답해설 | ① 서신을 송달하는 업(이하 "서신송달업"이라 한다)을 하려는 자는 과학기술정보통신부장관에게 신고하여야 한다. 다만, 대통령령으로 정하는 기준에 해당하는 소규모 서신송달업을 하려는 자는 신고하지 아니하고 서신송달업을 할 수 있다(「우편법」 제45조의2 제1항).

③ 서신송달업의 신고를 한 자와 신고하지 아니하고 서신송달업을 하는 자(이하 "서신송달업자"라 한다)는 서신송달업무의 운영과정에서 우편관서가 우편사업 운영과 관련하여 사용하는 우편, 우편물, 우체국 및 그와 유사한 명칭을 사용해서는 아니 된다(「우편법」 제45조의3 제1항).

④ 서신송달업자는 타인에게 자기의 성명 또는 상호를 사용하여 서신송달업을 경영하게 해서는 아니 된다(「우편법」 제45조의3 제2항).

16 국내우편 > 그 밖의 우편서비스 > 우체국 축하카드 답 ③

| 정답해설 | ③ 우체국 축하카드는 축하·감사의 뜻이 담긴 축하카드를 한국우편사업진흥원(위탁 제작처) 또는 배달우체국에서 만들어 수취인에게 배달하는 서비스이다. 또한 축하카드와 함께 20만 원 한도 내에서 문화상품권을 함께 발송할 수 있다.

17 국내우편 > 국내우편 총론 > 벌금 답 ④

| 정답해설 | ④ 모두 5년 이하의 징역 또는 5,000만 원 이하의 벌금에 해당한다.

ㄱ. 「우편법」 제49조 제2항
ㄴ. 「우편법」 제48조 제2항
ㄷ. 「우편법」 제51조 제2항
ㄹ. 「우편법」 제51조의2

18 국내우편 > 우편서비스 종류와 이용조건 > 사제엽서의 제조요건 답 ②

| 정답해설 | ② 우편엽서를 개인, 기관 또는 단체가 조제하는 경우에는 '우정사업본부장'이 정하여 고시하는 우편엽서의 종류·규격·형식 등에 적합하여야 한다(「우편법 시행규칙」 제20조).

19 국내우편 > 그 밖의 청구와 계약 > 사서함 사용계약 답 ③

| 정답해설 | ③ 해지통지를 한 날부터 10일 이내에 사서함을 사용하였던 자의 교부신청이 없는 때에는 발송인에게 이를 되돌려 주어야 한다.

| 함께 보는 법령 | 「우편법 시행규칙」

제126조의2(사서함 사용계약 해지 등) ① 계약우체국장은 사서함 사용자가 다음 각 호의 어느 하나에 해당하는 때에는 사서함의 사용계약을 해지할 수 있다.
1. 사서함에 배달된 우편물을 정당한 사유 없이 30일 이상 수령하지 아니한 때
2. 최근 3월간 계속하여 사서함에 배달한 우편물의 통수가 월 30통에 미달한 때
3. 우편관계법령의 규정에 위반한 때
4. 공공의 질서 또는 선량한 풍속에 반하여 사서함을 이용한 때

② 제1항에 따라 계약이 해지된 사서함에 배달된 우편물은 그 해지통지를 한 날부터 10일 이내에 사서함을 사용하였던 자의 교부신청이 없는 때에는 발송인에게 이를 되돌려 주어야 한다.

③ 사서함 사용자가 사서함 사용계약을 해지하려는 경우에는 별지 제2호 서식에 그 해지예정일 및 계약을 해지한 후의 우편물 수취장소 등을 기재하여 해지예정일 10일 전까지 계약우체국장에게 통보하여야 한다.

20 국내우편 > 그 밖의 청구와 계약 > 우편수취함 답 ③

| 정답해설 | ③ 건축물의 관리책임자 또는 사용자는 설치된 고층건물우편수취함이 그 사용에 지장이 없도록 이를 관리하여야 한다(「우편법 시행규칙」 제133조 제1항).

| 오답해설 | ① 「우편법 시행규칙」 제131조(고층건물우편수취함의 설치)

② 「우편법 시행규칙」 제129조(마을공동수취함앞 우편물의 배달 등)

④ 「우편법 시행규칙」 제133조(고층건물우편수취함의 관리·보수) 제2항

| 함께 보는 법령 | 「우편법 시행규칙」

제131조(고층건물 우편수취함의 설치) 영 제50조 제1항의 규정에 의한 고층건물의 우편수취함(이하 "고층건물 우편수취함"이라 한다)은 건물구조상 한 곳에 그 전부를 설치하기가 곤란한 경우에는 3층 이하의 위치에 3개소 이내로 분리하여 설치할 수 있다. 다만, 고층건물 우편수취함 설치 대상 건축물로서 그 1층 출입구, 관리사무실 또는 수위실 등(출입구 근처에 있는 것에 한한다)에 우편물 접수처가 있어 우편물을 배달할 수 있는 경우에는 고층건물 우편수취함을 설치하지 아니할 수 있다.

제132조(고층건물 우편수취함 등의 규격·구조 등) 영 제50조 제2항의 규정에 의한 고층건물 우편수취함의 표준규격·재료·구조 및 표시사항은 우정사업본부장이 정하여 고시한다.

제133조(고층건물 우편수취함의 관리·보수) ① 건축물의 관리책임자 또는 사용자는 설치된 고층건물 우편수취함이 그 사용에 지장이 없도록 이를 관리하여야 한다.

② 고층건물 우편수취함이 훼손된 경우 훼손된 날부터 15일 이내에 이를 보수하지 아니한 때에는 이를 우편수취함으로 보지 아니한다.

제134조(고층건물 우편수취함에 넣을 수 없는 우편물의 배달) ① 다음 각 호의 어느 하나에 해당하는 경우에는 수취인에게 직접 배달해야 한다.

1. 요금수취인부담우편물
2. 양이 많거나 부피가 커서 고층건물 우편수취함에 넣을 수 없는 우편물

② 제1항 각 호 외의 특수취급우편물은 수취인에게 직접 배달하는 것을 원칙으로 하되, 등기우편물은 영 제42조 제3항 단서에 따라 전자 잠금장치가 설치된 고층건물 우편수취함에 넣을 수 있다.

제135조(고층건물앞 우편물의 보관 및 반환) ① 영 제51조 제2항의 규정에 의하여 배달우체국에서 보관·교부할 우편물은 그 우편물이 배달우체국에 도착한 다음 날부터 10일간 이를 보관한다.

② 제1항에 따른 기간이 경과하여도 우편물의 수취청구가 없는 경우에는 발송인에게 이를 되돌려 준다.

정답과 해설

제 2 회 실전동형 모의고사

문제편 P.99

01	③	02	②	03	③	04	④	05	③
06	②	07	④	08	③	09	③	10	③
11	④	12	②	13	③	14	④	15	①
16	①	17	③	18	①	19	③	20	③

01 국제우편 > 국제우편 총설 > 국제우편 기구 및 법규 답 ③

| 정답해설 | ③ 만국우편연합(UPU)의 공용어는 프랑스어이고, 국제사무국 내에서는 업무용 언어로 프랑스어와 영어를 사용한다.

02 국제우편 > EMS 프리미엄서비스 > EMS 배달보장 서비스 답 ②

| 정답해설 | ② 배달예정일보다 하루라도 지연배달된 경우 우편요금을 배상한다.

| 함께 보는 이론 | EMS 배달보장 서비스의 주요 내용

대상지역	11개 국가 우정당국 간 공동 시행(카할라우정연합체) – 11개 우정당국이 모든 지역에 대해 EMS 배달보장서비스 제공
배달기한	배달보장일계산프로그램 활용 – 배달보장일계산프로그램에서 안내되는 배달보장일자가 EMS 배달보장 서비스 배달기한이 됨 – 아시아 지역: 접수 + 2일 이내 배달보장 – 미국, 호주, 유럽: 접수 + 3일 이내 배달보장
배달기한 보다 지연될 경우 손해배상	귀책사유가 있는 우정당국의 책임과 배상
우정당국 정산방법	우정당국 상호 정산 – 책임소재를 확인한 후 발송국가 우정당국 변상 또는 사후 우정당국 간 정산

03 국제우편 > 국제우편 종별 접수요령 > 국제특급우편(EMS) 답 ③

| 정답해설 | ③ 국제특급우편의 체결된 계약기간은 1년으로 한다. 다만, 계약기간을 연장하고자 할 때에는 계약만료일 1개월 전에 서면으로 그 뜻을 통보하여야 한다.

04 국제우편 > 부가서비스 및 제도 > 시각장애인용 우편물 답 ④

| 정답해설 | ④ 시각장애인용 우편물의 무게한계는 7kg까지이다.

| 함께 보는 이론 | 시각장애인용 우편물(Items for the blind)

- 시각장애인이나 공인된 시각장애인기관에서 발송하거나 수신
- 시각장애인용 문자(점자)를 포함하고 있는 서장과 시각장애인용 활자가 표시된 금속판을 포함
- 항공부가요금을 제외한 모든 요금이 면제
- 소인 여부를 떠나 우표나 요금인영증지나 금전적 가치를 나타내는 어떠한 증서도 포함 불가
- 시각장애인용 점자우편물의 수취인 주소가 있는 면에 이용자가 상징이 그려진 흰색 표지 부착
- 봉투 겉표지에 "Items for the blind"를 고무인으로 날인
- 무게한계: 7kg 까지

05 국제우편 > 국제우편 종별 접수요령 > 국제특급우편 답 ③

| 정답해설 | ③ 계약특급우편과 수시특급우편이 있다. 참고로, 2009년 규칙 개정으로 종래 정기·부정기특급우편제도를 계약특급우편과 수시특급우편제도로 개편하였다.

06 국제우편 > 국제우편 종별 접수요령 > 국제우편에서 인쇄물 답 ②

| 정답해설 | ② 판지에 2부 이상을 생산한 복사물은 국제우편규정의 요건을 갖춘 인쇄물이다.

| 함께 보는 이론 | 인쇄물의 요건을 갖추지 않은 것 중 인쇄물로 취급하는 것

- 관계 학교의 교장을 통하여 발송하는 것으로 학교의 학생끼리 교환하는 서장이나 엽서
- 학교에서 학생들에게 보낸 통신강의록, 학생들의 과제 원본과 채점 답안(다만, 성적과 직접 관계되지 않는 사항은 기록할 수 없음)
- 소설이나 신문의 원고
- 필사한 악보
- 인쇄한 사진
- 동시에 여러 통을 발송하는 타자기를 치거나 컴퓨터 프린터로 출력한 인쇄물

07 국제우편 > 국제우편 총설 > 국제통상우편물 답 ④

| 정답해설 | ④ 소형포장물의 발송절차는 소포에 비해 간단하다. 송장(Invoice)이 필요 없으며 내용품의 가격이 300SDR 이하인 경우에는 기재요령이 간단한 세관표시(CN22)를 붙이면 되고, 내용품의 가격이 300SDR을 초과하는 경우에는 세관신고서(CN23)를 첨부하면 된다.

08 국제우편 > 국제우편물 및 국제우편요금의 반환 > 국제우편요금의 반환 답 ③

| 정답해설 | ③ 국제우편요금 등의 반환청구는 발송한 다음 날부터 1년 이내에 하여야 한다(「국제우편규정」 제36조 제4항).

09 국내우편 > 우편에 관한 요금 > 요금제도 답 ③

| 정답해설 | ③ 요금 등의 납부의무는 요금 등을 내야 하는 날부터 6개월 내에 납부의 고지를 받지 아니한 경우에는 소멸한다. 다만, 불법으로 면탈한 요금에 대하여는 그러하지 아니하다.

10 국내우편 > 우편에 관한 요금 > 국내우편물 체납 요금 등의 징수방법 답 ③

| 정답해설 | ③ 우편에 관하여 이미 냈거나 초과하여 낸 요금은 대통령령으로 정하는 경우 외에는 되돌려 주지 아니한다.

| 함께 보는 법령 | 「우편법」

제24조(체납 요금 등의 징수방법) ① 요금 등의 체납 금액은 「국세징수법」에 따른 체납처분의 예에 따라 징수한다.
② 제1항의 경우 체납 요금 등에 대하여는 대통령령으로 정하는 바에 따라 연체료를 가산하여 징수한다.
③ 제1항과 제2항의 체납 요금 등과 연체료는 조세를 제외한 다른 채권에 우선한다.

제25조(기납·과납 요금의 반환 등) 우편에 관하여 이미 냈거나 초과하여 낸 요금은 대통령령으로 정하는 경우 외에는 되돌려 주지 아니한다.

11 국내우편 > 손해배상 및 손실보상 > 우편물 손해배상 답 ④

| 정답해설 | ④ 손해배상을 청구할 수 있는 자는 그 우편물의 발송인이나 그 승인을 받은 수취인으로 한다(「우편법」 제42조).

12 국내우편 > 우편서비스 종류와 이용조건 > 통상우편물 답 ②

| 정답해설 | ② 규격 외 사제엽서는 봉함하지 않아도 되는 통상우편물이 아니다.

| 함께 보는 법령 | 「우편법 시행규칙」

제19조(통상우편물의 봉함·규격 등) ① 통상우편물은 봉투에 넣어 봉함하여 발송해야 하며, 봉함하기가 적합하지 않은 우편물은 법 제17조 제2항에 따라 우정사업본부장이 정하여 고시한 기준에 적합하도록 포장하여 발송할 수 있다. 다만, 다음 각 호의 어느 하나에 해당하는 우편물의 경우에는 그렇지 않다.
1. 우정사업본부장이 발행하는 우편엽서
1의2. 영 제3조 제4호에 해당하는 우편물[상품의 가격·기능·특성 등을 문자·사진·그림으로 인쇄한 16쪽 이상(표지를 포함한다)인 책자 형태의 상품안내서]
2. 제20조의 규정에 의한 요건을 갖춘 사제엽서
3. 제25조 제1항 제9호에 따른 팩스우편물
4. 제25조 제1항 제12호의 규정에 의한 전자우편물

13 국내우편 > 국내우편 총론 > 우편특권 침해의 죄 답 ③

| 정답해설 | ③ 우편물 운송원의 통행을 방해한 자는 100만 원 이하의 벌금에 처한다.

| 함께 보는 법령 | 「우편법」

제47조(우편특권 침해의 죄) 다음 각 호의 어느 하나에 해당하는 자는 100만 원 이하의 벌금에 처한다.
1. 제3조의2 제1항에 따른 우편물의 운송명령을 따르지 아니한 자
2. 제4조 제1항 전단을 위반하여 정당한 사유 없이 우편운송원, 우편집배원 또는 우편관서 공무원의 조력요구를 거부한 자
3. 제5조 제1항·제2항에 따른 통행을 방해한 자
4. 제5조 제4항을 위반하여 정당한 사유 없이 도선 요구를 거부한 자
5. 제9조를 위반하여 우선 검역을 하지 아니한 자

14 국내우편 > 우편에 관한 요금 > 우편요금 등의 감액 답 ④

| 정답해설 | ④ 상품안내서로서 중량과 규격이 같고, 감액기준 수량 이상 발송하는 '요금후납' 일반우편물이 감액 대상이다.

| 함께 보는 이론 | 우편요금 등의 감액대상 우편물(「우편법 시행규칙」 제85조)

1. 통상우편물
   - 신문(그와 관련된 호외·부록 또는 증간을 포함한다)과 정기간행물(그와 관련된 호외·부록 또는 증간을 포함한다) 중 발행주기를 일간·주간 또는 월간으로 하여 월 1회 이상 정기적으로 발송하는 것으로서 중량과 규격이 같은 요금별납 또는 요금후납 일반우편물. 다만, 우정사업본부장이 공공성·최소발송부수 및 광고게재한도 등을 고려하여 고시하는 기준에 미달하는 것은 제외한다.
   - 표지를 제외한 쪽수가 48쪽 이상인 책자의 형태로 인쇄·제본되어 발행인·출판사 또는 인쇄소의 명칭 중 어느 하나와 쪽수가 각각 표시되어 발행된 서적으로서 요금별납 또는 요금후납 일반우편물(상품의 선전 및 그에 관한 광고가 전 지면의 10분의 1을 초과하는 것을 제외한다)
   - 우편물의 종류와 중량 및 규격이 같은 우편물로서 감액기준 수량 이상 발송하는 요금별납 또는 요금후납 일반우편물
   - 비영리민간단체가 공익활동을 위하여 발송하는 요금별납 또는 요금후납 우편물
   - 국회의원이 의정활동을 당해 지역구 주민에게 알리기 위하여 연간 3회의 범위에서 감액기준 수량 이상 발송하는 요금별납 또는 요금후납 일반우편물
   - 감액기준 수량 이상 발송하는 요금별납 또는 요금후납 등기우편물
   - 상품의 광고에 관한 우편물로서 종류와 규격이 같고 감액기준 수량 이상 발송하는 요금별납 또는 요금후납 일반우편물
   - 상품안내서로서 중량과 규격이 같고, 감액기준 수량 이상 발송하는 요금후납 일반우편물
2. 소포우편물
   - 우체국 창구에서 접수하는 우편물로서 감액기준 수량 이상 발송하는 일반 또는 등기우편물
   - 발송인을 방문하여 접수하는 우편물로서 감액기준 수량 이상 발송하는 등기우편물

15 국내우편 > 손해배상 및 손실보상 > 손해배상 답 ①

| 정답해설 | ① 손해배상에 관한 과학기술정보통신부장관의 결정에 불복하는 자는 그 손해배상금결정서를 통지받은 날부터 3개월 내에 소송을 제기할 수 있다.

| 함께 보는 법령 |「우편법」

제42조(손해배상 청구권자) 제38조에 따른 손해배상을 청구할 수 있는 자는 그 우편물의 발송인이나 그 승인을 받은 수취인으로 한다.

제43조(배상 및 보수 등의 단기소멸시효) 이 법에 따른 보수 또는 손실보상, 손해배상의 청구권은 과학기술정보통신부장관이 지정한 우편관서에 대하여 다음 각 호의 구분에 따른 기간 내에 행사하지 아니하면 소멸시효가 완성된다.

1. 제4조 제1항 후단에 따른 보수와 제5조 제1항·제2항에 따른 보상은 그 사실이 있었던 날부터 1년
2. 제38조에 따른 배상은 우편물을 발송한 날부터 1년

제44조(보수 등의 결정에 대한 불복의 구제) 제4조 제1항 후단에 따른 보수, 제5조 제1항·제2항에 따른 보상 및 제38조에 따른 손해배상에 관한 과학기술정보통신부장관의 결정에 불복하는 자는 그 통지를 받은 날부터 3개월 내에 소송을 제기할 수 있다.

16 우편물류 > 우편물 수집 및 배달 > 우편물 배달의 특례 답 ①

| 정답해설 | ①「우편법 시행령」 제42조 제1항에 따르면 배송하지 않은 다른 수취인에게 통지해야 할 의무가 없다.

| 오답해설 | ②「우편법 시행령」 제43조(우편물 배달의 특례) 제1호

③ 동조 제2호

④ 동조 제6호

17 국내우편 > 우편에 관한 요금 > 요금후납 답 ③

| 정답해설 | ③「우편법 시행규칙」 제98조 제3항에 따르면 요금후납을 하는 자는 매월 이용한 우편물의 우편요금 등을 다음 달 20일까지 발송우체국에 납부해야 한다. 다만, 발송우체국장과 발송인과의 계약에 따라 접수하는 등기취급 소포우편물의 경우에는 다음 달 중에 그 계약서에 정한 날까지 납부할 수 있다.

18 국내우편 > 그 밖의 청구와 계약 > 우편물의 처분 답 ①

| 정답해설 | ① 발송인의 주소나 성명이 불분명하여 되돌려 보낼 수 없는 우편물은 그 주소·성명을 알기 위하여 필요한 경우에는 우편관서에서 이를 개봉할 수 있다(「우편법」 제35조).

19 국내우편 > 우편물의 접수 > 소포우편물의 취급조건과 접수 답 ③

| 정답해설 | ③ 소포우편물의 접수 시 내용품 문의로서 폭발물·인화물질·마약류 등의 우편금지물품의 포함 여부, 다른 우편물을 훼손시키거나 침습을 초래할 가능성 여부에 관한 문의를 해야 하고, 포장상태 검사로서 내용품이 송달 중에 파손되지 않고, 다른 우편물에 손상을 주지 않으며, 질긴 종이 등으로 튼튼하게 포장하였는지 여부를 확인해야 한다.

| 오답해설 | ① 소포우편물의 최대 중량은 30kg이다. 소포우편물은 가로·세로·높이를 합하여 160cm 이내(단, 어느 길이도 1m를 초과할 수 없다)이어야 한다.

② 서신, 통화는 원칙상 소포우편물의 대상이 아니다(「우편법」 제1조의2 제2호·제3호). 다만, 물건과 관련된 납품서, 영수증, 설명서, 감사인사메모 등은 함께 보낼 수 있다.

④ 소포우편물의 표면 왼쪽 중간에 '소포' 표시를 하며, 요금별·후납 등기소포는 우편물의 표면 오른쪽 윗부분에 요금별·후납 표시인을 날인해야 한다.

20 국내우편 > 국내우편물의 부가서비스 > 부가우편역무 답 ③

| 정답해설 | ③ ㄱ. 국내특급우편, ㄴ. 특별송달, ㄷ. 착불배달 우편물에 대한 개념 정의이다.

정답과 해설

제3회 실전동형 모의고사

문제편 P.103

01	②	02	②	03	①	04	③	05	①
06	④	07	②	08	③	09	②	10	④
11	③	12	②	13	④	14	①	15	③
16	③	17	④	18	②	19	③	20	④

01 국내우편 > 그 밖의 우편서비스 > 광고우편 답 ②

| 정답해설 | ② 국민의 건전한 소비생활을 권장하는 광고는 광고우편으로 게재할 수 있다.

함께 보는 법령 | 「우편법 시행규칙」

제70조의4(광고우편의 광고금지) 다음 각 호의 1에 해당하는 광고는 이를 광고우편으로 게재할 수 없다.
1. 공공의 질서와 선량한 풍속을 저해하는 광고
2. 국민의 건전한 소비생활을 저해하는 광고
3. 우편사업에 지장을 주는 광고
4. 특정단체의 정치적 목적을 위한 광고
5. 과대 또는 허위의 광고

02 국내우편 > 우편에 관한 요금 > 요금수취인부담 우편물 답 ②

| 정답해설 | ② 2월 이상 요금수취인부담 우편물을 이용하지 아니한 때 계약을 해지할 수 있다.

함께 보는 법령 | 「우편법 시행규칙」

제97조(요금수취인부담 이용계약의 해지) ① 배달우체국장은 요금수취인부담의 이용계약자가 다음 각 호의 1에 해당하는 때에는 그 이용계약을 해지할 수 있다.
1. 제94조 제2항의 규정에 의한 통보를 게을리 한 때
2. 정당한 사유 없이 요금수취인부담 우편물의 수취를 거부한 때
3. 수취인의 부재 기타 사유로 수취 장소에 1월 이상 배달할 수 없을 때
4. 2월 이상 요금수취인부담 우편물을 이용하지 아니한 때
5. 제102조 제1항 제2호의 규정(우편요금 등의 납부를 최근 1년간 3회 이상 태만히 한 경우)에 해당되어 요금후납 이용계약을 해지한 때

03 국내우편 > 손해배상 및 손실보상 > 우편물의 손해배상 답 ①

| 정답해설 | ① 잃어버리거나 못쓰게 된 우편물 중 민원우편물은 표기금액, 보험취급우편물은 신고가액이 손해배상금액이다.

함께 보는 법령 | 「우편법 시행규칙」

제135조의2(우편물의 손해배상금액 및 지연배달의 기준) ① 법 제38조 제1항 제1호 및 제2호에 따라 잃어버리거나 못쓰게 된 우편물의 손해배상금액은 다음과 같다.
1. 등기통상우편물: 10만 원
2. 준등기통상우편물: 5만 원
2의2. 선택등기통상우편물: 10만 원
3. 등기소포우편물: 50만 원
4. 민원우편물: 표기금액
5. 보험취급우편물: 신고가액

04 국내우편 > 우편서비스 종류와 이용조건 > 소포우편물 답 ③

| 정답해설 | ③ 폭발물, 인화물질, 마약류 등의 우편금지물품의 포함 여부는 내용품 문의에 해당한다.

함께 보는 이론 | 소포우편물의 접수 시 유의사항

내용품 문의	㉠ 폭발물, 인화물질, 마약류 등의 우편금지물품의 포함 여부 ㉡ 다른 우편물을 훼손시키거나 침습을 초래할 가능성 여부
의심우편물의 개봉 요구	㉠ 내용품에 대하여 발송인이 허위로 진술한다고 의심이 가는 경우 개봉을 요구하고 내용품을 확인함. ㉡ 발송인이 개봉을 거부할 경우 접수를 거절할 수 있음.

05 국내우편 > 우편서비스 종류와 이용조건 > 보험통상 답 ①

| 정답해설 | ① 통화를 우편물로 발송하고자 하는 자는 통화등기로 하여야 한다. 다만, 민원우편의 경우에는 그러하지 아니하다.

함께 보는 법령 | 「국제우편규정」

제29조(보험통상 및 보험소포의 취급조건 등) ① 통화를 우편물로 발송하려는 경우에는 제25조 제1항 제2호 가목에 따른 보험통상으로 한다. 다만, 제25조 제1항 제7호에 따른 민원우편의 경우에는 그러하지 아니하다.
② 제1항에서 규정한 사항 외에 제25조 제1항 제2호에 따른 보험통상 또는 보험소포 취급우편물의 세부종류, 취급한도, 취급방법 및 절차 등 보험취급에 필요한 사항은 우정사업본부장이 정하여 고시한다.

06 국내우편 > 국내우편 총론 > 우편사업의 보호 답 ④

| 정답해설 | ④ 우편을 위한 용도로만 사용되는 물건과 우편을 위한 용도로 사용 중인 물건은 압류할 수 없으며(「우편법」 제7조 제1항), 우편을 위한 용도로만 사용되는 물건(우편에 관한 서류를 포함한다)은 각종 세금 및 공과금의 부과 대상이 되지 아니한다(동조 제2항).

| 오답해설 | ①「우편법」 제3조의2 제1항
②「우편법」 제5조 제2항
③「우편법」 제7조 제3항

07 국내우편 > 그 밖의 청구와 계약 > 사서함 우편물 배달 답 ②

| 정답해설 | ② 계약우체국장은 사서함 사용자가 '우편관계법령의 규정에 위반한 때'에도 사서함의 사용계약을 해지할 수 있다.

함께 보는 법령 | 「우편법 시행규칙」

제126조의2(사서함 사용계약 해지 등) ① 계약우체국장은 사서함 사용자가 다음 각 호의 어느 하나에 해당하는 때에는 사서함의 사용계약을 해지할 수 있다.
1. 사서함에 배달된 우편물을 정당한 사유 없이 30일 이상 수령하지 아니한 때
2. 최근 3월간 계속하여 사서함에 배달한 우편물의 통수가 월 30통에 미달한 때
3. 우편관계법령의 규정에 위반한 때
4. 공공의 질서 또는 선량한 풍속에 반하여 사서함을 이용한 때

08 국내우편 > 우편서비스 종류와 이용조건 > 송달기준일 답 ③

| 정답해설 | ㄴ. 등기소포우편은 접수한 날의 다음 날 배달이 원칙이다.
ㄷ. 민원우편은 통상적으로 등기취급을 하지만 국내특급우편취급을 하여 접수한 날의 다음 날이 일반적이다.

| 오답해설 | ㄱ. 등기통상우편은 접수일로부터 3일 이내이다.
ㄹ. 일반소포우편물은 접수한 다음 날부터 3일 이내에 배달함이 원칙이다.

09 국내우편 > 국내우편물의 부가서비스 > 방문접수소포(우체국소포) 답 ②

| 정답해설 | ② 계약소포는 일반 계약, 연합체 발송계약, 다수지 발송계약과 반품계약을 12개월 단위로 우체국과 별도로 체결하는 서비스이다.

10 국내우편 > 우편서비스 종류와 이용조건 > 서신 답 ④

| 정답해설 | ④ 2kg 이하의 봉함된 통상우편물은 서신에 해당한다.

함께 보는 법령 | 「우편법」

제1조의2(정의) 7. "서신"이란 의사전달을 위하여 특정인이나 특정 주소로 송부하는 것으로서 문자·기호·부호 또는 그림 등으로 표시한 유형의 문서 또는 전단을 말한다. 다만, 신문, 정기간행물, 서적, 상품안내서 등 대통령령으로 정하는 것은 제외한다.

함께 보는 법령 | 「우편법 시행령」

제3조(서신 제외 대상) 「우편법」(이하 "법"이라 한다) 제1조의2 제7호 단서에서 "신문, 정기간행물, 서적, 상품안내서 등 대통령령으로 정하는 것"이란 다음 각 호의 어느 하나를 말한다.
1. 「신문 등의 진흥에 관한 법률」 제2조 제1호에 따른 신문
2. 「잡지 등 정기간행물의 진흥에 관한 법률」 제2조 제1호 가목에 따른 정기간행물
3. 다음 각 목의 요건을 모두 충족하는 서적
가. 표지를 제외한 48쪽 이상인 책자의 형태로 인쇄·제본되었을 것
나. 발행인·출판사나 인쇄소의 명칭 중 어느 하나가 표시되어 발행되었을 것
다. 쪽수가 표시되어 발행되었을 것
4. 상품의 가격·기능·특성 등을 문자·사진·그림으로 인쇄한 16쪽 이상(표지를 포함한다)인 책자 형태의 상품안내서
5. 화물에 첨부하는 봉하지 아니한 첨부서류 또는 송장
6. 외국과 주고받는 국제서류
7. 국내에서 회사(공공기관의 운영에 관한 법률에 따른 공공기관을 포함한다)의 본점과 지점 간 또는 지점 상호 간에 주고받는 우편물로서 발송 후 12시간 이내에 배달이 요구되는 상업용 서류
8. 「여신전문금융업법」 제2조 제3호에 해당하는 신용카드

11 국내우편 > 우편서비스 종류와 이용조건 > 선납라벨 서비스 답 ③

| 정답해설 | ③ 등기번호 및 발행번호가 부여된 증지를 우체국 창구에서 구매하여 첨부하면 창구 외(우체통, 무인접수)에서도 등기우편물을 접수할 수 있도록 하는 서비스는 선납라벨 서비스이다.

12 우편물류 > 우편물 수집 및 배달 > 우편물 배달의 특례 답 ②

| 정답해설 | ② 보관교부지(교통이 불편하여 통상의 방법으로 우편물 배달이 어려운 지역)에 송달하는 우편물의 보관기간은 우편물이 도착한 다음 날부터 기산하여 30일로 하고, 보관교부지는 관할 지방우정청장이 정하여 공고하여야 한다.

13 국내우편 > 우편물의 접수 > 국내우편물의 접수 및 처리 답 ④

| 정답해설 | ④ 소포우편물의 최소 용적에 대한 설명이다.

함께 보는 이론 | 국내우편물의 접수 및 처리

- 소포우편물의 최대용적은 가로·세로·높이 세 변을 합하여 160cm 이내이다. 다만, 어느 길이도 1m를 초과할 수 없다.
- 소포우편물의 최소 용적은 가로·세로·높이 세 변을 합하여 35cm이다. 단, 가로는 17cm 이상, 세로는 12cm 이상이어야 한다.
- 소포우편물의 중량은 30kg 이내이어야 한다.
- 우편관서의 장과 발송인과의 사전계약에 따라 발송인을 방문하여 접수하는 경우에는 그 계약으로 달리 정할 수 있다.

14 국제우편 > 부가서비스 및 제도 > 국제특급우편(EMS) 부가서비스 답 ①

| 정답해설 | ① EMS 프리미엄서비스에 대한 설명이다.

15 국제우편 > 국제우편 요금 > 국제회신우표권 답 ③

| 정답해설 | ③ 국제회신우표권(International Reply Coupons)은 만국우편연합(UPU) 국제사무국에서 발행한다.

16 국내우편 > 그 밖의 우편서비스 > 특수취급우편물의 접수

답 ③

| 정답해설 | ③ 등기 접수 시 접수우체국에서는 국제등기번호표 CN04를 우편물 앞면의 알맞은 자리에 붙인다.

17 국제우편 > 국제우편 종별 접수요령 > 국제우편 종합

답 ④

| 정답해설 | ④ 만국우편연합 국제사무국에서 발행한 국제회신우표권은 외국으로 발송되는 항공보통서장의 최저요금에 해당하는 우표와 교환한다.

| 함께 보는 법령 |「국제우편규정」

제9조(국제우편요금 등) ① 국제우편요금 및 국제우편 이용에 관한 수수료(이하 "국제우편요금 등"이라 한다)는 협약에서 정한 범위에서 과학기술정보통신부장관이 정하여 고시한다.
② 제8조에 따른 부가취급에 관한 국제우편요금 등에 대하여 협약에서 정하지 아니한 사항은 과학기술정보통신부장관이 정하여 고시한다.

제12조(국제우편요금 등의 감액) ① 국제우편요금 등은 일부를 감액할 수 있다.
② 제1항에 따라 국제우편요금 등을 감액할 수 있는 우편물의 종류·수량·취급요건·감액범위 등에 관한 사항은 협약에서 정한 범위에서 과학기술정보통신부장관이 정하여 고시한다.

제13조(국제회신우표권) ① 외국에서 판매한 국제회신우표권은 국내우체국에서 제9조 제1항에 따라 고시된 요금에 해당하는 우표류와 교환한다.
② 우리나라에서 판매한 국제회신우표권은 국내우체국에서 교환할 수 없다.

제16조(첨부물의 중량) 발송우편물에 붙인 부가표시물 및 서류의 중량은 그 우편물의 중량에 포함하여 계산한다. 다만, 우표, 운송장 및 통관을 위하여 붙인 서류의 중량은 포함하지 아니한다.

18 국제우편 > 국제우편물 및 국제우편요금의 반환 > 국제우편요금의 환부

답 ②

| 정답해설 | ② 반환하는 국제우편요금 등은 현금으로 지급할 수 있다.

| 함께 보는 법령 |「국제우편규정」

제36조(국제우편요금 등의 반환) ① 발송인은 다음 각 호의 어느 하나에 해당하는 국제우편요금 등에 대하여 과학기술정보통신부장관에게 반환을 청구할 수 있다.
1. 우편관서의 과실로 과다징수한 경우: 과다징수한 국제우편요금 등
2. 부가취급 국제우편물의 국제우편요금 등을 받은 후 우편관서의 과실로 부가취급을 하지 아니한 경우: 부가취급 수수료
3. 항공서간을 선편으로 발송한 경우: 항공서간 요금과 해당 지역의 선편 보통서신 최저요금의 차액
4. 등기우편물·소포우편물 또는 보험취급된 등기우편물·소포우편물의 분실·전부도난 또는 완전파손 등의 경우: 납부한 국제우편요금 등. 다만, 등기·보험취급 수수료는 제외한다.
5. 특급우편물 또는 보험취급된 특급우편물의 분실·도난 또는 파손 등의 경우: 납부한 국제우편요금 등. 다만, 보험취급 수수료는 제외한다.
6. 행방조사청구에 따른 조사결과 우편물의 분실 등이 우편관서의 과실로 발생하였음이 확인된 경우: 행방조사청구료
7. 수취인의 주소·성명이 정확하게 기재된 우편물을 우편관서의 과실로 발송인에게 반환한 경우: 납부한 국제우편요금 등
8. 외국으로 발송하는 부가취급되지 아니한 통상우편물이 우편관서의 취급과정에서 파손된 경우: 납부한 국제우편요금 등

② 국제우편요금 등을 완납한 발송우편물이 다른 법령에 따른 수출금지 대상이거나 그 밖의 부득이한 사유로 발송인에게 반환된 경우에는 발송인의 청구에 따라 완납한 국제우편요금 등에서 해당 우편물의 반환에 따른 국내우편요금 및 수수료를 공제한 금액을 반환한다. 다만, 발송인의 고의 또는 중대한 과실이 있다고 인정되는 경우에는 반환하지 아니한다.
③ 제1항 및 제2항에 따라 반환하는 국제우편요금 등은 현금으로 지급할 수 있다. 다만, 발송인이 국제우편요금 등을 제10조 제4호에 따라 신용카드등으로 납부한 경우에는 카드거래 취소로 대신할 수 있다.
④ 국제우편요금 등의 반환청구는 발송한 다음 날부터 1년 이내에 하여야 한다.
⑤ 다른 법령 또는 상대국의 규정에 따라 압수되는 등의 사유로 반환되지 아니하는 우편물에 대한 국제우편요금 등은 반환하지 아니한다.

19 국제우편 > 부가서비스 및 제도 > 국제특급우편의 취급

답 ③

| 정답해설 | ③ 국제특급우편물의 행방조사 결과 우체국의 잘못으로 배달소요일수보다 48시간 이상 지연배달된 것으로 판정된 경우에는 납부한 우편요금은 환불된다.

20 국제우편 > 국제우편물 및 국제우편요금의 반환 > 국제우편요금의 반환청구

답 ④

| 정답해설 | ④ 외국으로 발송하는 부가취급되지 아니한 통상우편물이 우편관서의 취급과정에서 파손된 경우에는 납부한 국제우편요금 등이 요금 반환 요건이다.

| 함께 보는 이론 | 국제우편요금의 반환청구

1. 청구 개요
   - 납부한 국제우편요금에 상응하는 역무를 이용자에게 제공하지 아니하였을 때 제한된 범위 내에서 청구에 의해 요금을 환불하는 것이다.
   - 청구기한: 우편물을 발송한 다음날로부터 기산하여 1년 이내이다.
2. 요금 반환 요건
   - 우편관서의 과실로 과다징수한 경우: 과다징수한 국제우편요금 등
   - 부가취급 국제우편물의 국제우편요금 등을 받은 후 우편관서의 과실로 부가취급을 하지 아니한 경우: 부가취급 수수료
   - 항공서간을 선편으로 발송한 경우: 항공서간 요금과 해당 지역의 선편 보통서신 최저요금의 차액
   - 등기우편물·소포우편물 또는 보험취급된 등기우편물·소포우편물의 분실·전부도난 또는 완전파손 등의 경우: 납부한 국제우편요금 등(등기·보험취급수수료 제외)
   - 특급우편물 또는 보험취급된 특급우편물의 분실·도난 또는 파손 등의 경우: 납부한 국제우편요금 등(보험취급 수수료 제외)
   - 행방조사청구에 따른 조사결과 우편물의 분실 등이 우편관서의 과실로 발생하였음이 확인된 경우: 행방조사청구료
   - 수취인의 주소·성명이 정확하게 기재된 우편물을 우편관서의 과실로 발송인에게 반환한 경우: 납부한 국제우편요금 등
   - 외국으로 발송하는 부가취급되지 아니한 통상우편물이 우편관서의 취급과정에서 파손된 경우: 납부한 국제우편요금 등

- 다른 법령에 따른 수출금지 대상이거나 그 밖의 부득이한 사유로 발송인에게 반환된 경우: 납부한 국제우편요금 등(우편물의 반환에 따른 국내우편요금 및 수수료 공제) 단, 발송인의 고의 또는 중대한 과실이 있는 경우 반환하지 아니함
- 다른 법령 또는 상대국의 규정에 따라 압수되는 등의 사유로 반환되지 아니하는 우편물에 대한 국제우편요금 등은 반환 불가

에듀윌 계리직공무원 단원별 기출&예상 문제집 우편일반

발 행 일 2024년 3월 15일 초판

편 저 자 정인영

펴 낸 이 양형남

펴 낸 곳 (주)에듀윌

등록번호 제25100-2002-000052호

주 소 08378 서울특별시 구로구 디지털로34길 55
코오롱싸이언스밸리 2차 3층

* 이 책의 무단 인용 · 전재 · 복제를 금합니다.

www.eduwill.net

대표전화 1600-6700

여러분의 작은 소리
에듀윌은 크게 듣겠습니다.

본 교재에 대한 여러분의 목소리를 들려주세요.
공부하시면서 어려웠던 점, 궁금한 점,
칭찬하고 싶은 점, 개선할 점, 어떤 것이라도 좋습니다.

에듀윌은 여러분께서 나누어 주신 의견을
통해 끊임없이 발전하고 있습니다.

에듀윌 도서몰 book.eduwill.net

- 부가학습자료 및 정오표: 에듀윌 도서몰 → 도서자료실
- 교재 문의: 에듀윌 도서몰 → 문의하기 → 교재(내용,출간) / 주문 및 배송

해설편

에듀윌
계리직공무원
단원별 기출&예상 문제집
우편일반

고객의 꿈, 직원의 꿈, 지역사회의 꿈을 실현한다

펴낸곳 (주) 에듀윌 **펴낸이** 양형남 **출판총괄** 오용철 **에듀윌 대표번호** 1600-6700
주소 서울시 구로구 디지털로 34길 55 코오롱싸이언스밸리 2차 3층 **등록번호** 제25100-2002-000052호
협의 없는 무단 복제는 법으로 금지되어 있습니다.

에듀윌 도서몰
book.eduwill.net

• 부가학습자료 및 정오표: 에듀윌 도서몰 > 도서자료실
• 교재 문의: 에듀윌 도서몰 > 문의하기 > 교재(내용, 출간) / 주문 및 배송

에듀윌 직영학원에서 합격을 수강하세요

언제나 전문 학습 매니저와 상담이 가능한 안내데스크

고품질 영상 및 음향 장비를 갖춘 최고의 강의실

재충전을 위한 카페 분위기의 아늑한 휴게실

에듀윌의 상징 노란색의 환한 학원 입구

에듀윌 직영학원 대표전화

공인중개사 학원	02)815-0600	공무원 학원	02)6328-0600	편입 학원	02)6419-0600
주택관리사 학원	02)815-3388	소방 학원	02)6337-0600	세무사·회계사 학원	02)6010-0600
전기기사 학원	02)6268-1400	부동산아카데미	02)6736-0600		

공무원학원 바로가기

꿈을 현실로 만드는

에듀윌

DREAM

공무원 교육
- 선호도 1위, 신뢰도 1위! 브랜드만족도 1위!
- 합격자 수 2,100% 폭등시킨 독한 커리큘럼

자격증 교육
- 8년간 아무도 깨지 못한 기록 합격자 수 1위
- 가장 많은 합격자를 배출한 최고의 합격 시스템

직영학원
- 직영학원 수 1위
- 표준화된 커리큘럼과 호텔급 시설 자랑하는 전국 21개 학원

종합출판
- 온라인서점 베스트셀러 1위!
- 출제위원급 전문 교수진이 직접 집필한 합격 교재

어학 교육
- 토익 베스트셀러 1위
- 토익 동영상 강의 무료 제공
- 업계 최초 '토익 공식' 추천 AI 앱 서비스

콘텐츠 제휴 · B2B 교육
- 고객 맞춤형 위탁 교육 서비스 제공
- 기업, 기관, 대학 등 각 단체에 최적화된 고객 맞춤형 교육 및 제휴 서비스

부동산 아카데미
- 부동산 실무 교육 1위!
- 상위 1% 고소득 창업/취업 비법
- 부동산 실전 재테크 성공 비법

학점은행제
- 99%의 과목이수율
- 16년 연속 교육부 평가 인정 기관 선정

대학 편입
- 편입 교육 1위!
- 업계 유일 500% 환급 상품 서비스

국비무료 교육
- '5년우수훈련기관' 선정
- K-디지털, 산대특 등 특화 훈련과정
- 원격국비교육원 오픈

에듀윌 교육서비스 **공무원 교육** 9급공무원/7급공무원/경찰공무원/소방공무원/계리직공무원/기술직공무원/군무원 **자격증 교육** 공인중개사/주택관리사/감정평가사/노무사/전기기사/경비지도사/검정고시/소방설비기사/소방시설관리사/사회복지사1급/건축기사/토목기사/직업상담사/전기기능사/산업안전기사/위험물산업기사/위험물기능사/유통관리사/물류관리사/행정사/한국사능력검정/한경TESAT/매경TEST/KBS한국어능력시험·실용글쓰기/IT자격증/국제무역사/무역영어 **어학 교육** 토익 교재/토익 동영상 강의/인공지능 토익 앱 **세무/회계** 회계사/세무사/전산세무회계/ERP정보관리사/재경관리사 **대학 편입** 편입 교재/편입 영어·수학/경찰대/의치대/편입 컨설팅·면접 **직영학원** 공무원학원/소방학원/공인중개사 학원/주택관리사 학원/전기기사학원/세무사·회계사 학원/편입학원 **종합출판** 공무원·자격증 수험교재 및 단행본 **학점은행제** 교육부 평가인정기관 원격평생교육원(사회복지사2급/경영학/CPA)/교육부 평가인정기관 원격 사회교육원(사회복지사2급/심리학) **콘텐츠 제휴·B2B 교육** 교육 콘텐츠 제휴/기업 맞춤 자격증 교육/대학 취업역량 강화 교육 **부동산 아카데미** 부동산 창업CEO/부동산 경매 마스터/부동산 컨설팅 **국비무료 교육 (국비교육원)** 전기기능사/전기(산업)기사/소방설비(산업)기사/IT(빅데이터/자바프로그램/파이썬)/게임그래픽/3D프린터/실내건축디자인/웹퍼블리셔/그래픽디자인/영상편집(유튜브)디자인/온라인 쇼핑몰광고 및 제작(쿠팡, 스마트스토어)/전산세무회계/컴퓨터활용능력/ITQ/GTQ/직업상담사

교육 문의 1600-6700 www.eduwill.net

• 2022 소비자가 선택한 최고의 브랜드 공무원·자격증 교육 1위 (조선일보) • 2023 대한민국 브랜드만족도 공무원·자격증·취업·학원·편입·부동산 실무 교육 1위 (한경비즈니스) • 2017/2022 에듀윌 공무원 과정 최종 환급자 수 기준 • 2023년 성인 자격증, 공무원 직영학원 기준 • YES24 공인중개사 부문, 2024 공인중개사 오시훈 합격서 부동산공법 이론+체계도 (2024년 2월 월별 베스트) 그 외 다수 교보문고 취업/수험서 부문, 2020 에듀윌 농협은행 6급 NCS 직무능력평가+실전모의고사 4회 (2020년 1월 27일~2월 5일, 인터넷 주간 베스트) 그 외 다수 YES24 컴퓨터활용능력 부문, 2024 컴퓨터활용능력 1급 필기 초단기끝장(2023년 10월 3~4주 주별 베스트) 그 외 다수 인터파크 자격서/수험서 부문, 에듀윌 한국사능력검정시험 2주끝장 심화 (1, 2, 3급) (2020년 6~8월 월간 베스트) 그 외 다수 • YES24 국어 외국어사전 영어 토익/TOEIC 기출문제/모의고사 분야 베스트셀러 1위 (에듀윌 토익 READING RC 4주끝장 리딩 종합서, 2022년 9월 4주 주별 베스트) • 에듀윌 토익 교재 입문~실전 인강 무료 제공 (2022년 최신 강좌 기준/109강) • 2023년 종강반 중 모든 평가항목 정상 참여자 기준, 99% (평생교육원, 사회교육원 기준) • 2008년~2023년까지 약 220만 누적수강학점으로 과목 운영 (평생교육원 기준) • A사, B사 최대 200% 환급 서비스 (2022년 6월 기준) • 에듀윌 국비교육원 구로센터 고용노동부 지정 "5년우수훈련기관" 선정 (2023~2027) • KRI 한국기록원 2016, 2017, 2019년 공인중개사 최다 합격자 배출 공식 인증 (2024년 현재까지 업계 최고 기록)